道路桥梁与城市交通建设研究

张小成 黄文理 黄洪发 ◎ 著

吉林科学技术出版社

图书在版编目（CIP）数据

道路桥梁与城市交通建设研究 / 张小成, 黄文理, 黄洪发著. -- 长春 : 吉林科学技术出版社, 2021.11

ISBN 978-7-5578-8956-2

Ⅰ. ①道… Ⅱ. ①张… ②黄… ③黄… Ⅲ. ①城市交通系统－研究 Ⅳ. ①U491.2

中国版本图书馆CIP数据核字(2021)第221891号

道路桥梁与城市交通建设研究

作　　者　张小成　黄文理　黄洪发
出 版 人　宛　霞
责任编辑　冯　越
封面设计　北京万瑞铭图文化传媒有限公司
制　　版　北京万瑞铭图文化传媒有限公司
幅面尺寸　185mm×260mm　1/16
字　　数　337千字
页　　数　252
印　　张　15.75
版　　次　2022 年 4 月第 1 版
印　　次　2022 年 4 月第 1 次印刷

出　　版　吉林科学技术出版社
发　　行　吉林科学技术出版社
地　　址　长春市净月区福祉大路5788 号
邮　　编　130118
发行部电话 / 传真　0431-81629529　81629530　81629531
81629532　81629533　81629534
运输部电话　0431-86059116
编辑部电话　0431-81629518
印　　刷　长春市昌信电脑图文制作有限公司

书　　号　ISBN 978-7-5578-8956-2
定　　价　50.00 元

前 言

伴随社会发展和技术进步，交通被赋予越来越深刻的内涵。特别是在城市交通领域，交通的研究对象已经从传统的技术系统，拓展为社会—技术系统。这促使城市交通逐渐从学科交叉走向交叉学科，城市交通学正在逐步形成独立的完整学科架构。

城市交通学强调采用多学科的思维和系统论方法来研究城市与交通的协调可持续发展问题，所研究的领域既包含了采用新视角和新理念重新审视城市交通规划、公交运行管理、交通网络构建等传统领域的问题，也包含了从传统社会管理走向社会治理过程中所面临的新问题，同时还将城市交通的空间研究范围从相对封闭的城市空间，扩展到都市圈、城市群范围。

城市交通学首先力图重新定义城市交通问题，资源和环境约束成为发展的重要前提，交通需求更加注重以人为本的属性，可持续发展的理念对于交通规划和管理的指导作用受到高度关注，交通政策在对策体系中的总纲地位需要强化，组织城市高效、安全、低耗运行的目标需要转化为对策体系中的各项具体管理指标，信息化的深刻影响正在被逐步认识。

对于城市交通所涉及的行为机理和系统演化机理，基于经济学原理的解释，以及引入心理学原理的发展阶段之后，社会学原理正在被逐步导入，一种复合机制的分析正在展现出更加合理的说明能力。

城市交通的载体是交通网络，城市交通对策的落脚点和作用效果也体现在交通网络之中。但是，城市交通学并不把交通网络作为一个孤立的研究对象，而是将其视为城市生命体的有机构成。也就是说，交通网络自身形态的演化，需要从城市的发展过程中加以认识；交通网络状态的变化，需要从城市空间活动和空间要素集聚过程中加以剖析；城市交通网络的效能，要从对城市经济、社会活动的影响角度加以评估。

城市交通学目前还不是一个成熟的学科，尽管中国城镇化过程对其产生了迫切的需求，但是从传统交通工程学科中破茧而出，还需要许多艰苦的研究工作和社会实践。因此，本书所讨论的内容，更多的是为了抛砖引玉，期待不同学科背景的研究者加入到城市交通学的队伍中，共同推进学科的创新。

目录

第一章 道路简述

第一节 道路运输概论

一、现代交通运输系统

为满足社会生产与消费的需要，人们必须克服空间上的障碍，实现人和物的移动，为实现这种移动提供服务所进行的经济活动称为运输。交通运输是指劳动者使用运输工具和设备，实现人和物空间位移的有目的的生产活动。交通运输是经济发展的基本需要和先决条件，现代社会的生存基础和文明标志，社会经济的基础设施和重要纽带，现代工业的先驱和国民经济的先行部门，资源配置和宏观调控的重要工具，国土开发、城市和经济布局形成的重要因素，对促进社会分工、大工业发展和规模经济的形成，巩固国家的政治统一和加强国防建设，扩大国际经贸合作和人员往来发挥重要作用。

交通运输业是指国民经济中专门从事运送货物和旅客的社会生产部门，是一个独立的、特殊的物质部门，是发展国民经济、提高人民物质文化和生活水平的重要基础设施。交通运输具有物质生产的三个要素：①从事交通运输生产的劳动者；②线路、机场、码头、机车、车辆、船舶、通信、信号等劳动资料；③作为劳动对象的旅客或货物。在交通运输生产的三个要素中，劳动者和劳动资料可由运输部门控制，但劳动对象即运送的旅客和货物，运输部门只是提供服务而不能自由支配，所以运输业虽然是一个物质生产部门，但还具有服务的功能。服务功能决定了运输安全在各个运输方式的协调配合、合作分工的条件下，要能安全、舒适、快捷地满足运输需求，以适应国民经济和社会发展的需要。

交通运输系统是在社会生产发展到一定历史阶段产生的。18 世纪蒸汽机的发明，使交通领域逐渐出现了列车、机动船、汽车、飞机和管道等新型运输工具。采用新型的运输工具，需要配套的工程技术设备和相应的科学组织管理，从而构成了新型的运输方式。

现代交通运输系统主要由铁路运输、道路运输、航空运输、管道运输和水路运输 5 种运输方式组成。这些运输方式的点、线、面交通运输组成国家综合运输系统。同时，由于各种运输方式的技术经济特征不同，各有其优势，不同运输方式都有其适宜的使用范围。

（一）铁路运输

铁路运输是一种陆上运输方式，以机车牵引列车在两条平行的铁轨上行走，广义的铁路运输还包括磁悬浮列车、缆车、索道等非钢轮行进的方式，或称轨道运输。铁路运输是现代运输的主要方式之一，也是构成陆上货物运输的两个基本运输方式之一。它在整个运输领域中占有重要的地位，并发挥着越来越重要的作用。铁路运输适合大宗笨重的中远程运输，要求准时到达的远程客货运输以及容易死亡、变质的活物、鲜货的中远程运输。铁路运输的特点主要有以下几个方面：①铁路运输的经常性、连续性好。铁路运输几乎不受气候影响，一年四季可以不分昼夜地进行定期的、有规律的、准确的运转，在运输的经常性方面优势显著。②铁路运输运行速度快。铁路运输每昼夜可达几百千米以上，一般普通列车的速度可达 100 km/h 左右，而高速铁路的速度则更快，远高于海上运输。③运输能力大。铁路一列货物列车一般能运送 3 000 t ~ 5 000 t 货物，能承担大量货物和人的运输，远远高于航空运输和汽车运输。④铁路运输成本较低。铁路运输费用仅为汽车运输费用的十几分之一到几分之一，尤其是运距越长和运输量越大，单位成本越低。⑤铁路运输安全可靠，风险远比海上运输小。⑥初期投资大。铁路运输需要铺设轨道、建造桥梁和隧道，建路工程艰巨复杂；需要消耗大量钢材、木材；占用土地，其初期投资大大超过其他运输方式。⑦无法实现“门对门”的运输，通常要依靠其他运输方式配合，才能完成运输任务，除非托运人和收货人均有铁路支线。⑧铁路运输中的货损率较高，而且由于装卸次数多，货物损毁或丢失事故通常比其他运输方式多。

铁路在国民经济中的作用非常重要，责任重大。近年来，国内煤电油运的形势依然紧张。铁路不仅需要加强自身的建设、挖潜提效、多拉快跑，还要融入经济社会，在西部大开发、振兴东北老工业基地、促进中部崛起、推动区域协调发展中，发挥铁路在交通运输上的多种优势，为国民经济的平稳较快发展和构建社会主义和谐社会贡献力量。

（二）道路运输

道路运输，是一种在道路上进行运输活动的运输方式，是一种能实现“门到门”的最快捷的陆上运输方式。道路运输适合少量货物的短途运输、短途客运以及容易死亡、变质的活物、鲜货的短途运输。道路运输的特点主要有以下几个方面：①机动灵活，适应性强。能适应各种地形条件，可在规定时间和地点分散和集中货物和旅客。②可实现“门到门”直达运输。汽车体积较小，中途不需要换装，从而节省时间和费用，可以把旅客和货物从始发地门口直接运送到目的地门口，实现“门到门”直达运输。③通达性好。道路运输能深入边远地区或山区，可直接与任何工矿企业区或居民点相连。④运送速度较快，投资回收快。公路运输与铁、水、航运输方式相比，所需固定设施简单，车辆易于驾驶且购置费用较低，投资回收期短。⑤投资少，社会效益高。同铁路、航空运输相比，公路运输投资较少、见效快，公路建设还能给沿线地区带来显著的社会效益和经济效益。⑥运输量较小，运输成本偏高。在几种运输方式中，汽车运输是仅次于航空运输，成本第二高的运输方式。⑦运行持续性差，安全性较低，污染环境较大。在几种运输方式中，道路运输的运距最短，因道路交通事故致死、致残的人员数量较高。同时，汽车尾气和车辆噪声也严重地威胁着人类的健康，是城市环境污染的最大污染源之一。

道路运输是国民经济的重要组成部分，对国民经济具有促进和制约作用。改革开放以来，我国道路建设得到了持续、快速、健康的发展，取得了举世瞩目的成就。多年来，国家和地方一直致力于道路管理体制的建设、完善，为最终建立科学合理的道路管理体制和强化道路的行业管理，积累了宝贵的经验，奠定了扎实的基础。目前，道路运输已成为世界各国广泛采用的一种主要运输方式。

（三）水路运输

水路运输是以船舶为主要运输工具，以港口或港站为运输基地，以水域包括海洋、河流和湖泊为运输活动范围的一种运输方式。水路运输具有悠久的历史，较适于担负大宗、低值、笨重和各种散装货物的中长距离运输，其中特别是海运，更适于承担各种外贸货物的进出口运输。水路运输的特点主要有以下几个方面：①通航能力不受限制。水运主要利用江、河、湖泊和海洋的“天然航道”来进行。水上航道四通八达，通航能力几乎不受限制，而且投资省。②运量大，成本低。水上运输可以利用天然的有利条件，实现大吨位、长距离的运输，运量大、成本低的特点非常适合大宗货物的运输。③是开展国际贸易的主要方式，是发展经济和友好往来的主要交通工具。④受自然条件的限制与影响大。受海洋与河流的地理分布及其地质、地貌、水文与气象等条件和因素的明显制约与影响。⑤对综合运输的依赖性较大。河流与海洋的地理分布有相当大的局限性，水运航线无法在广大陆地上任意延伸。

水路运输是国民经济发展的润滑剂。水路运输按其航行的区域，大体上可划分为远洋运输、沿海运输和内河运输三种形式。远洋运输通常是指除沿海运输以外所有的海上运输，沿海运输是指利用船舶在我国沿海区域各地之间的运输，内河运输是指利用船舶、排筏和其他浮运工具，在江、河、湖泊、水库及人工水道上从事的运输。作为水路运输重要组成部分之一的内河运输，为国民经济的繁荣发展，特别是沿江、沿河等内陆省份经济的繁荣发展起到了重要作用。

（四）航空运输

航空运输又称飞机运输，它是在具有航空线路和飞机场的条件下，利用飞机作为运输工具进行货物运输的一种运输方式。近年来，采用航空运输的方式日趋普遍，航空货运量越来越大，航空运输的地位日益提高。航空运输适合贵重、急需但数量不大的货物，大城市和国际的快速客运及报刊、邮件运输等。航空运输的特点主要有以下几个方面：①运行速度快。由于在空中较少受到目标条件的限制，因此航空线一般取两点间的最短距离。这样，航空运输能够实现两点间的高速、直达运输，尤其在远程直达上更体现其优势。②破损率低、安全性高。航空支持设施，如地面通信设施、航空导航系统、着陆系统以及保安监测设施的迅速改进与发展更提高了其安全性。且航空运输的地面操作流程环节比较严格，管理制度比较完善，这就使货物破损率很低，安全性较好。③营运成本较高。航空运输的成本及运价均高于铁路、水运，是一种价格较高的运输方式。

航空运输通常不如其他运输方式普及，尤其是在不发达国家。④节省包装等费用、加快资金周转。运输速度快，商品在途时间短、交货速度快，可降低商品的库存数量、减少仓储费、保险费和利息支出等。另外，货损和货差较少，包装可相应地简化，降低了包装费用和保险费用。产品流通速度加快，也加快了资金周转速度。⑤基建周期短、投资少，不需要向地面交通线路建设那样投入大量的基建费用。⑥受气候条件制约影响大。因出行条件要求高（保证安全），航空运输在一定程度上受到气候条件的限制，从而影响运输的准确性与正常性。

航空运输是一个对国民经济贡献极大的行业，航空运输对区域经济具有显著的推动作用。航空运输受益于改革开放，又反过来直接促进改革开放。GDP 对民航有拉动作用，即社会对民航运输的需求量不断上升，民航也为 GDP 的增长做出了贡献。随着我国工农业生产和整个国民经济的发展，民用航空运输对于国民经济活动的关系也越来越密切，正在日益发挥它的独特作用。民用航空运输根据自己的特点和分工，和其他运输方式相互配合，相互补充，密切衔接，共同努力，就能迅速、及时、质量良好的把货物从生产地运到消费地。

（五）管道运输

管道运输是一种以管道输送流体货物的一种方式，而货物通常是液体和气体，是统一运输网中干线运输的特殊组成部分。管道适合大宗流体货物运输，其特点主要有以下几个方面：①运量大。管道运输可省去水运或陆运的中转环节，缩短运输周期，降低运输成本，提高运输效率。当前管道运输中管道的口径不断增大，运输能力大幅度提高；管道的运距迅速增加；运输物资由石油、天然气、化工产品等流体逐渐扩展到煤炭、矿石等非流体。②建设投资相对较小，占地面积少，受地理条件限制少。管道建设的投资和施工周期均不到铁路的 1/2。管道埋于地下，只有泵站、首末站占用一些土地，占用土地少。管道可以从河流、湖泊、铁路、公路下部穿过，也可以翻越高山，横穿沙漠，一般不受地形与坡度的限制，可以缩短运输里程。③由于管道埋于地下，受气候和环境的影响较小，可以长期稳定运行。④可实现远程控制，自动化程度高。管道输送流体能源，主要依靠增压站提供压力能，设备运行比较简单，易于就地自动化和进行集中遥控。先进的管道增压站可做到无人值守，生产效率高。⑤耗能少、成本低、效益好。管道运输是一种连续工程，运输系统不存在空载行程，运输效率高，理论分析和实践经验已证明，管道口径越大，运输距离越远，运输量越大，运输成本就越低，以运输石油为例，管道运输、水路运输、铁路运输的运输成本之比为 1 ∶ 1 ∶ 1.7。⑥沿线不产生噪声，泄漏污染少，有利于环境保护。据近 10 年西欧石油管道统计泄漏污染仅为输送量的 4%。⑦灵活性差，专用性强。管道运输不如其他运输方式（如道路运输）灵活，不容随便扩展管线。管道运输常常要与铁路运输或道路运输、水路运输配合才能完成全程输送。运输对象受到限制，承运的货物比较单一。只适合运输诸如石油、天然气、化学品、碎煤浆等气体和液体货物。

随着石油、天然气工业的不断发展，管道运输在国民经济中的地位也越来越重要，发展步伐不断加快。目前，是中国管道工业的黄金期，除得益于中国经济的持续快速发展和能源结构的改变，建设的中俄输气管线、内蒙古苏格里气田开发后将兴建的苏格里气田外输管线、土库曼斯坦和西西伯利亚至中国的输气管线等，不仅为中国，也为世界管道业提供了发展机遇。但长输管道在运行中的泄漏问题，既造成了资源的浪费，也对自然环境产生了污染，是一个急需解决的问题。

交通运输是现代经济社会正常运行的基础保障，经济社会实现现代化首先要求交通运输现代化。近年来，我国的铁路、公路、水运和民航等运输方式均得到较快的发展，而且随着交通运输事业市场化程度的不断提高，各种运输方式之间的市场竞争也已全面展开。综合以上五种交通运输方式，道路运输除运输成本高以外，具有其他运输方式不可比拟的优势，也是一种最活跃的运输方式，显示出广阔的发展前景。

二、道路的特点及道路运输的作用

（一）道路的特点

近百年来，汽车运输之所以能得以迅速发展，是和道路及其运输所具有的一系列特点分不开的。与其他交通运输方式相比，它具有以下属性及特征。

1. 道路的基本属性

道路建设与道路运输是物质生产，因而它必然具有物质生产的基本属性，即有生产资料、劳动手段和劳动力以及作为物质产品而存在的道路。同时，它又有其本身特有的基本属性。

（1）公益性

道路分布广、涉及面宽，能使全社会受益，同时也受到社会各方面的关注和支持。特别是近年来由于道路运输在促进社会商品经济发展方面发挥了巨大的作用，使道路受到社会的重视。

（2）商品性

道路建设是物质生产，道路是产品，必然具备商品的基本属性，它既具有商品价值，又具有使用价值。这一属性是目前发展商品化道路（亦称收费道路）的基本依据。

（3）超前性

道路的超前性主要是指道路的先行作用。道路是为国民经济和社会发展服务的，它作为国家连接工农业生产的链条和经济腾飞的跑道，其发展速度应高于其他部门的发展速度。这就是通常所说的“先行官”作用。

（4）储备性

道路运输是资金密集型和技术密集型的产业，属于国家基本建设项目，道路的建设不仅要满足其现行通行能力的要求，还要考虑今后一段时间内通行能力增长的要求，即要有一定的储备能力。这就要求建设之前，必须要有统一的规划、可行性论证、周密的经济和交通调查、加强交通预测以及精心设计等工作，以满足远景发展的需要。

2. 道路的经济特征

道路作为一种特殊的物质产品，它还具有一些经济特征，主要有：①道路产品是固定在广阔地域上的线形建筑物，不能移动。这不同于一般的工业生产和建筑业。工业生产一般是生产设备固定，而产品从原材料到成品在生产过程中流动，而道路与此相反。建筑业虽然也是这样，但其产品分布在各点上，而不是线形工程。因此，道路建设的流动空间更大，工作地点更不固定，受社会和自然环境影响大，具有更强的专业性。②道路的生产周期和使用周期长。通常一条上百千米的道路建成要花两三年的时间，高等级道路则更长，在实施过程中需耗用大量的人力、物力和财力。投入使用后一般使用年限为 10 ~ 20 年。在使用过程中还需进行经常性地养护、维修和管理工作。③道路虽是物质产品，但不具有商品的形式。在商品经济中，一般的产品都采取商品交换形式，出售后进入消费。而道路建成后，不能作为商品出售，也不存在等价交换的买卖形式，只提供给社会使用。其投资费用以收费（使用道路的收费和养护管理费）和运输运营中收费形式来补偿。④具有特殊的消费过程和消费方式。一般的商品生产与消费在时间和空间上都是分离的。即商品必须成型后，才能运送到市场进行交换和消费。而道路则可边建设、边使用，并在使用过程中边养护、维修与改造。生产与消费不可分割，在时间和空间上是重复的。道路在消费形式上，不是一次性，而是多次消费。这就对道路的质量提出了特别高的要求，以确保其多次重复性使用（消费）中车辆行驶的安全、快速、经济和舒适。⑤道路是作为一个完整的系统，发挥其作用，为社会服务。一条道路由路线、路基、路面、桥涵等各部分组成完整的系统。而一个区域的道路网，则是由许多条道路组成一个有机的网络系统。而这个系统又成为交通运输系统中的一个子系统，这就要求各条道路的修建要统筹规划，相互协调，密切配合，从整体的角度为社会服务。

（二）道路运输在国民经济中的地位和作用

道路运输是交通运输系统的重要组成部分，是为国民经济、社会发展和人民生活服务的基础设施。社会经济的发展和交通运输的需求决定着道路运输的发展进程，而道路运输的发展也影响和制约着社会经济和交通运输的发展水平。道路运输以其机动性、灵活性等特点深入影响政治、经济、文化、教育、军事及人们的日常生活等各个方面。随着国家经济实力的发展和科学技术水平的不断提高，道路运输的地位越来越重要。

道路运输与国民经济的发展存在着相互促进、相互制约的对立统一的关系，道路运输在国民经济中的地位和作用主要表现在以下几个方面：①道路运输是最便捷且唯一具有直达功能的运输方式。道路运输可以实现门到门的运输，自成运输体系，这种直达的运输作用是其他运输方式所不具备的。②道路运输可以为其他运输方式集散、接运客货。道路运输灵活性、输入性的特点可将其他运输方式连接成网，充分发挥运输业在经济和社会发展中的重要作用。③道路运输的通达深度广、覆盖面大。道路运输可以将地区、城乡、企业、不同用户之间的经济活动连接起来，为各个产业的生产活动提供服务。④道路运输成为世界各国发展最快和主要的运输方式。道路运输的发达程度已成为衡量一个国家经济实力和现代化水平的重要标志。

第二节 道路的分类、分级与技术标准

一、道路的分类及功能

道路是提供各种车辆（无轨）和行人等通行的工程设施。目前，我国道路分类由于各种道路管理机构不同，处于多样化的状态，按照用途道路大体上可分为公路、城市道路、专用道路（厂矿道路、林区道路）和乡村道路等。

（一）公路

公路：连接城市、乡村，主要供汽车行驶的具备一定技术条件和设施的道路。根据公路的作用和使用性质，又将公路划分为国家干线公路、省级干线公路、县级公路和乡级公路（简称为国道、省道、县道、乡道），以及专用公路。

1. 国道

在国家干线网中，具有全国性的政治、经济、国防意义，并经确定为国家级干线公路。

2. 省道

在省公路网中，具有全省性的政治、经济、国防意义，并经确定为省级干线的公路。

3. 县道

具有全县性的政治、经济意义，并经确定为县级的公路。

4. 乡道

指修建在乡村、农场，主要供行人及各种农业运输工具通行的道路。

（二）城市道路

城市道路：在城市范围内，供车辆及行人通行的具备一定技术条件和设施的道路；根据城镇道路在道路网中的地位、交通功能以及对沿线建筑物的服务功能等，分为四类：快速路、主干路、次干路、支路。

城市道路的功能除了把城市各部分联系起来为城市各种交通服务外，还起到形成城市结构布局的骨架；提供通风、采光；保持城市生活环境空间以及为防火、绿化提供场地的作用。

（三）专用道路

由工矿、农林等部门投资修建，主要供该部门使用的道路。

1. 厂矿道路

在工厂和矿山区，主要供各种厂矿车辆通行的，具备一定技术条件和设施的道路；分为厂内道路和厂外道路，厂外道路分为一、二、三、四级，厂内道路分为主干道、次干道、支道、车间引道和人行道。

2. 林区道路

林区道路是指修建在林区，主要供各种林业运输工具通行的道路。由于林区地形及运输木材的特征，其技术要求应按专门制定的林区道路工程技术标准执行。

（四）乡村道路

乡村道路是指修建在乡村、农场主要供行人及各种农业交通运输工具通行的道路。在目前“大力推进新农村建设”政策的推动下，乡村道路等基础设施的建设尚缺乏专门的依据。我国现阶段农村公路的建设基本都是按三级、四级公路相关设计标准和规范进行设计的。因此，在我国道路设计中，乡村道路属于公路的范畴。

二、公路的分类与技术标准

（一）公路（技术）等级的划分

公路按功能分为：主要干线公路、干线公路、主要集散公路、次要集散公路和支线公路五类，为不同层次的出行提供畅通直达、汇集疏散和接入服务的功能。

公路按使用任务、功能和适应的交通量分为高速公路、一级公路、二级公路、三级公路、四级公路五个技术等级。

高速公路为专供汽车分向、分车道行驶并全部控制出入的多车道公路。高速公路应能适应将各种汽车折合成小客车的年平均日交通量宜在 15 000 辆以上。

一级公路为供汽车分向、分车道行驶，可根据需要控制出入的多车道公路。

一级公路应能适应将各种汽车折合成小客车的年平均日交通量宜在 15 000 辆以上。

一级公路是连接高速公路或是某些大城市的城乡接合部、开发区经济带及人烟稀少地区的干线公路。它实际上是有两种不同的任务和功能：一种是具有干线功能，部分控制出入；另一种是可以采用平交的距离不长的连接线等。一级公路强调必须分向、分车道行驶，一级公路一般应设置中央分隔带。当受特殊条件限制时，必须设置分隔设施，不允许用画线代替。

二级公路为供汽车行驶的双车道公路。

二级公路应能适应将各种汽车折合成小客车的年平均日交通量为 5 000 ~ 15 000 辆。

二级公路为中等以上城市的干线公路或者是通往大工矿区、港口的公路。

三级公路为主要供汽车、非汽车交通混合行驶的双车道公路。三级公路应能适应将各种车辆折合成小客车的年平均日交通量为 2 000 ~ 6 000 辆。主要为沟通县、城镇之间的集散公路。

四级公路为主要供汽车、非汽车交通混合行驶的双车道公路或单车道公路，一般为沟通乡、村等地的地方公路。

高速公路和一级公路的设计交通量预测年限为 20 年；二级、三级公路的设计交通量预测年限为 15 年；四级公路可根据实际情况确定。设计交通量预测的起算年应为该项目可行性研究报告中的计划通车年。设计交通量的预测应充分考虑走廊带范围内远期社会、经济的发展和综合运输体系的影响。

（二）公路（技术）等级的选用

应根据路网规划、公路功能，并结合交通量，充分考虑项目所在地区的综合运输体系、远期发展等，经论证后确定。

主要干线公路应选用高速公路，次要干线公路应选用二级及二级以上公路。

主要集散公路宜选用一级、二级公路，次要集散公路宜选用二级、三级公路。

支线公路宜选用三级、四级公路。

一条公路，可分段选用不同的公路等级或同一公路等级不同的设计车速、路基宽度，但不同的公路等级、设计车速、路基宽度间的衔接应协调，过渡应顺适。

（三）公路工程技术标准

1. 技术标准的内涵

公路的技术标准是法定的技术准则，它是指公路线形和构造物的设计、施工在技术性能、几何尺寸、结构组成方面的具体规定和要求。它是在根据汽车行驶性能、数量、荷载等方面的要求和设计、施工及使用的经验基础上，经过调查研究和理论分析制定出来的。

公路技术标准主要指公路等级、路基宽度（车道数）、设计速度三个关键要素，三者相辅相成，又相互独立。

公路等级（高速、一级等）主要由公路在路网中的功能决定。大多数情况下，公路等级需更多地考虑政治、经济、社会等宏观因素，非单纯由技术因素确定。

路基宽度由交通需求决定。但从根本上讲，交通需求决定的是公路的车道数，而非整个路基宽度，路基宽度则以车道数为基础，即由基本的行车道宽度加安全的路缘带宽度、硬路肩宽度、中央分隔带宽度等组成。

设计速度由公路等级与地形条件决定。设计速度对于公路交通容量有一定的影响，但以提高速度去获得有限的交通容量的提高，尤其在地形复杂路段，属舍本求末之举。以此出发，可以再次理解，获取交通容量提高的根本途径是增加车道数，而非采用更高的设计速度。

2. 技术标准的应用

确定指标要慎重，在可能的条件下尽量采用较高的指标。

标准指标的选择和运用应有针对性和灵活性。我国地域辽阔，各地条件迥异，不同地区公路乃至同一公路不同路段具有不同的环境特征。为保护个性环境，需要灵活设计；为展现环境个性，需要精心创作。技术标准和设计规范是应用于全国范围的纲领性法规，它必须也只能具有一般性和普遍性的指导意义。在道路设计时，应在全面、系统地理解标准和规范的基础上，根据个性环境，灵活地运用标准规范中的各项指标。

标准规范中的指标有主次之分。主要指标，是指对安全、功能有重大影响的指标，如最小圆曲线半径、最大纵坡、视距等；次要指标，是指在满足安全的前提下，主要影响美学或舒适性的指标，如曲线间直线长度等。主要指标在设计中原则上应予保证，对于次要指标，当对环境不构成影响时，可采用较高值，当对环境存在影响时，应采用较低值，当对环境和生态影响巨大时，为了保护环境，可突破使用。

三、城市道路的分类与技术分级

（一）城市道路的分类

根据道路在城市道路网中的地位、交通功能以及对沿线建筑物的服务功能，分为快速路、主干路、次干路、支路四类。

1. 快速路

为城市中大量、长距离、快速交通服务。快速路上的机动车道两侧不应设置非机动车道。快速路对向行车道之间应设置中间分隔带，其进出口应采用全控制或部分控制。快速路沿线两侧不能设置吸引大量车流、人流的公共建筑物的进出口，对一般建筑物的进出口应加以控制，当进出口较多时宜在两侧另建辅道。

2. 主干路

为连接城市各主要分区的干路，以交通功能为主。主干路上的机动车与非机动车应分道行驶，非机动车交通量大时，宜采用机动车与非机动车分隔形式，如三幅路或四幅路。主干路一般不设立体交叉，而是采用扩宽交叉口引道的办法来提高通行能力。主干路两侧不应设置吸引大量车流、人流的公共建筑物出入口。

3. 次干路

与主干路接合组成城市道路网，起集散交通的作用，兼有服务功能。次干路是城市中数量较多的一般的交通性道路，配合主干路组成城市干道网，起联系各部分和集散交通的作用。次干路一般不设立体交叉，部分交叉口可以扩大，并加以渠化。次干路兼有服务功能，允许两侧布置吸引人流的公共建筑，但应设停车场。

4. 支路

为次干路与街坊的连接线，解决局部地区交通，以服务功能为主。支路是一个地区内（如居住区内）的道路，是地区通向干道的道路。支路可与平行于快速路的道路相接，但不得与快速路直接相接。支路需要与快速路交叉时应采用分离式立体交叉跨过或穿过快速路。

城市道路规划交通量达到饱和状态时的设计年限，快速路、主干路应为 20 年；次干路应为 15 年；支路宜为 10 ~ 15 年。

（二）城市道路的红线规划

道路红线是指通过城市规划或道路系统专项规划确定的各等级城市道路的路幅边界控制线，及城市道路用地与其他用地的分界控制线。红线宽度为道路用地的规划范围，包括车行道、人行道、绿化带等在内的规划道路的总宽度，或称规划路幅。

城市道路的红线规划，是依据城市总体规划确定道路网的形式、道路的功能、走向和位置、一次修建还是分期逐步改造、新建道路还是旧路改造等因素而定。

城市道路红线规划的主要工作内容有：

1. 确定道路红线宽度

根据道路的功能与性质，考虑适当的横断面型式和定出机动车道、非机动车道、人行道、绿化带等各组成部分的合理宽度，从而确定道路的总宽度，即红线宽度。红线宽度规划太窄不能满足日益发展的城市交通和其他各方面的要求，给以后改建带来困难；太宽，近期沿线建筑要从现在路边后退很多，会给近期建设带来困难。所以，确定红线宽度时应充分考虑“近远结合，以近为主”的原则。

2. 确定道路红线位置

在城市总平面图基本方案的基础上，对于新建区道路，选择规划路中心的位置，并按拟定道路横断面宽度画出道路红线；对于旧区改建道路，如计划近期一次拓宽至规划宽度者，规划红线根据少拆迁原则以一侧拓宽为宜；属于长期控制，逐步形成的道路，定位时，可以按照现状中线不动，使两侧建筑平均后退。

3. 确定交叉口型式

根据各交叉口的类型及具体条件和近、远期结合的要求，定出交叉口用地范围、具体位置和尺寸，定出路缘石半径以及安全视距等，并以红线方式绘于平面图上。

4. 确定控制点的半径和标高

规划道路中线的转折点和各条道路的相交点，就是控制点。控制点平面位置可直接实地测量，标高则由竖向规划确定，也可以依据可靠的地形图计算其坐标和标高。

第三节 道路的基本组成

一、公路工程的基本组成

公路是一种线形工程结构物，它由线形和结构两大部分组成。

（一）线形组成

公路线形是指公路中线的空间几何形状和尺寸。这一空间线形投影到平、纵、横三个方面而分别绘制成反映其形状、位置和尺寸的图形，就是公路的平面图、纵断面图和横断面图。公路设计中，平、纵、横三方面是相互影响、相互制约、相互配合的，设计时应综合考虑。

公路路线的线形是指在空间的几何形状和尺寸，为研究方便，将之分解为平面、纵断面、横断面设计三个方面进行研究。平面线形由直线、圆曲线和缓和曲线等基本线形要素组成。

纵面线形由直线（直坡段）及竖曲线等基本要素组成。公路线形设计时必须考虑技术经济和美学等的要求。

（二）结构组成

公路是交通运输结构物，它不仅承受荷载的作用，而且受自然条件的影响，其结构组成主要包括：路基路面工程、排水工程（桥涵、渗水路堤、过水路面等）、防护工程（挡土墙、护坡、护栏等）、特殊构造物以及交通服务设施。

1. 路基

行车部分的基础，断面形状一般可有路堤、路堑、半填半挖三种路基形式。路基结构必须稳定、坚实并符合规定的尺寸，以承受汽车和自然因素的作用。

2. 路面

用坚硬材料铺筑于路基上供汽车直接行驶的地带，通常路面由基层及面层两部分组成。

路面按其适用品质、材料组成和结构强度可有高级、次高级、中级、低级之分。按其力学性质可分为柔性路面和刚性路面两大类。常用材料有沥青、水泥、碎（砾）石、砂、黏土等。

3. 桥涵

指公路跨越水域、沟谷和其他障碍物时修建的构造物。单孔跨径小于 5 m 或多孔跨径之和小于 8 m 称为“涵洞”，大于这一规定值称为桥梁。

4. 隧道

公路隧道通常是指建造在山岭、江河、海峡和城市地面下，供车辆通过的工程构造物。它是为公路从地层内部或水层通过而修建的结构物。当公路翻越高山或穿过深水层时，为了改善平、纵面线形和缩短路线长度，经过技术、经济比选，可开凿隧道。

5. 公路特殊结构物

在山区地形、地质复杂路段，可修建悬出路台、半山桥及防石廊等以保证道路连续和路基稳定的构造物。

6. 排水系统

为了防止地面水及地下水等自然水侵蚀、冲刷路基，确保路基稳定，需设置排水构造物，除上述桥涵外，还有边沟、截水沟、排水沟、跌水、急流槽、盲沟、渗井及渡槽等。这些排水构造物组成综合排水系统，以减轻或消除各种水对道路的侵害。

7. 防护工程

在陡峻山坡或沿河一侧的路基边坡修建的填石边坡、砌石边坡、挡土墙、护脚及护面墙等可加固路基边坡保证路基稳定的构造物。在易发生雪害的路段可设置防雪栅、防雪棚等。在沙害路段设置控制风蚀过程的发生和改变沙粒搬运及堆积条件的设施。沿河路基可设置导流结构物，如顺水坝、格坝、丁坝及拦水坝等间接防护工程。

8. 交通工程及沿线设施

公路交通工程及沿线设施是保证公路功能、保证安全形势的配套设施，如照明设备、交通标志、护栏、中央分隔带、隔音墙、隔离墙、加油站、汽车停车场、休息设施及绿化和美化设施等。

二、城市道路工程的基本组成

城市道路将城市的主要组成部分如居民区、市中心、工业区、车站、码头及其他部分之间联系起来，形成完整的道路系统，通常其组成如下：①机动车道和非机动车道。②人行道：包括地下人行道及人行天桥。③交叉口、步行广场、停车场、公共汽车站。④交通安全设施：人行地道、人行天桥、照明设备、护栏、标志、标线等。⑤排水系统：街沟、雨水口、窑井及雨水管等。⑥沿街设施：照明灯柱、电杆、邮筒及给水栓等。⑦地下各种管线：各种电缆、煤气管及给排水管道等。⑧绿化带。⑨大城市还有地下铁道、高架桥等。

道路工程的主体是路线、路基（包括排水系统及防护工程等）和路面三大部分。在道路设计中它们是相互联系、相互影响的。路线设计中要有经济合理的线形，还应充分考虑通过地区的自然与地貌等因素，以保证路基的稳定性。路基设计要求要有足够的强度和稳定性，以保证路面结构的整体强度和稳定性，保证行车安全和迅速。

第四节　道路工程基本建设程序

道路工程项目建设全过程分为道路规划、道路勘测设计、道路施工及道路养护四个环节。公路建设是基本建设项目，凡新建公路工程项目和改建的大中型公路工程项目，都必须按我国交通运输部颁布的相关规定的程序办理。程序要点如下：①根据长远规划或建设项目建议书，进行可行性研究；②根据可行性研究，编制计划任务书（也称设计计划任务书）；③根据批准的计划任务书，进行现场勘测，编制初步设计文件和概算；④根据批准的初步设计文件，编制施工图和施工图预算；⑤列入年度基本建设计划；⑥进行施工前的各项准备工作；⑦编制实施性施工组织设计及开工报告，报上级主管部门审批；⑧严格执行有关施工的规程和规定，坚持正常施工次序，做好施工记录，建立技术档案；⑨编制竣工图表和工程决算，办理竣工验收。

以上程序，在符合审批制度的前提下，可根据具体情况进行合理的交叉，小型项目可根据具体情况适当并免。

一、道路工程项目建议书与可行性研究

（一）道路工程项目建议书

项目建议书是基本建设前期工作的一项重要内容，是基本建设程序的重要组成部分，是进行项目决策和编制计划任务书的科学依据。道路工程项目建议书编制的目的是对待建工程的必要性、技术可行性、经济合理性、实施可能性等进行综合研究，推荐最佳方案，进行投资估算，并做出经济评价，为建设项目的决策和审批提供依据。

道路工程的项目建议书一般包括下列内容：

1. 概述

论述建设任务依据、历史发展背景、建设范围与主要内容，研究的主要结论。

2. 现状及问题

论述建设地区交通运输网的现状和存在的主要问题，拟建公路在区域运输网中的作用，原有

公路的技术状况和不适应程度。

3. 发展预测

进行全面的交通调查和经济调查，论述该地区的经济特征，项目与经济发展的内在联系，预测交通运输量的发展情况。

4. 建设规模和标准

论述项目建设规模和采用的等级及其主要技术指标。

5. 建设条件和方案比选

调查建设项目所处地理位置的地形、地质、地震、气候、水文等自然条件和社会条件、主要建筑材料的来源及运输条件，进行方案的比选，仅对环境影响做出分析。

6. 投资估算与资金筹措

包括主要工程数量、公路建设用地及拆迁、单价拟定、投资估算和资金筹措等。

7. 工程建设实施计划

包括勘测设计和工程施工的计划和要求、工程管理人员和技术人员的培训等。

8. 经济评价

包括运输成本等经济参数的确定、建设项目直接经济效益分析、建设项目间接效益分析、建设项目费用估算等，对于贷款项目还需要进行项目的财务评价。

根据上述研究成果，通过综合分析评价，提出技术先进、投资少、效益好的最优建设方案。

（二）道路工程项目可行性研究

道路工程项目可行性研究是从“需要”和“可能”两个方面，运用可行性研究这一科学的、完整的工作方法体系，深入地、具体地研究一个道路建设项目建设的必要性、技术的可行性、经济的合理性、实施的可能性，选择项目实施的最佳方案，避免项目实施的盲目性，减少项目投资的风险性。这是建设项目投资决策前进行技术经济论证的一门综合性工作，是基本建设前期工作的重要环节。

在可行性研究阶段要回答的问题可归纳为五个方面，即说明五个“W”：

What——说明要干什么，提出建设项目的基本情况。

Why——说明为什么要投资建设这个项目，准备采用的工艺及其技术上的可能性，决定企业规模（道路的等级）、经济上的盈利性（效益）。

Where——说明项目建在何处，并说明当地的自然条件和社会条件。

When——说明项目何时开始投资、何时建成、何时回收投资，选择最佳时机。

Who——说明项目的资金来源、工程建设与经营管理等事项由谁来承担。

道路工程项目可行性研究的作用包括五个方面：①作为项目建设投资决策和编制设计任务书的依据。②作为向银行申请贷款的依据。③作为建设项目初步设计的基础。④作为新技术、新设备的采用、研制计划的依据。⑤作为公路建设项目后评价的参考与依据。

道路工程项目可行性研究分为两个阶段，即预可行性研究阶段和工程可行性研究阶段。预可行性研究阶段要求通过实地踏勘和调查；重点研究必要性和建设时机；初步确定项目通道和走廊带；对项目规模、技术标准、建设资金、经济效益进行必要论证，是项目建议书的依据。

工程可行性研究阶段要求充分的调查研究，通过必要的测量和地质勘探，对可能的建议方案从技术、经济、安全、环境等方面综合比选论证。研究确定项目的起终点，提出推荐方案，确定建设规模、技术标准，估算项目投资，分析投资项目，编制报告。批准的工程可行性研究阶段是初步设计的依据。

预可行性研究阶段和工程可行性研究阶段在深度要求方面存在着一定的差异：

1. 方案比选

预可行性研究阶段——初步比选，确定通道或走廊带。

工程可行性研究阶段以进一步比选，有比较价值的方案，要求同深度比选技术、建设费用和经济效益；从技术、经济、安全、环境等方面综合比选论证。

2. 路线方案

预可行性研究阶段——1 ∶ 50 000 或更大，特殊地形 1 ∶ 10 000；

工程可行性研究阶段——1 ∶ 10 000 或更大，特殊地形 1 ∶ 2 000。

3. 手段

预可行性研究阶段——实地踏勘和调查。

工程可行性研究阶段——充分的调查，并通过必要的测量和地质勘查，对长大桥梁、隧道等控制性工程进行专项地质勘探和调查（遥感、物探、地质调绘等），地形地质复杂时进行必要的钻探。

4. 投资

工程可行性研究阶段的投资估算与初步设计概算之差应控制在投资估算的 10% 以内。预可行性研究报告的主要内容包括：概述、经济社会和交通运输发展现状及规划、交通量分析及预测、建设的必要性、建设条件、技术标准及建设方案、投资估算及资金筹措、经济评价、节能评价、社会评价、风险分析、问题与建议。

工程可行性研究报告的主要内容包括：概述、经济社会和交通运输发展现状及规划、交通量分析及预测、技术标准、建设方案、投资估算及资金筹措、经济评价、实施方案、土地利用评价、工程环境影响分析、节能评价、社会评价、风险分析、问题与建议。

道路工程项目可行性研究报告编制的步骤如下：①组成可行性研究组。研究组包括以下人员：项目负责人、公路经济人员、交通工程人员、公路路线工程人员、桥隧工程人员、地质及水文人员、工程概预算人员等。②拟订工作计划和进度表。编写外业调查勘测提纲和外业分工、可行性研究章节目录和执笔分工、报告编写统一格式等。③外业踏勘和调查。④调查资料的整理、计算与分析。⑤主要问题研究，包括公路运输量、交通量预测和评价、工程规模与技术标准研究，路线和隧道方案、环境保护工作、工程量估算、投资估算与资金来源研究、经济评价、建设安排。⑥编写报告文本及绘制附表、附图。⑦出版、送审。

二、计划任务书

公路勘测设计工作是根据批准的计划任务书进行的。计划任务书应包括下述内容：建设的依据和意义；路线的建设规模和修建性质；路线的基本走向和主要控制点；工程技术等级和主要技术标准；勘测设计的阶段划分及各阶段完成的时间；建设期限，投资估算，需要钢、木、水泥的数量；施工力量的原则安排。

计划任务书经上级批准后，如对建设规模、期限、技术等级标准及路线走向等重大问题有变更时，应报原批准机关审批同意。

三、道路勘测设计阶段划分

根据路线的设计和要求，道路勘测设计可分为一阶段勘测设计、二阶段勘测设计和三阶段勘测设计。

（一）一阶段设计

直接根据批准的设计任务书的要求，一次做详细测量并编制施工图设计和工程预算。适用于技术简单、方案明确的小型公路工程。

（二）二阶段设计

为公路测设的主要程序，即通常一般公路所采用的测设程序。即按初步设计、施工图设计两个阶段进行。

初步设计主要任务：拟定设计原则；选定设计方案；计算主要工程数量；提出施工方案意见，编制设计概算并提供文字说明和图表资料。

施工图设计主要任务：进一步对审定的设计原则、设计方案，技术决定加以具体和深化，最终确定各项工程数量和尺寸，提出文字说明和满足施工需要的图表资料及施工组织计划并编制施工图预算。

（三）三阶段设计

对于技术上复杂而又缺乏经验的建设项目或建设项目中的个别路段、特殊大桥、互通式立体交叉、隧道等，必要时，应采用三阶段设计。即分初步设计、技术设计、施工图设计三个阶段进行。

1. 初步设计

初步设计是项目决策后，根据设计任务书要求所做的具体实施方案，应能满足项目投资包干、招标承包、材料、设备订货、土地征用和施工准备等要求。根据批准的设计任务书和收集的勘测设计资料编制初步设计文件，确定设计原则、技术标准、工程规模、工程数量、工程概算、材料数量等。其组成内容为：①设计说明书，包括设计依据及概述，设计技术准备，对道路工程设计的各个方案进行技术经济论证和提出推荐方案，存在问题和注意事项等；②主要工程数量和主要材料数量表；③工程概算，说明编制概算所采用的定额，各项费率标准，材料价格、施工方法及施工费用的依据；④设计图纸，包括道路位置示意图、平面地形图（包括征地、拆迁线）、纵断面图、横断面图、道路交叉、广场设计图、绿化、照明布置等。

2. 技术设计

技术设计主要用于技术上相当复杂的道路工程。初步设计经审批后就可进行技术勘测，根据技术勘测资料做技术设计或施工图设计。技术设计是对初步设计中一些复杂工程内容，如道路和广场的竖向设计，难度较大的道路交叉，交通组织措施，全面性的综合排水设计，有关地上、地下管线平面和立面的综合协调等进行深一步较详细的技术设计。

3. 施工图设计

施工图设计内容包括绘制道路平面、纵断面、横断面、平面交叉口、立体交叉、广场设计等的各部详细尺寸和标高；路面结构设计组成及厚度；排水设计；中小桥、涵洞、灌溉渠道连通管及其他附属构筑物的位置、标高、孔径、结构设计等施工详图和必要的施工说明，提出征地、房屋拆迁、迁移管线和障碍物等的数量，编制工程预算。当与初步设计有较大变动时，应修正初步设计和概算，报上级批准后实施。

四、设计文件编制

设计文件是公路勘测设计的最后成果，经审查批准后是公路施工等的依据。其组成、内容和要求随设计阶段而异。

设计文件组成和内容如下：

（一）初步设计文件

由总说明书、总体设计、路线、路基路面、桥梁涵洞、隧道、路线交叉、交通工程及沿线设施、环境保护与景观设计、其他工程、筑路材料、施工方案、设计概算共13篇和附件所组成。其表达形式有文字说明、设计图、表格三种。

（二）施工图设计文件

由总说明书、总体设计、路线、路基路面、桥梁涵洞、隧道、路线交叉、交通工程及沿线设施、环境保护与景观设计、其他工程、筑路材料、施工组织设计和施工图预算共13篇及附件组成。

五、道路工程施工管理与验收

（一）道路工程施工管理

道路工程施工主要包括施工准备、清表与基础处理、路基施工、路面结构施工和工程验收五个阶段。为保证项目的施工进度与施工质量，在施工过程中需要对道路施工的进度、质量、安全等进行有效控制。

1. 施工进度控制

道路工程进度计划的主要形式有横道图、“S”曲线、垂直图、斜率图、网络图等。进度计划包括总体性进度计划和阶段性进度计划。施工单位编制完进度计划后，应重点从以下几个方面对进度计划进行审查：

（1）工期和时间安排的合理性

施工总工期的安排应符合合同工期；

各施工阶段或单位工程（包括分部工程、分项工程）的施工顺序和时间安排与材料和设备的进场计划相协调；

易受冰冻、低温、炎热、雨季等气候影响的工程应安排在适宜的时间，并应采取有效的预防和保护措施；

对动员、清场、假日及天气影响的时间，应充分考虑并留有余地。

（2）施工准备的可靠性

所需主要材料和设备的运送日期已有保证；

主要骨干人员及施工队伍的进场日期已经落实；

施工测量、材料检查及标准试验的工作已经安排；

驻地建设、进场道路及供电、供水等已经解决或已有可靠的解决方案。

（3）计划目标与施工能力的适应性

各阶段或单位工程计划完成的工程量及投资额应与设备和人力实际状况相适应；

各项施工方案和施工方法应与施工经验和技术水平相适应；

关键线路上的施工力量安排应与非关键线路上的施工力量安排相适应。

同时，在施工过程中，应及时开展项目的进度检查，检查内容包括工作量的完成情况、工作时间的执行情况、资源使用及进度的互配情况、上次检查提出问题的处理情况。进度计划的检查方式有项目部定期地收集由承包单位提交的有关进度报表资料、驻地监理人员现场跟踪检查公路工程的实际进展情况、由监理工程师定期组织现场施工负责人召开现场会议、上次检查提出问题的处理情况。检查的方法主要有横道图比较法、“S”形曲线比较法、“香蕉”形曲线比较法、前锋线比较法等。

当道路工程项目施工实际进度影响到后续工作时，总工期需要对进度计划进行调整时，通常采用以下两种方法：

①改变某些工作间的逻辑关系

当工程项目实施中产生的进度偏差影响到总工期，且有关工作的逻辑关系允许改变时，可以改变关键工作或超过计划工期的原非关键工作（即新关键工作）之间的逻辑关系，达到缩短工期的目的。例如，将顺序进行的工作改为平行作业、搭接作业以及分段组织流水作业等，都可以有效缩短工期。

②缩短某些工作的持续时间

这种方法是不改变工程项目中各项工作之间的逻辑关系，而通过采取增加资源投入、提高劳动效率等措施来缩短某些工作的持续时间，使工程进度加快，以保证按计划工期完成该工程项目。这些被压缩持续时间的工作是位于关键线路上（即关键工作，还包括原来是非关键工作但是现在已经超过计划工期的新关键工作）。同时，这些工作又是其持续时间可被压缩的工作。这种调整方法通常可以在网络图上直接进行。

2. 施工质量控制

加强公路工程质量控制，应建立覆盖全面质量、全部过程、全体人员的控制体系，主要是做好以下几个方面的工作：

（1）制定项目质量管理策划

在对设计文件审核与分析后，项目经理应负总责，协调相关部门制定项目质量管理策划。

（2）现场质量检查控制

现场工程质量检查分开工前检查、施工过程中检查和分项工程完成后的检查。现场质量检查控制的方法主要有：测量、试验、观察、分析、记录、监督、总结改进。

（3）工程质量控制关键点

质量控制关键点的设置，根据不同管理层次和职能，按以下原则分级设置：①施工过程中的重要项目、薄弱环节和关键部位。②影响工期、质量、成本、安全、材料消耗等重要因素的环节。③新材料、新技术、新工艺的施工环节。④质量信息反馈中缺陷频数较多的项目。应加强质量控制关键点的施工质量的控制。

（4）工程质量检查与评定

根据建设任务、施工管理和质量检验评定的需要，应在施工准备阶段将建设项目划分为单位工程、分部工程和分项工程。施工单位、工程监理单位和建设单位应按相同的工程项目划分进行工程质量的监控和管理。

分项工程质量检验内容包括基本要求、实测项目、外观鉴定和质量保证资料四个部分。只有在其使用的原材料、半成品、成品及施工工艺符合基本要求的规定，且无严重外观缺陷和质量保证资料真实并基本齐全时，才能对分项工程质量进行检验评定。

分项工程和分部工程区分为一般工程和主要（主体）工程，分别给以 1 和 2 的权值。进行分部工程和单位工程评分时，采用加权平均值计算法确定相应的评分值。

工程质量等级的评定包括：

①分项工程质量等级评定

分项工程评分值不小于 75 分者为合格；小于 75 分者为不合格；机电工程、属于工厂加工制造的桥梁金属构件不小于 90 分者为合格，小于 90 分者为不合格。

评定为不合格的分项工程，经加固、补强或返工、调测，满足设计要求后可以重新评定其质量等级，但计算分部工程评分值时按其复评分值的 90% 计算。

②分部工程质量等级评定

所属各分项工程全部合格，则该分部工程评为合格；所属任一分项工程不合格，则该分部工程为不合格。

③单位工程质量等级评定

所属各分部工程全部合格，则该单位工程评为合格；所属任一分部工程不合格，则该单位工程为不合格。

④合同段和建设项目质量等级评定

合同段和建设项目所含单位工程全部合格，其工程质量等级为合格；所属任一单位工程不合格，则合同段和建设项目为不合格。

3. 施工安全管理

（1）路基工程施工安全管理

路基工程施工安全管理的范围包括：土方施工、石方施工、高边坡施工、爆破作业、机械作业、挡护工程等。其中各个管理方面都包含了对在过程中起到能动作用的人的管理和施工中的各种机械、工具等的管理，以及对施工环境的安全管理，即人们常说的“人、机、料、法、环”五个方面。

路基工程施工安全管理的一般要求如下：①建立健全路基施工安全保障体系。项目经理部应建立健全路基施工安全保障体系，全面落实安全生产责任制，建立相应的安全生产预防、预警、预控、安全检查、隐患排查、事故报告与处理、应急处置等安全生产保障措施。②施工现场布置应有利于生产，方便职工生活。施工现场的临时驻地与临时设施的设置，必须避开泥沼、悬崖、陡坡、泥石流、雪崩等危险区域，选在水文、地质良好的地段。③施工现场内的坑、沟、水塘等边缘应设安全护栏，场地狭小，行人和运输繁忙的地段应设专人指挥交通。④路基用地范围内若有通信、电力设施、上下水道（管）等，均应协助有关部门事先拆迁或改造，对文物古迹应妥善保护，下挖工程开挖前，应根据设计文件复查地下构造物（电缆、管道等）的埋置位置及走向，并采取相应的安全防护措施。施工中如发现可疑物品时，应停止施工，报请有关部门处理。⑤路基施工机械设备应有专人负责保养、维修和看管。各种机械操作手、电工必须持证上岗，同时经常加强对驾驶员、电工及路基作业人员的安全教育。⑥路基施工现场必须做好交通安全管理工作。夜间施工，路口、边坡顶必须设置警示灯或反光标志，专人管理灯光照明。⑦现场操作人员必须按规定佩戴个人安全防护用品，机械燃料库必须设消防防火设备。⑧施工现场易燃品必须分开放置，保证一定的安全距离。

（2）路面工程施工的安全管理

路面工程施工的安全管理范围包括：沥青路面工程的安全管理；水泥混凝土路面工程的安全管理。其中包括对施工作业人员的安全管理、施工中机械的安全管理、施工环境的安全管理。

路面工程施工安全管理的一般要求如下：①确定施工方案，及时准确发布路面施工信息。施工前，施工单位应确定施工区的范围以及安全管理的施工方案，对路面情况进行深入细致的分析，并在开工前及时发布施工信息，警告过往车辆要注意施工路段的交通情况，提醒车辆绕道而行，避免车辆拥堵。②详细划分施工区域，设置好安全标志，严格按警告区、上游过渡区、缓冲区、作业区、下游过渡区、终止区来划分施工区域。③施工现场所有施工人员应统一穿着橘黄色的反光安全服，施工时还应设专职的交通协管员和专职安全员，而且安全员分班实行 24 h 施工路段安全巡查。④施工车辆必须配置黄色闪光标志灯，停放在施工区内规定的地点。不得乱停乱放，要摆放整齐，特别在进出施工场地时，要绝对服从专职交通协管员的指挥，不得擅自进出。⑤在施工区域两端应设置彩旗、安全警示灯、闪光方向标，给施工车辆和社会车辆以提示作用。

（二）道路工程施工验收

工程验收分为交工验收和竣工验收两个阶段。

1. 交工验收程序

公路工程各阶段符合交通运输条件后，经监理工程师同意，由施工单位向项目法人提出申请，项目法人应及时组织对该合同段进行交工验收，项目法人负责组织公路工程各合同段的设计、监理、施工等单位参加交工验收。

验收合格后，项目法人应按交通运输部规定的要求及时完成项目交工验收报告，并向交通主管部门备案。质量监督机构应向交通主管部门提交项目检测报告。交通主管部门在 15 日内未对备案的项目交工验收报告提出异议，项目法人可以开放交通进入试运营期，试运营期不得超过 3 年。交工验收提出的工程质量缺陷等遗留问题，由施工单位限期完成。

2. 竣工验收程序

①竣工验收由交通主管部门按项目管理权限负责。②公路工程符合竣工验收条件后项目法人应按照项目主管权限及时向交通主管部门申请验收。交通主管部门应当自收到申请 30 日内对申请人提交的材料进行审查，对于不符合竣工验收条件的，应当及时退回并告知理由；对于符合验收条件的应自收到申请文件之日起 3 个月内组织竣工验收。③项目法人、设计单位、监理单位、施工单位、接管养护等单位参加竣工验收工作。④通过竣工验收的工程，由质量监督机构依据竣工验收结论，按照交通运输部规定的格式对各参加单位签发工作综合评价等级证书。

第五节 道路规划

一、概述

道路规划是综合交通规划的一个重要组成部分，它是指经过调查分析，预测未来的交通需求，规划道路交通网络，并加以实施和修正的全过程。它是将道路交通系统置于区域性大系统的环境条件中，系统全面地研究道路交通系统的内在规律，为道路交通工程项目的投资、建设提供科学的决策依据。

道路规划有两层含义：第一层含义是指对一个国家或地区道路建设发展所做出的全面、长远的安排；第二层含义是指设计产生道路规划方案的过程，包括其步骤、内容、方法、模型等。

道路规划的目的在于协调各种运输方式间的关系，在可能的资金、资源条件下，对道路交通系统的建设、布局、营运从整体上作出最好的安排，制订科学、合理和可行的交通网规划方案，以适应社会与经济发展的需要。

道路规划应遵循以下一些原则：①要有明确的目标和必要的前提。②要有全局观点和发展眼光，从综合运输的整体出发，协调发展。③要有工程经济观点，讲究高效益。④要有群众观点，规划方案应接受社会各方的审议和建议。

道路规划是道路建设重要的前期工作之一，是进行道路建设决策有力的支持系统。其意义主要表现在以下几个方面：①节省车辆行驶时间，降低运输成本，提高道路运输效益。②保障国民经济和工农业生产健康发展。③促进区域经济平衡与协调发展。④促进道路运输与其他运输方式协调发展。⑤合理地投放和使用道路建设资金。⑥节约土地资源。

道路规划一般可分为全国道路规划和区域道路规划。全国规划指导区域规划，区域规划补充全国规划。虽然统称为道路规划，但道路网规划、一条道路的规划，或对已经确定的道路规划重新分析等各个规划阶段，内容各不相同，甚至一部分工作可以省去，但其规划分析步骤却基本相同。典型的道路规划步骤如下：①认识制定规划的必要性。②确定规划范围的对象。③确定规划方案的方法。④调查、搜集、分析规划对象及与其有关系的现象。⑤预测将来某时的交通现象，或者预测道路的各种功能发挥程度。⑥确定道路设施的建设水平。⑦提出规划的比较方案。⑧规划方案评价与确定。

二、道路规划基础资料调查

社会经济系统、运输设施服务系统和交通活动系统是运输系统分析的三个基本要素。

进行道路规划，需要具备三者的现状和预测资料，以建立三者之间定性、定量关系，求得它们之间的协调与平衡发展。在进行定量分析和预测之前，首先要进行这三个方面资料的调查研究，收集必要的基础数据。

（一）社会经济调查

1. 区域位置

行政区划、分区规划、隶属关系、管辖范围、影响区域等。

2. 土地利用

土地特征、建筑构成、开发程度、客货发生等，国土规划、城镇体系规划、城市总体规划、分区规划等。

3. 人口资料

总量及分布、年龄结构、性别结构、职业结构、出生率、死亡率、增长率等。

4. 国民经济指标

国民收入、各行业产值、人均收入、产业结构、生产和基建投资等。

5. 产业

历史与现状产业结构、布局、资源、运量等，相关产业规划等。

6. 客货运输

运量、周转量、各运输方式所占的比重等。

7. 交通工具

拥有量、增长情况、构成比例等。

8. 自然情况

地形、地质、土壤、气候、名胜古迹等。

（二）交通设施调查

1. 道路网总体状况

总长度、总面积、密度、面积率、各级道路比重、质量等。

2. 路段状况

长度、面积、线形、等级，车道划分、分隔设施、路面质量，侧向、竖向净空等。

3. 交叉口设施状况

几何形状、控制方式、分隔渠化措施等。

4. 附属设施状况

各停车场的位置、面积、停车方式、开放时间等，各加油站位置、面积等，各收费站位置、面积、收费方式等。

5. 交通管制设施状况

交通标志、信号、标线、路政交警的配备等。

（三）交通实况调查

OD 调查：居民出行 OD 调查、机动车出行 OD 调查、货物源流调查；

路网交通流量调查；

对外交通调查；

公交运营及线路客流调查；

服务能力调查；

交通阻塞状况调查；

交通安全情况调查；

交通环境情况调查；

特殊交通情况调查；

交通便捷性情况调查等。

二、道路规划的基本要求与路网形式

（一）道路网规划的基本要求

道路规划是以城市现状、用地规划和公路建设为基础的。每一个路网的形成都是在一定的社会历史条件和自然环境下，为适应当时政治、经济、文化和社会发展，解决生产、生活交通往来的需要而逐步演变过来的。因此，对道路网规划的基本要求是：结合用地布局现状和阶段规划发展、自然地理环境、交通特征来经济合理地适应生产、生活发展引起的交通运输增长需要，并注意道路环境的逐步改善。

1. 城市道路网规划的基本要求

城市道路网是城市范围内所有道路组成的一个系统，是在编制城市规划时拟定的，它从总体上对每条道路提出了明确的目的与任务。对城市道路网规划的基本要求是必须满足交通方便、安全、快速和经济，满足城市环境宁静、清洁、朴实和美观。其具体要求有以下几个方面：

（1）要满足、适应交通运输发展的要求

城市各主要用地分区之间有供各类车辆安全、便捷、通畅行驶的干道网在路线布局上应使客、货运车辆运行便捷，即要求大量客、货流能走较短捷的路线，用非直线系数来衡量；非直线系数指道路起、终点间的实际长度与其空间直线距离之比值。交通干道的非直线系数应尽量控制在 1.4 之内，最好在 1.1 ~ 1.2 之间。干道网密度一般从城市中心地区向近郊，从旧城到新区逐渐递减，能够满足居民出行流量分布变化规律的要求。

（2）要结合地形、地质水文条件，合理规划干道路线走向

城市干道的选线布置，必须结合地理环境、现有的道路和交通量分布，选线时主、次干道出现矛盾时，“次服从主”；尽量绕避耗费高的不良地段，起关键作用的城市主干道必要时可考虑高架桥、护坡挡土工程以及隧道等措施；尽可能少占高产农田、菜地、经济林等，并减少拆迁工作量。

（3）要考虑城市环境与建筑艺术的要求

主要道路走向应有利于城市通风与临街建筑物获得良好的日照；要和周围环境相协调，具有一定的造型艺术；所谓造型艺术是指通过路线的柔顺、曲折起伏，两旁建筑物的进退、高低错落和绿化配置以及公用设施、照明安排等来协调干道立面、空间的组合、色调与艺术形式，从而给居民整洁、舒适、开阔的美的感受。

（4）要注意适应各种工程管线的布置要求

规划干道走向、路幅宽度、控制高程和纵坡时，要适应今后各种管线综合协调安排的要求，从而使工程管线敷设尽可能做到相互间净距离合理、纵坡恰当，且有利于维护方便和工程经济。

2. 公路网规划的基本要求

公路网是指按一定要求或规律连接区域内诸节点间公路连线的集合，形成一个有机整体的公路系统。对公路网规划的基本要求是四通八达、干支结合、布局合理、效益最佳，具体要求有以下几个方面：①公路网规划是国土规划、综合交通运输规划的主要组成部分。必须与区域国土开发利用和经济发展规划相适应，公路网规划必须服从同一区域的综合交通规划，与其他交通方式互补，明确公路运输在交通运输中的地位，确定公路网发展的目标及规模。②公路网规划应能满足该区域内的道路交通运输需求，保证该区域内道路交通便捷、通达、快速和高效。规划中重点

做好远景年交通量预测，并提出多个方案并做出经济和技术评价，选出最优方案，以实现网络运输的最佳效益。③公路网的布局和结构应该满足全局性和整体性的要求。公路网发展布局应服从于社会经济发展的总战略、总目标，服从于生产力分布的大格局，并考虑适度超前，起引导作用。要重视路网节点的建设，处理好不同线路的连接；应具有足够的覆盖面和通达深度；下层公路网规划服从上层；跨级规划，须在上级领导指导协调下进行。④公路网规划必须要求提供宜人性的服务大环境以及安全、舒适的道路交通服务功能。制定规划应注意维护生态平衡，保护环境，并与区域自然地理景观相协调。

（二）道路网的基本形式

道路网主要分为城市道路网和公路网，城市道路网的基本形式主要有方格网式、环形放射式、混合式、自由式，公路网的基本形式主要有三角形、棋盘形、放射形和环状线、并列形、条形、扇形、树杈形等。

1. 城市道路网的基本形式

城市道路网的结构形式是指城市中所有道路结合的轮廓或几何形式，它与城市的规模、城市中交通吸引点的分布以及城市所在地自然条件密切相关。城市道路网的几何形状一旦形成，整个城市的运输系统、建筑布局、居民点以及街区规划也就确定了。对国内外已建城市路网结构进行归纳和总结，城市道路网主要有以下四种基本形式。

（1）方格网式

也称为棋盘式，是比较常见的一种形式，适用于地势平坦地区的城市；方格网式路网的街坊整齐，有利于建筑布置；但这种路网交通分散，灵活性大。我国一些古城及大城市的旧城区多采用这种形式，如西安、北京、太原等老城区。缺点是对角线方向的交通不便；如果方格网式路网密度大，则交叉口多；旧城区的方格网式路网由于道路狭窄，功能不分，不能适应现代化城市交通发展的需要。如果方格式路网较均匀，尚可组织单向交通以缓解道路交通紧张的状况。为解决方格网式路网对角线方向的交通不便，可在方格网上增加对角线道路。

（2）环形放射式

路网形式的优点是有利于市中心与各分区、郊区、市区外围相邻各区之间的交通联系。缺点是在市中心区域容易造成机动车交通集中，有些地区之间的联系需绕行，交通灵活性不如方格网好。现代化城市的外围交通多采用环形放射式。

（3）自由式路网

一般是由于城市地形起伏，道路结合地形选线而形成。优点是充分结合自然地形，对自然环境和景观的破坏较少，节约道路工程造价。缺点是绕行距离较大，不规则街坊多，建筑用地分散，如重庆、青岛、无锡等山水城市。

（4）混合式道路系统

也称综合式道路系统，是以上三种形式的组合。目前我国大多数城市采用方格网式和环行放射式的混合式，就是在保留原有旧城的方格网式的基础上，为了减少市中心的交通压力而设置的环行路或辐射路。现代化大都市多数采用这种形式。

2. 公路网的基本形式

公路网是由众多点和线的集合按一定规律组成的系统，由于各点的重要性不同，形成了不同的路网结构和层次。我国公路网分为国道网、省道网和地方道路（县乡公路）网三个层次。国道网为沟通全国主要节点的道路系统，是全国公路网的主骨架，它与省道网形成全国和省（市）公路运输的主动脉，地方道路网形成微血管，三者组成一个有机整体。

区域公路网作为一个整体，在平面上表现的结构形式是由节点和连线组成的图式。公路网的结构形式受区域内运输点地理位置和制约公路走向诸要素的影响而千差万别，各区域的路网图式不可能是相同的格式。

（1）放射形和环状线路网

适用于有重要聚集作用的中心城镇和外界的联系，由中心城市辐射道路网到周边城镇，同时为了避免中心城市的交通压力过大，同时在中心城市周边设置环状线。但环状线容易造成城市以同心圆“摊大饼”的方式发展，不利于城市环境优化。

（2）棋盘形和三角形路网

适用于面积较大已经广为开发的平原地区；采用平行方向的多条纵横路线布局，交通吸引强度均匀，便于政府规划；棋盘形公路网便捷性较差，必须时须增加斜线，采用三角形，但易形成不规则交叉口，不利于交通组织。在地形地物限制时，一般采用棋盘形和三角形混合布置。棋盘形路网和放射环形路网可根据情况混合使用。

（3）并列形和条形路网

适用于山岭和丘陵地区；依山傍水平行路线布局；做好路网的变化和衔接，必要时可设置桥梁、隧道等控制点。

（4）树杈形和扇形路网

充分考虑了国家行政等级划分和路网等级划分，由高层向低层依次开展呈现阶层式或树杈形结构。

第二章 路基施工技术

第一节 路基施工前的准备工作

路基是按照路线位置和一定技术要求修筑的带状构造物，是路面的基础，承受由路面传来的行车荷载。路基施工是以设计文件和施工规范为依据，以工程质量为中心，有组织有计划地将设计图纸转化为工程实体的建筑活动。路基施工的基本方法按技术特点大致分为人工及简单机械化施工、综合机械化施工、爆破施工等。

路基施工的准备工作是工程顺利实施的基础和保证，直接影响工程进度、质量和承包人的经济效益，必须认真对待。路基施工准备工作的主要内容有熟悉设计文件、现场踏勘、编制施工大纲与施工组织、物资准备、测量控制、试验、施工场地的准备及试验路段施工等。

一、熟悉设计文件

设计文件是组织工程施工的主要依据。熟悉、审核施工图纸是领会设计意图、明确工程内容、分析工程特点的重要环节。在有关施工人员熟悉图纸、充分准备的基础上，由建设单位负责人召集设计、施工、监理科研人员参加图纸会审会议。设计人员向承包人作图纸交底，讲清设计意图和对施工的主要要求。施工人员应对图纸和有关问题提出质询，最终由设计单位吸取图纸会审中提出的合理化建议，按程序进行变更设计或作补充设计。

二、现场踏勘

路基工程施工前，需要对现场进行勘察，确保实际情况与设计图纸保持一致，一旦发现问题，要及时调整。现场踏勘的内容主要包含以下几点：

第一，对施工有影响需要拆迁的各种建筑物、构筑物、公用事业杆线、管道和附属设施以及树木、农作物、坟墓等。

第二，因施工影响沿线建筑物、构筑物、公用事业杆线、管道安全，需加固保护的结构、数量和确切位置

第三，沿线需重点保护的历史文物、古迹、测量标志及军事设施等。

第四，了解沿线填方、挖方的地段和数量以及可供借土或弃土的地点。

第五，摸清沿线可利用的排水沟渠和下水道，及以往暴雨后的积水情况，以便考虑施工期间的排水措施。

第六，了解现场附近供水、供电、通信设施、运输路线、场地及其他设施的情况。

第七，对外露的检查井、消防栓、人防通气孔等应在图上标明，以备核对，避免埋没或堵塞。

第八，了解沿线各单位因施工受到的影响情况及车辆交通影响，以便提出安排方案。

三、编制施工大纲与施工组织

编制施工大纲是指在道路工程施工之前，需要结合设计图纸与现场踏勘的实际情况，编制施工大纲，确定施工顺序、施工方法、施工进度以及工、料计划等。

设计施工组织设计是指导施工现场全过程、规划性、全局性的技术、经济和组织的综合性文件，是施工准备工作的重要组成部分。通过施工组织设计，能为施工企业编制施工计划，为实施施工准备工作计划提供依据，保证拟建工程施工的顺利进行。

四、编制施工图预算和施工预算

在设计交底和图纸会审的基础上，施工组织设计已被批准，预算部门即可着手编制单位工程施工图预算和施工预算，以确定人工、材料和机械费用支出；确定人工数量、材料消耗数量及机械台班使用量等。

施工图预算是由施工单位主持，在拟建工程开工前的施工准备工作期间所编制的确定建筑安装工程造价的经济文件，是施工企业签订工程承包合同，工程结算，银行拨、贷款，进行企业经济核算的依据。

施工预算是根据施工图预算、施工图样、施工组织设计和施工定额等文件，综合企业和工程实际情况所编制的。在工程确定承包关系以后进行，是施工单位内部经济核算和班组承包的依据。

五、物资准备工作

物资准备工作是指施工中必需的劳动手段和施工对象的准备。它是根据各种物资需要量计划，分别落实货源、组织运输和安排储备，以保证连续施工的需要。物资准备是各种材料与机具设备购置、采集、调配、运输和储存，临时便道及工程房屋的修建，供水、供电、必需生活设施等的安装及建设等工作。

在道路施工前，各种生产、生活必需的临时设施，如各种仓库、搅拌站、预制构件厂（站、场）、各种生产作业棚、办公用房、宿舍、食堂、文化设施等均应按施工组织需要的数量、标准、面积、位置等在施工前修建完毕。

修建完成各种生产、生活必需的临时设施后，应及时根据施工组织设计确定的材料、半成品、预制构件的数量、品种、规格以及施工机具设备，编制好物资供应计划，按计划订货和组织进货，按照施工平面图要求在指定地点堆存或入库；对砂子、碎石、钢材等材料应提前做各种试验，确定其是否满足设计要求；对各种标号混凝土提前做好配比；对施工将用的施工机械和机具需用量进行计划，按计划进场安装、检修和试运转。

施工队应提早调整，健全和充实施工组织机构，进行特殊工种、稀缺工种的技术培训，提前预招临时工和合同工，落实专业施工队伍和外包施工队伍。同时，根据地理位置、气候条件，冬、雨期施工也应做些适当准备。

六、测量控制

路基施工前要先做好施工测量工作，包括导线复测、水准点复测与加密、中线放样、横断面检查与补测、增设水准点等。施工测量是整个公路工程施工的基础，是确保线路、高程、尺寸、形状正确的手段，必须认真做好这项工作。施工测量的精度应符合中华人民共和国交通运输部颁布实施的相关要求。

（一）导线复测

当原测中线的主要控制桩由导线来控制时，施工单位必须根据设计资料认真做好导线复测工作，根据地面上的控制桩做好检查复测工作。

导线复测要求精度较高，应采用现代先进的测量仪器（如红外线测距仪等）进行测量，测量精度应符合有关规程的规定。在进行正式测量前，应对使用的仪器进行认真检验、校正，以确保其测量精度。

当原有导线点不能满足施工要求时，应适当加密，保证在公路施工全过程中相邻导线点间能互相通视。

导线起、讫点应与设计单位的测定结果进行比较，测量精度应满足设计要求。当设计未具体规定时，应满足相关规定中导线测量技术要求的内容。

复测导线时，必须确保其和相邻施工段的导线闭合。

对妨碍施工的导线点，在施工前应当加以固定，固定方法可采用交点法或其他固定方法。设置的护桩应牢固可靠，桩位应便于架设测量仪器，并设在施工范围以外。其他控制点也可以参照此法进行固定。

（二）水准点复测与加密

水准点精度应符合技术标准的规定；沿路线每 500m 应设一个水准点。在结构物附近、高填深挖路段、工程量集中及地形复杂路段，要增设水准点。临时水准点必须符合相应等级的精度要求，并与相邻水准点闭合；当水准点有可能受到施工影响时，应进行处理。

（三）中线放样

路基开工前，要进行全段中线放样并固定路线主要控制桩，高速公路、一级公路宜采用坐标法进行测量放样；中线放样时，要注意路线中线与结构物中心、相邻施工段的中线闭合，发现问题要及时查明原因，并进行处理；设计图纸和实际放样不符时，必须查明原因后进行处理。

（四）横断面图核对

横断面图是否准确，关系到施工放样、工程量计算、施工标准、场地布置和工程结算等。在路基正式施工前，应详细检查、核对设计单位提供的横断面图，如果发现问题，应进行复测，并及时报告监理工程师和业主。如果设计单位未提供横断面图，应按照相关规定全部进行补测。

（五）路基工程放样

在路基工程正式施工前，应根据恢复的路线中桩、设计图表、施工机械、施工工艺和相关规定，确定路基用地界桩、路堤坡脚桩、路堑堑顶桩、边沟、取土坑、护坡道、弃土堆等的具体位置。在距路中心一定安全距离处，还要设立控制桩，其间距一般不宜大于50m。在桩上应注明桩号、相对路中心的填挖高，通常用“+”表示填方，用“-”表示挖方。

在放完边桩后，应进行边坡的放样。对于深挖高填地段，每挖、填5m应复测一次中线桩，测定其标高及宽度，以控制边坡角的大小。

对于施工工期较长的公路工程，在路基工程施工期间，应至少每半年复测一次水准点。在季节冻融地区施工的路基，在冻融后也应对水准点进行复测。

采用机械施工时，应在边桩处设立明显的填挖标志。高速公路和一级公路在施工过程中，宜在不大于200m的路段内，距中心桩一定距离处埋设能够控制标高的控制桩，从而进行准确的施工控制。如果在施工中桩被碰倒或丢失，应当及时按规定将其补上，以免影响工程的正常施工。

取土坑放样时，应在坑的边缘设立明显标志，注明土场供应里程桩号及挖掘深度；对于排水用的取土坑，当挖至距设计坑底0.2m ~ 0.3m时，应按照设计修整坑底纵坡。

边沟、截水沟和排水沟放样时，宜先做成样板架检查，也可每隔10m ~ 20m在沟内外边缘钉上木桩并注明里程及挖深。

在整个路基工程施工中，应注意保护设置的所有标志，特别注意保护一些原始控制点。

七、试验

路基施工前，按照相关规定和要求，建立工地实验室；要对路基基底土进行相关试验，每千米至少取2个点。土质改变时，视具体情况增加取样点数；要及时对来源不同、性质不同的拟作为路基填料的材料进行复查和取样试验，试验项目包括天然含水量、液限、塑限、标准击实试验、CBR试验等，必要时应进行颗粒分析、比重、有机质含量、易溶盐含量、冻胀和膨胀量等试验；如使用特殊材料作为填料，应按相关标准做相应试验，必要时还应进行环境影响评估，经批准后方可使用。

八、施工场地的准备

（一）搭建临时设施

现场生活和生产用地临时设施，在布置安装时，要遵照当地相关规定进行规划布置，如房屋的间距、标准是否符合卫生和防火要求，污水和垃圾的排放是否符合环境的要求等。因此，临时建筑平面图及主要房屋结构图都应报请城市规划、市政、消防、交通、环境保护等有关部门审查批准。

各种生产、生活用的临时设施，包括各种仓库、混凝土搅拌站、预制构件场、机修站、各种生产作业棚、办公用房、宿舍、食堂、文化生活设施等，均应按批准的施工组织设计规定的数量、标准、面积、位置等要求组织修建。大、中型公路工程可分批分期修建。

（二）临时交通便道

在工地布设临时交通便道时应遵循下列原则。

临时交通道路以最短距离通往主体工程施工场所，并连接主干道路，使内外交通便利；充分利用原有道路，对不满足使用要求的原有道路，应在充分利用的基础上对其进行改建，节约投资和施工准备时间；在本工程的施工与现有的道路、桥涵发生冲突和干扰之处，承包人都要在本工程施工之前完成改道施工或修建临时道路；利用现有的乡村道路作为临时道路，应将该乡村道路进行修整、加宽、加固及设置必要的交通标志，并经监理工程师验收合格后方可通行；工程施工期间，应配备人员对临时道路进行养护，以保证临时道路的正常通行；尽量避开洼地和河流，不建或少建临时桥梁。

（三）清理场地

清理场地也是路基工程施工前的一项重要准备工作。如场地清理不符合要求，不仅不能保证公路工程的质量，而且会严重影响整个工程的施工进度。清理场地主要包括以下工作。

在进行路基工程施工之前，需要根据设计说明书上的具体要求进行公路用地放样工作，由业主进行土地征用工作及手续的办理。作为施工单位，需要根据实际施工过程中的用地需要，向相关部门提出增加临时用地计划，并且对增加的部分进行测量，将测量的数据汇总，形成平面图，上交给相关部门，以便拆迁及临时用地手续等工作的进行。

在路基施工用地的范围内，如果有房屋、道路以及各种通信及电力设施等构筑物，施工之前需要向有关部门进行协商，以便进行拆迁或改造。如果在施工地点附近存在较为危险的建筑物，那么为了保障施工安全和施工质量，需要将存在危险的建筑物加固。若在施工范围内存在文物古迹，应与相关部门进行协商，尽可能保护文物古迹。

在路基工程施工之前，需要将施工范围内的树木进行清理。可以将树木移植到路基工程的施工范围之外，如果需要砍伐树木，那么被砍伐的树木也要转移到路基用地的范围外，并进行妥善处理，避免火灾等安全事故的发生。

对于二级或者二级以上的公路和填方高度在 1m 以内的公路路堤，需要把路基基地范围内的所有树根挖除，把坑穴填平，并使用专用机械将其夯实；对于二级以下或者填方高度大于 1m 的公路路堤，可以不必将树根全部挖除，但需要注意的是，树根绝对不能露出地面。此外，取土坑范围内的树根也需要全部清除。

路幅范围内以及取土坑表面的植被、草皮以及腐殖土全部清理干净，同时，清理填方和借方地段的地面。具体清理的深度需要以实际种植土的厚度来确定，清理出的种植土要集中处理，避免影响施工或者出现安全隐患。填方路段在将表面清理干净后，需要进行整平、压实等工序，待其符合标准时才能够进行填方工作。

九、试验路段施工

一般情况下，路基开工前要进行试验路段施工；路段长度不宜少于 100m（在试验段起终点增加 10m ~ 20m 的富余工作面）；试验路段应选择在地质条件、断面形式等工程特点具有代表性的地段；调查后，编写试验路段的开工报告并报批（附拟订的施工组织设计方案、施工工艺等）。

路堤试验路段施工。

路堤试验路段施工包括以下内容：第一，填料试验、检测报告等。第二，压实工艺主要参数：机械组合；压实机械规格、松铺厚度、碾压遍数、碾压速度；最佳含水量及碾压时含水量允许偏差等。第三，过程质量控制方法、指标。第四，质量评价指标、标准。第五，优化后的施工组织方案及工艺。第六，原始记录、过程记录。第七，对施工设计图的修改建议等。

根据试验路段施工所得到的成果，进行具体的编制试验路段的总结报告报批（附路基施工组织设计方案、施工工艺等）。

试验路段总报告审批后再进行全线路基单位工程的开工报告报批，接着编制路基分部工程、分项工程的开工报告报批。路基施工前先做好必要的临时施工便道和社会交通便道工作，保证社会交通车辆及施工车辆畅通行。

第二节 填筑路基土石方工程施工技术

路基的几何尺寸是由宽度、高度和边坡坡度组成。根据路基设计标高和原地面的关系，路基可分为路堤、路堑和填挖结合路基。

填方路基称为路堤；低于原地面的挖方路基称为路堑。位于山坡上的路基，设计上常采用道路中心线标高作为原地面标高，这样，可以减少土（石）方工程量，避免高填深挖和保持横向填挖平衡，形成填挖结合（或半填半挖）路基。

一、填方路基施工

（一）路基填料的选择

1. 路基填料的一般要求

含草皮、生活垃圾、树根、腐殖质的土严禁作为填料。

泥炭、淤泥、冻土、强膨胀土、有机质土及易溶盐超过允许含量的土，不得直接用于填筑路基。确需使用时，必须采取技术措施进行处理，经检验满足设计要求后方可使用。

液限大于 50%、塑性指数大于 26、含水率不适宜直接压实的细粒土，不得直接作为路堤填料。需要使用时，必须采取技术措施进行处理，经检验满足设计要求后方可使用。

粉质土不宜直接填筑于路床，不得直接填筑于冰冻地区的路床及浸水部分的路堤。

2. 路基填料的工程性质

石质土：石质土由粒径大于 2mm 的碎（砾）石，其含量由 25% ~ 50% 及大于 50% 两部分组成。

如碎（砾）石土，空隙度大，透水性强，压缩性低，内摩擦角大，强度高，属于较好的路基填料。

沙土：沙土没有塑性，但透水性好，毛细水上升高度很小，具有较大的摩擦系数。沙土路基强度高，水稳定性好。但沙土黏性小，易于松散，受水流冲刷和风蚀易损坏，在使用时可掺入黏性大的土改善质量。

沙性土：沙性土是良好的路基填料，既有足够的内摩擦力，又有一定的黏聚力。一般遇水干得快、不膨胀，易被压实，易构成实的表面。

粉质土：粉质土不宜直接填筑于路床，必须掺入较好的土体后才能用作路基填料，且在高等级公路中，只能用于路堤下层（距路槽底 0.8m 以下）。

轻、重黏土：轻、重黏土不是理想的路基填料，规范规定，液限大于 50%，苏醒指数大于 26、含水量不适宜直接压实的细粒土，不得直接作为路基填料，需要使用时，必须采取技术措施进行处理，经检查满足设计要求后方可使用黄土、盐渍土、膨胀土：黄土、盐渍土、膨胀土等特殊土体不得已必须用作路基填料时，应严格按其特殊的施工要求进行施工。泥炭、淤泥、冻土、有机质土、强膨胀土、含草皮土、生活垃圾、树根和含有腐殖物质的土不得用作路基填料。

煤渣、高炉矿渣、钢渣、电石渣：满足要求（最小强度 CBR、最大粒径、有害物质含量等）或经过处理之后满足要求的煤渣、高炉矿渣、钢渣、电石渣等工业废渣可以用作路基填料，但在使用过程中应注意避免造成环境污染。

（二）路堤填筑

1. 土方路堤填筑

（1）填筑要求

性质不同的填料不能混合在一起，而是根据填料的性质水平分层、分段填筑，最后分层压实。需要注意的是，每种填料的填筑层在完全压实之后的厚度最低为 500mm，最后一层的厚度最低为 100mm。

路基的最上层应该填筑对潮湿或者冻害敏感度低的材料。越是强度小的材料，越应该填筑在底层。如果路基施工的地带存在地下水或者临水，那么填料应该选择透水性好的材料。

在透水性不好的压实层上填筑透水性较好的填料前，应在其表面设 2% ~ 4% 的双向横坡，并采取相应的防水措施。不得在由透水性较好的填料所填筑的路堤边坡上覆盖透水性不好的填料。每种填料的松铺厚度应通过试验确定，每一填筑层压实后的宽度不得小于设计宽度。

路堤填筑时，应从最低处起分层填筑，逐层压实；当原地面纵坡大于 12% 或横坡陡于 1 ： 5 时，应按设计要求挖台阶，或设置坡度向内并大于 4%、宽度大于 2m 的台阶。

填方分几个作业段施工时，接头部位如不能交替填筑，则先填路段，应按 1 ： 1 坡度分层留台阶；如能交替填筑，则应分层相互交替搭接，搭接长度不小于 2m。

（2）一般填筑方法

①水平分层填筑

填筑时按照横断面全宽分成水平层次，逐层向上填筑。如原地面不平，应由最低处分层填起。每填一层，经压实合格后再填上一层。此法施工操作方便、安全，压实质量易保证。

②纵坡分层填筑

适用于推土机或铲运机从路堑取土填筑运距较短的路堤。依纵坡方向分层、逐层推土填筑。原地面纵坡小于 20° 的地段可用此法施工。

③横向填筑

从路基一端按各横断面的全部高度，逐步推进填筑，适用于无法自下而上分层填土的陡坡、断岩或泥沼地区。此法不易压实，且还有沉陷不均匀的缺点。为此，应采用必要的技术措施，如选用高效能的压实机械（振动压路机）碾压，采用沉陷量较小的沙性土或废石方作填料等。

④混合填筑

当高等级公路路线穿过深谷陡坡，尤其是要求上部的压实度标准较高时，下层施工应采用横向填筑，上层施工应采用水平分层填筑，此种方法称为混合填筑法。

（3）机械填筑路堤作业方式

①推土机填筑路堤作业方式

推土机作业包含四个环节：切土、推土、堆斜和空返，对推土机的工作效率影响最大的环节为切土与推土。切土环节的速度以及推土过程中对能量的利用程度是决定推土机推土效率的主要因素。推土机的作业方式很多，常见的有坑槽推土、波浪式推土、并列推土、下坡推土和接力推土。

②挖掘机填筑路堤作业方式

填筑路堤这项工作也可以由挖掘机来完成。

挖掘机有两种工作方式：第一，挖掘机直接从路基的一层挖土，然后将这些土卸向另一侧，用来进行路堤填筑。一般情况下，采用这种方式施工时，人们会使用反铲挖掘机。第二，使用运土车辆配合挖掘机进行工作。挖掘机将挖出的土壤装至运土车内，由运土车将土壤运送到需填筑路堤的路段。这是目前使用较为广泛的作业方式，尤其是取土场地比较集中、运送距离相对较长的工作环境，且正铲挖掘机与反铲挖掘机都能够适应这种工作方式。

2. 填石路堤的填筑

（1）基底处理

填方地段的基地需要进行严格处理。如果地面的坡度大于 1 ： 2.5. 那么应挖台阶，如果基底下有淤泥、地下水等，这样的基底需要进行特殊处理，在施工之前需要报请监理工程师，得到批准签字之后，才能进行施工。

填石路堤的填料相对来说较为坚硬，进行压实工作比较困难，填石材料又具有较高的透水性，水非常容易通过路面、边坡等位置进入基底，导致路基潮湿，严重时可能会使路面产生不均匀沉降等问题。

为了防止这一问题，在施工过程中，除了满足土质路堤表面处理的规定之外，还应该满足不同路堤填高对地基承载力的要求。

如果路堤高度在 10m 以内，那么地基的承载力必须大于 150kPa；如果路堤高度在 10m 到 20m 之间，那么地基的承载力必须大于 200kPa；如果路堤高度大于 20m，此时路基需要在岩石地基面上进行填筑。

（2）填筑要求

填石路堤填筑应根据试验路段得出的施工技术参数，按照运输车辆运量测算的尺寸，用白灰画框格卸填料（方格不小于 4m × 4m），严格进行拉线施工，控制每层的松铺厚度。

在进行填石路堤施工时，每填筑一层，都需要对其宽度进行放样处理，将设计边线清晰地标记出来，以便后期能随时检查，避免填筑的宽度不符合要求。需要注意的是，在用白灰绘制设计边线时，路基碾压应从超填宽度的边缘起，由外向内推进。

用大型推土机按其松铺厚度摊平，个别不平处人工找平。在整修过程中，发现有超粒径的石块应予以剔除，做到粗颗粒分布均匀，避免出现粗颗粒集中现象。

填石路堤应进行边坡码砌，边坡码砌石料强度要求不低于 30MPa，码砌石块最小尺寸不小于 30cm，石块须规则。

填高小于 5m 的填石路堤，边坡码砌厚度不小于 1m；填高 5m ~ 12m 的填石路堤，边坡码砌厚度不小于 1.5m；填高大于 12m 的填石路堤，边坡码砌厚度不小于 2m。

应分层填筑、分层压实。最后一层碎石粒径应小于 15cm，其中小于 0.05mm 的细粒含量不应小于 30%，当上层为细粒土时，应设置土工布作为隔离层。

填石路堤的填料如其岩性相差较大，特别是岩石强度相差较大时，应将不同岩性的填料分层或分段填筑。

（3）填筑方法

①竖向填筑法

主要用于铺设二级及二级以下的低级路面公路，在陡峻山坡施工特别困难或大量爆破以挖作填路段，以及无法自下而上分层填筑的陡坡、断岩、泥沼地区和水中作业的填石路堤。

该方法施工路基压实、稳定问题较多。

②分层压实法

分层压实法是目前采用最为普遍且作业质量较高的方法之一。分层压实法从下到上分为若干个层次，依次填筑、依次压实。一级公路、高速公路以及某些高级路面的填石路施工都采用分层压实法施工。

填石路堤将填方路段分为四级施工台阶、四个作业区段、八道工艺流程进行分层施工。

四级施工台阶是：在路基面以下 0.5m 为第 1 级台阶，0.5m ~ 1.5m 为第 2 级台阶，1.5m ~ 3.0m

为第 3 级台阶，3.0m 以下为第 4 级台阶。

四个作业区段是：填石区段、平整区段、碾压区段、检验区段。施工中填方和挖方作业面形成台阶状，台阶间距视具体情况和适应机械化作业而定，一般长为 100m 左右。填石作业自最低处开始，逐层水平填筑，每一分层先是机械摊铺主集料，平整作业铺撒嵌缝料，将填石空隙以小石或石屑填满铺平，采用重型振动压路机碾压，压至填筑层顶面石块稳定。

③冲击压实法

冲击压实机的冲击碾周期性大，振幅低频率地对路基填料进行冲击，压密填方；强力夯实法用起重机吊起夯锤从高处自由落下，利用强大的动力冲击，迫使岩土颗粒位移，提高填筑层的密实度和地基强度。

3. 土石路堤施工

（1）填筑要求

利用卵石土、块石土、红砂岩等天然土石混合材料填筑的路堤称为土石混填路堤。在土石混合填料中不得采用倾填法施工，应进行分层填筑，分层压实，分层松铺厚度宜为 0.3m（应根据压实机械类型和规格经试验后确定），石料最大粒径不得超过压实厚度的 2/3。

当土石混合填料中石料含量小于 70% 时，应将土、石混合分层铺填、整平压实，避免尺寸较大的石块集中。当石料含量大于 70% 时，应执行填石路基技术规范和设计要求。

在路床顶面以下 0.8m 的范围内，应填已有适当级配的土石混合料，最大粒径不超过 100mm。

天然土石混合填料中，中硬、硬质石料的最大粒径不得大于压实层厚的 2/3；石料为强风化石料或软质石料时，其 CBR 值应符合相关技术规范，石料最大粒径不得大于压实层厚。

压实后透水性差异大的土石混合材料应分层或分段填筑，不宜纵向分幅填筑；如确需纵向分幅填筑，应将压实后渗水良好的土石混合材料填筑于路堤两侧。

填料由土石混合材料变为其他填料时，土石混合材料最后一层的压实厚度应小于 300mm，该层填料最大粒径宜小于 150mm，压实后，该层表面应无孔洞。

中硬、硬质石料的土石路堤，边坡的石料强度、尺寸及码砌厚度应符合实际要求。边坡码砌与路基填筑宜基本同步进行。软质石料土石路堤的边坡按土质路堤边坡处理。

土石混填压实必须使用 18t 以上的羊足碾和重型振动压路机、大功率推土机及平地机分层组合压实。

（2）施工方法

土石路堤不允许采用倾填方法，均应分层填筑、分层压实，每层铺填厚度应根据压实机械类型和规格确定，一般不宜超过 40cm。施工方法主要包括以下几点。

按填料渗水性能来确定填筑方法。即压实后渗水性较大的土石混合填料应分层分段填筑，如需纵向分幅填筑，则应将压实后渗水性较好的土石混合填料，填筑于路堤两侧。

按土石混合料不同来确定填筑方法。即当所有土石混合料岩性或土石混合比相差较大时，应分层分段填筑。如不能分层分段填筑时，应将硬质石块混合料铺筑于填筑层下面，且石块不得过分集中或重叠，上面再铺含软质石料混合料，然后整平碾压。

按填料中石料含量来确定填筑方法。即当石料含量超过70%时，应先铺填大块石料，且大面向下，放置平稳。再铺填小块石料、石碴或石屑嵌缝找平，然后碾压。当石料含量小于70%时，土石可以混合铺筑，且硬质石料（特别是尺寸大的硬质石料）不得集中。

（三）桥涵及其他构造物处的填筑

1. 填筑要求

台背及与路堤间的回填施工应符合以下规定。

二级及二级以上公路应按设计做好过渡段，过渡段路堤压实度应不小于96%，并应按设计做好纵向和横向防排水系统；二级以下公路的路堤与回填的连接部，应按设计要求预留台阶；台背回填部分的路床宜与路堤路床同步填筑；桥台背和锥坡的回填施工宜同步进行，一次填足并保证压实整修后能达到设计宽度要求。

涵洞回填施工应符合以下规定。

洞身两侧，应对称分层回填压实，填料粒径宜小于150mm；两侧及顶面填土时，应采取措施防止压实过程对涵洞产生不利后果。

2. 施工方法

（1）填料

由于路基压缩沉陷和地基沉降，桥涵端头会产生跳车现象。为了保证台背处路基的稳定，填料除设计文件另行规定外，应尽可能采用砂类土或透水性材料。选用非透水性材料时，应在土中增加外加剂，如石灰、水泥等。应特别注意的是，不要将构造物基层挖出的土混入填料中。

（2）填土范围

台背后填筑不透水材料，应满足一定长度、宽度和高度的要求。

一般情况下，台背填土顺路线方向的长度，顶部距翼墙尾端不小于台高2m，底部距基础内缘不小于2m，拱桥台背填土长度不小于台高的3 ~ 4倍，涵洞每侧不小于孔径长度的2倍；填筑高度应从路堤顶面起向下计算，在冰冻地区一般不小于2.5m，无冰冻地区填至高水位处。

（3）填筑

桥台背后填土宜与锥形护坡同时进行；涵洞缺口填土应在两侧对称均匀分层回填压实；回填土时对桥涵施工的强度等要求应按照相关规定进行处理；分层松铺厚度宜小于20cm；当采用小型夯实设备时，松铺厚度不宜大于15cm；涵洞顶部的填土厚度小于50cm ~ 100cm时，不得允许重型机械设备通过。

挡墙背面填料宜选用砾石或沙类土；墙趾部分的基坑应及时回填压实，并做成向外倾斜的横坡；在填土过程中，应防止水的侵害；回填完成后，顶部应及时封闭。

二、挖方路基施工

（一）土质路堑施工

1. 土质路堑施工注意事项

（1）路堑排水

路堑区域施工时，应保证在施工过程中和竣工后能顺利排水。因此，应先在适当的位置开挖截水沟、设置排水沟，以排除地面水和地下水。

路堑设有纵坡时，下坡的坡段可直接挖到底，上坡的坡段必须先挖成向外的斜坡，最后再挖去剩下的土方；路堑为平坡时，两端都要先挖成向外的斜坡，最后挖去余下的土方。

（2）废方处理

路堑挖出的土方，除利用外，多余的土方应按设计的弃土堆进行废弃，并不得妨碍路基的排水和路堑边坡的稳定。同时，弃土应尽可能用于改地造田，美化环境。

（3）设置支挡工程

为了保证土方路堑边坡的稳定，应及时设置必要的支挡工程。开挖时，应自上而下、逐层进行，以防边坡塌方，尤其在地质不良地段，应分段开挖，分段支护。

2. 路堑开挖的方法

路堑开挖是将路基范围内设计标高之上的天然土体挖除并运到填方地段或其他指定地点的施工活动。深长路堑往往工程量巨大，开挖作业面狭窄，常常是路基施工的控制性工程。因此，应综合考虑工程量大小、路堑深度和长度、开挖作业面大小、地形与地质情况、土石方调配方案、机械设备等因素，确定切实可行的开挖方法。根据路堑深度和纵向长度，开挖时可按下列几种方法进行。

（1）横向挖掘法

①单层横挖法

单层横挖法是从路堑的一端或两端按路堑横断面全高和全宽，逐渐地向前开挖，挖出的土石，一般是向两头运送。这种开挖方法，因工作面小，仅适用于短而浅的路堑，可一次性挖到设计标高。

②多层横挖法

如果路堑较深，可以在不同高度上分成几个台阶同时开挖，每一开挖层都有单独的运土出路和临时排水措施，做到纵向拉开，多层、多线、多头出土，这种开挖方法称为多层横挖法。这样能够增加作业面，容纳更多的施工机械，形成多向出土以加快工程进度。

（2）纵向挖掘法

①分层纵挖法

沿路堑全宽，以深度不大的纵向分层挖掘前进的作业方式称为分层纵挖法。本法适用于较长的路堑开挖。

施工中，路堑长度较短（＜100m），开挖深度不大于3.0m，地面较陡时，宜采用日推土机作业，其适当运距为 20m ~ 70m，最远不宜大于 100m。当地面横坡较平缓时，表面宜横向铲土，下层宜纵向推运。当路堑横向宽度较大时，宜采用两台或多台推土机横向联合作业。当路堑前方为陡峻山坡时，宜采用斜铲推土。

②通道纵挖法

沿路堑纵向挖掘一通道，然后将通道向两侧拓宽，上层通道拓宽至路堑边坡后，再开挖下层通道，按此方向直至开挖到挖方路基顶面标高，称为通道纵挖法。这是一种快速施工的有效方法，通道可作为机械行驶和运输土方车辆的道路，便于挖掘和外运的流水作业。

③分段纵挖法

沿路堑纵向选择一个或几个适宜处，将较薄一侧路堑横向挖穿，将路堑在纵方向上，按桩号分成两段或数段，各段再纵向开挖，称为分段纵挖法。本法适用于路堑较长、弃土运距较远的傍山路堑或一侧的堑壁不厚的路堑开挖。

（3）混合式开挖法

混合式开挖法即将横挖法与通道纵挖法混合使用，这种方法适用于路堑纵向长度和深度都很大时。先将路堑纵向挖通，然后沿横向坡面进行挖掘，以增加开挖坡面。为了加快工程进度，施工中，每一个坡面分别设置一个机械施工班组进行作业。

（二）石质路堑施工

1. 开挖要求

确定开挖程序之后，根据岩石的条件、开挖尺寸、工程量以及施工技术要求，选择合适的开挖方法。石质路堑开挖的基本要求如下：必须保证施工安全与开挖质量；保证开挖强度，并且能够在既定工期内完工；施工方法要有利于维护岩体的完整和边坡的稳定，性；减少辅助工程的数量。

2. 开挖方法

（1）爆破法

①光面爆破

在开挖限界的周边，适当排列一定间隔的炮孔，在有侧向临空面的情况下，用控制抵抗线和药量的方法进行爆破，使之形成一个光滑平整的边坡。

②预裂爆破

在开挖限界处按适当间隔排列炮孔，预先炸出一条裂缝，使拟爆体与山体分开，作为隔震减震带，起保护和减弱开挖限界以外山体或建筑物的地震破坏作用。

③微差爆破

两相邻药包或前后排药包以毫秒的时间间隔（一般为 15ms ~ 75ms）依次起爆，称为微差爆破，亦称毫秒爆破。多发一次爆破最好采用毫秒雷管。多排孔微差爆破是浅孔深孔爆破发展的方向。

④洞室爆破

为使爆破设计断面内的岩体大量抛掷（抛坍），减少爆破后的清方工作量，保证路基的稳定性，可根据地形和路基断面形式，采用抛掷爆破、定向爆破、松动爆破的方法。

（2）松土法

利用岩体的各种裂缝和结构面可以采用松土法开挖。该方法是先用推土机牵引松土器将岩体翻松，再用推土机、装载机与自卸汽车配合，将翻松的岩块搬运到指定地点。

松土法开挖避免了爆破作业的危险性，有利于挖方边坡的稳定和附近建筑设施的安全。凡能用松土法开挖的石方路堑，应尽量不采用爆破法施工。随着大功率施工机械的产生和使用，松土法越来越多地应用于石质路堑的开挖，而且开挖的效果越来越好，适用的施工范围也越来越广。

采用松土法开挖时，岩体需具有较大的岩体破裂面或风化程度较严重。当岩体已裂成小石块或呈粒状时，松土只能劈成沟槽，效率较低。沉积岩有沉积层面，比较容易松开，沉积层越薄越容易松开。变质岩松开的难易程度和破裂面发育程度有关。对于岩浆岩，由于其不呈层状或带状，松开比较困难，较少采用松土法开挖。

（3）破碎法

破碎法开挖是利用破碎机凿碎岩块，然后进行挖运等作业。这种方法是将凿子安装在推土机或挖土机上，利用活塞的冲击作用使凿子产生冲击力以凿碎岩石，其破碎岩石的能力取决于活塞的大小。

破碎法主要用于岩体裂缝较多、岩块体积小、抗压强度低于100MPa的岩石。由于开挖效率不高，只能用于前述两种方法不能使用的局部场合，作为爆破法和松土法的辅助作业方式。

石质路堑开挖前和施工过程中，应随时检查坡顶、坡面的危石、裂缝和其他不稳定情况，并及时处理。

三、路基压实

（一）路基压实的意义与作用机理

1. 路基压实的意义

路基施工破坏了土体的天然状态，致使其结构松散，颗粒重新组合。试验研究表明，土基压实后，土体的密实度提高，透水性降低，毛细水上升高度减小，避免了因水分积聚和侵蚀而导致的土基软化，或因冻胀而引起的不均匀变形，提高了路基的强度和水稳定性。

因此，路基的压实工作，既是路基施工过程中的一个重要工序，也是提高路基强度与稳定性的根本技术措施之一。

2. 路基压实机理

路基土是由土粒、水分和空气组成的三相体系。三者具有各自的特性，并相互制约共存于一个统一体中，构成土的各种物理特性——渗透性、黏滞性、弹性、塑性和力学强度等。若三者的组成情况发生改变，则土的物理性质也随之不同。因此，要改变土的特性，得从改变其组成着手。

压实路基就是利用机械的方法，来改变土的结构，以达到提高土的强度和稳定性的目的。路基土受压时，土中的空气大部分被排出土外，土粒则不断靠拢，重新排列成密实的新结构。土粒在外力作用下不断靠拢，使土的内摩阻力和黏结力也不断地增加，从而提高土的强度。同时，由于土粒不断靠拢，水分进入土体的通道减少，阻力增加，降低了土的渗透性。

（二）土质路基的压实

1. 影响土质路基压实的因素

（1）含水量对压实的影响

土中含水量对压实效果的影响比较显著。当含水量较小时，由于粒间引力使土保持着比较疏松的状态或凝聚结构，土中空隙大都互相连通，水少而气多，在一定的外部压实功能作用下，虽然土空隙中气体易被排出，密度可以增大，但由于水膜润滑作用不明显以及外部功能不足以克服粒间引力，土粒相对移动不容易，因此压实效果比较差。含水量逐渐增大时，水膜变厚，引力缩小，水膜起润滑作用，外部压实功能比较容易使土体相对移动，压实效果渐佳。土中含水量过大时，空隙中出现了自由水，压实功能不可能使水排出，压实功能一部分被自由水所抵消，减小了有效压力，压实效果反而降低。然而，含水量较小时，土粒间引力较大，虽然干密度较小，但其强度可能比最佳含水量时还要高。可此时因密实度较低，空隙多，一经饱水，其强度会急剧下降。这又得出结论：在最佳含水量情况下，压实的土水稳性最好，最佳含水量和最大干密度是两个十分重要的指标，对路基设计和施工很有用处。

（2）土质对压实效果的影响

不同的土质具有不同的最佳含水率及最大干密度，其压实效果也不同。土粒越细，比面积越大，土粒表面的水膜越多。加之黏土中含有亲水性较高的胶体物质，因此，分散性（液限、黏性）较高的土，其最佳含水率较高而最大干密度较低。对于沙土，由于其颗粒粗呈松散状，水分易于散失，故最佳含水率对其没有更多的实际意义。

（3）压实功能对压实效果的影响

压实功能是指压实机具重力、碾压次数、作用时间等，压实功能是影响压实效果的又一重要因素。通常对同一种土，随着压实功能的增大，最佳含水率会随之减小，最大干密度会随之增加。因此，增大压实功能是提高土基密实度的另一方法。由于压实功能增加到一定程度后，土的密度增长就不明显了，因此，这种方法有一定局限性。最经济的办法是严格控制工地现场含水率，使碾压在接近最佳含水率时进行，这样便容易达到规定的压实度。

2. 压实工作的技术要领

以压实原理为依据，以尽可能小的压实功能获得良好的压实效果为目的，压实工作必须很好地组织，并注意以下要点。

填土层在压实前应先整平，可自路中线向路堤两边作 2% ~ 4% 的横坡；压实机具应先轻后重，以适应逐渐增长的土基强度；碾压速度应先慢后快，以免松土被机械推走；压实机具的工作路线，应先两侧后中间，以便形成路拱，再从中间向两边顺次碾；在弯道部分设有超高时，由低的一侧边缘向高的一侧边缘碾压，以便形成单向超高横坡，前后两次轮迹（或夯击）须重叠15cm ~ 20cm；压实时应特别注意均匀，否则可能引起不均匀沉陷；经常检查土的含水量，并视需要采取相应措施。

（三）填石路基的压实

填石路基在压实前，应用大型推土机摊铺平整，个别不平处，应用人工配合以细石屑找平。由于压实施工是将各石块之间的松散接触状态改变为紧密咬合状态，因此，应选择工作质量在12t以上的重型振动压路机、工作质量在2.5t以上的重锤或25t以上的轮胎式压路机压（夯）实。

填石路基在压实时，应先碾压两侧（即靠近路肩部分）再碾压中间，压实路线对于轮碾应纵向平行，反复碾压。对夯锤应成弧形，当夯实密实程度达到要求后，再向后移动一夯锤位置。行与行之间应重叠40cm ~ 50cm，前后相邻区段应重叠100cm ~ 150cm。其余注意事项与土质路基相同。

（四）土石路基的压实

土石路基的压实方法与技术要求，应根据混合料中巨粒土含量多少来确定。当巨粒土的含量大于70%时，应按填石路基的方法和要求进行压实；当巨粒土的含量小于50%时，应按填土路基的方法和要求进行压实。

第三节 特殊路基施工技术

特殊路基指在软土、黄土，膨胀土、盐渍土、多年冻土与季节性冻土及多雨潮湿等地区的土体上修筑的路基。因这些土体的性质与一般路基土体有较大区别，在施工时应单独对待。

一、软土路基施工技术

所谓软土，从广义上讲，就是指强度低，压缩性高的软弱土层，在软土地基上修筑路基，若不加处理，将会发生路基失稳或过量沉陷，导致道路破坏或不能正常使用。习惯上常把淤泥、淤泥质土，软黏性土称为软土。软土的特性主要表现为天然含水率高、孔隙比大，含水量在34% ~ 72%之间，孔隙比在1.0 ~ 1.9之间，饱和度一般大于95%，液限一般为35% ~ 60%，塑性指数为13 ~ 30。

软土路基由于强度较低，一般不能直接在上面修筑路基，需要经过特殊处理加固后方可修筑。其加固后，可按一般方法进行路基施工，软土路基加固的关键是排水和固结。

（一）换填法施工

换填法。即将地基软弱层全部或部分挖出，换填以强度较高、透水性好、性能稳定、无侵蚀性的材料，并压实，以提高地基承载力，减小沉降量。换填的材料有碎（砾）石、砂、灰土、素土或煤渣等。换填方法有挖填、抛石、爆破等。

1. 开挖换填法

将需要处理的软弱层挖出，采用适当换填材料回填并压实。此法适用于软弱土层埋藏较浅，挖换深度不超过 3m 的情况。

2. 抛石挤淤法

一般采用块径不小于 30cm 的片石，沿路中线向前抛填，再渐次向两侧扩展，或者从软弱层底面由高向低依次抛填，从而将基底的淤泥或泥炭等软弱土挤出。此法适用于排水困难的洼地，软弱土层较薄易于流动，表层无硬壳的情况。

3. 爆破排淤法

在软弱土层中实施爆破作业，利用爆破冲击力将软弱土层中淤泥或泥炭排走，再用良好的填料置换回填。此法换填深度大，功效高，但注意应避免爆破对周围环境的不良影响。

含水量小、回淤较慢的软土或泥沼，应先爆后填，即爆即填；含水量大而回淤较快的软土或泥沼，可先填后爆，填料随爆下沉，以免回淤。

（二）排水固结法施工

1. 排水固结法概述

排水固结法是在软土地基中设置竖向排水体，然后对软土地基预先施加一个外部荷载，使得软土土体中的孔隙水逐渐被排出加固区外而固结，从而使土的含水量降低，孔隙比减小，抗剪强度提高，以达到提高地基承载力和减少工后沉降的目的。

排水固结法通常由排水系统和加压系统两部分组成。

加压系统是对软土地基施加一个临时起固结作用的荷载，促使土中的孔隙水在压差的作用下向外渗流，从而达到固结的目的。

按加压方式的不同，排水固结法可分为堆载预压法、真空预压法、真空堆载联合预压法、电渗降水法、降低地下水位法等。

排水系统主要是为了改变软土地基原有排水边界条件，增加孔隙水排出的通道，缩短排水路径。

该系统由竖向排水体和水平向排水体组成，竖向排水体能是普通砂井、袋装砂井、塑料排水带；水平向排水体是砂垫层、软式透水管或盲沟，两者共同组成立体的排水管网。

2. 施工方法

（1）砂井法

用锤击、震动、射水等方式成孔，在孔内灌砂形成砂井。砂井表面铺设 0.5m ~ 1.0m 厚的砂垫层或砂沟。排水固结速度与堆载量大小、加载速度、砂井直径、间距、深度等因素有关。

实践证明，预压加载量大致与设计荷载接近，预压至 80% 的固结度。就路基而言，加载工作往往可以直接用填土取代。填土速度根据施工工期、地基强度增长情况分级填筑，以每昼夜地面沉降量不超过 1.5cm、坡脚侧向位移不超过 0.5cm 来控制。

砂井直径多为 30cm ~ 40cm，间距 2m ~ 4m，平面上呈梅花形或正方形布置，尤以梅花形布置效果为佳；其深度以穿越路基可能的滑动面为宜。砂井用砂为中粗砂，含泥量不宜大于 3%。为了缩短砂井排水距离，往往预先在直径约 7cm 的圆筒状编织袋里装满砂，然后放入成孔中。此法称袋装砂井法，该法能保证砂井的密实性和连续性，成孔时对土层挠动少，具有施工机具简单、成本低等优点。袋装砂井间距一般为 1m ~ 1.4m，其他与普通沙井相同。

（2）排水板法

用纸板、纤维、塑料或绳子代替沙井的砂做成排水井。其原理和方法完全与砂井排水法相同。目前，基本上以带沟槽的塑料芯板作为排水板，因此，又称塑料板法。

（3）盲沟排水法

在路堤填方前深挖纵向、横向沟，回填碎石，排出地下水，以达到路基固结的目的。此外，排水固结法还包括降水预压和真空顶压等新技术。

（三）其他特殊地基处理方法

1. 砂桩挤密法

砂桩挤密法指用振动、冲击或水冲等方式在软弱地基成孔后，再将砂挤压入已成的孔中，形成大直径的砂所构成的密实桩体。

2. 碎石挤密桩法

碎石挤密桩加固软弱地基，主要是利用夯锤的垂直夯击填入孔中的碎石，夯击能量通过碎石向孔底及四周传递，将孔底及桩周围的土挤密，并有一些碎石挤入碎石桩四周的软土中。在形成碎石桩的同时，桩周也形成一个与碎石胶结的挤密带，提高原地基的承载力，碎石桩与桩间地基土形成复合地基，共同承担上部荷载。

3.CFG 桩法

水泥粉煤灰碎石桩简称 CFG 桩，是在碎石桩基础上加进一些石屑、粉煤灰和少量水泥，加水拌和制成的一种具有一定黏结强度的桩，和桩间土、褥垫层一起形成复合地基。CFG 桩法也是近年来新开发的一种地基处理技术。

4. 树根桩法

树根桩是一种用压浆方法成桩的微型桩。树根桩是指桩径在 70mm ~ 250mm，长径比大于 30，采用螺旋钻成孔、加强配筋和压力注浆工艺成桩的钢筋混凝土就地灌注桩。

5. 夯实扩底桩与混凝土薄壁管桩法

夯实护底灌注桩（简称夯实扩底桩），通过击入沉管全部现浇混凝土，利用重锤夯击桩端新灌混凝土，在最大限度扩大桩头的同时，对桩端地基强制夯实挤密。通过桩端截面的增大和对地基土的挤密，显著提高桩头地基承载能力，进而提高桩端竖向承载力。然后现浇混凝土桩身，形成桩侧摩阻力。

二、湿陷性黄土地区路基施工

（一）湿陷性黄土路基病害

在自重湿陷性黄土地区，由于降雨或灌溉在路侧形成积水的持续下渗，湿陷中生黄土层发生湿陷，在地表面形成平面为椭圆形湿陷坑。一般的陷坑直径为 15cm ~ 30cm，中心坑深为 30cm ~ 60cm。最大的湿陷坑直径可达 500cm ~ 600cm，中心湿陷坑深度可达 90cm ~ 100cm。在湿陷坑范围内的路基、路面、桥涵、挡土墙随之发生沉陷、变形、开裂和破坏。

形成湿陷坑要具备两个条件：一是黄土层具有自重湿陷性且具有一定厚度；二是浸水要有一定的范围和足够的时间。

一般情况下，浸水坑或积水洼地的边长或直径应大于 10m，才会形成湿陷或湿陷坑。在浸水直径足够大的情况下，浸水一到数天即开始发生湿陷，一般经过两周以后，浸透整个湿陷性土层并形成最终的湿陷坑。

（二）湿陷性黄土路基施工

1. 湿陷性黄土填筑路堤

路床填料不得使用老黄土。路堤填料不得含有粒径大于 100mm 的块料；在填筑横跨沟堑的路基土方时，应做好纵横向界面的处理；黄土路堤边坡应拍实，并应及时予以防护，防止路表水冲刷；浸水路堤不得用黄土填筑。

2. 湿陷性黄土路堑施工

路堑施工前，应做好堑顶地表排水导流工程；路堑施工期间，开挖作业面应保持干燥；路堑路床土质符合设计规定时，则应将其挖除，另行取土，分层摊铺、碾压至规定的压实度，挖除厚度根据道路等级对路床的要求而定，高速公路、一级公路宜挖除 50cm，其他公路可挖除 20cm；路堑施工中，如边坡地质产生变形，应采取措施进行边坡的防护加固。

三、膨胀土地区路基施工

（一）膨胀土的工程特性

膨胀土在受潮后体积会扩大，也就是人们所说的膨胀；而在失水后体积会变小，产生收缩开裂的现象。膨胀土中的主要矿物成分以强亲水性矿物蒙脱石和伊利石为主。一般情况下，膨胀土多以硬塑或坚硬状态存在于自然界中，表面存在裂隙，并且裂隙会随着气候的变化扩大或者缩小。膨胀土在二级或者二级以上的阶地、山前丘陵和盆地边缘，地形坡度平缓，无明显自然陡坎的位置较多，主要特征有胀缩性、裂隙性和超固结性。膨胀土地区的路基更易发生剥落、冲蚀、泥流、溜坍、塌滑、滑坡、沉陷、纵裂、坍肩等病害。

（二）膨胀土路基施工

1. 路堤填筑

强膨胀土稳定性差，不应作为路堤填料；中等膨胀土宜经过加工后作为填料，用于二级及二级以上公路路堤填料时，改性处理后胀缩总率应不大于 0.7%；弱膨胀土可根据当地气候、水文情况及道路等级加以应用。

对于直接使用中、弱膨胀土填筑路堤时，应及时对边坡及顶部进行防护，高度不足1m的路堤，应按设计要求采取换填或改性处理等措施。表层为过湿土，应按设计要求采取换填或进行固化处理等措施。填土高度小于路面和路床的总厚度，基底为膨胀土时，宜挖除地表0.30m ~ 0.60m的膨胀土，并将路床换填为非膨胀土或掺灰处理。若为强膨胀土，挖除深度应达到大气影响深度。

2. 路堑开挖

挖方边坡不要一次挖到设计线，沿边坡预留厚度30cm ~ 50cm，待路堑挖完时，再削去边坡预留部分，并立即浆砌护坡封闭。膨胀土地区的路堑，高速公路、一级公路的路床应超挖30cm ~ 50cm，并立即用粒料或非膨胀土分层回填或用改性土回填，按规定压实，其他各级公路可用膨胀土掺石灰处治。

3. 路基填筑

膨胀土路基填筑松铺厚度不得大于300mm；土块粒径应小于37.5mm。路基完成后，当年不能铺筑路面时，应按设计要求做封层，其厚度应不小于200mm，横坡不小于2%。

四、盐渍土地区路基施工

（一）盐渍土路基的主要病害

易溶盐在土中的移动（垂直移动、水平移动、灌区的移动），造成盐渍土路基的一些主要病害，通常有溶蚀、盐胀、冻胀、翻浆等。

1. 溶蚀

主要是氯盐渍土，其次是硫酸盐渍土，受水对土中盐分溶解，可形成雨沟、洞穴，甚至湿陷、塌陷等路基病害。

2. 盐胀

路基边坡和路肩表层在昼夜温度变化所引起的盐胀反复作用下，变得疏松、多孔，易遭风蚀，并伴随沉陷。

3. 冻胀

氯盐渍土，当含盐量在一定范围内，由于冰点下降，水分积聚流动时间加长，可加重冻胀。但含盐量更多时，由于冰点降低很多，路基将不冻结或减少冻结，从而不产生冻胀或只产生轻冻胀。硫酸盐渍土具有和氯盐渍土类似的作用，但冰点降低不如氯盐多，因此影响不如氯盐显著。

4. 翻浆

氯盐渍土，当含盐量在一定范围时，不仅可以加剧冻胀，也可以加重翻浆。这是因为氯盐渍土不仅聚冰多，而且液塑限低，蒸发缓慢。

当含盐量更多时，也因不冻结或冻结而不翻浆或减轻翻浆；硫酸盐渍土，在降低冰点方面，其作用和氯盐渍土类似。因此，可以加重翻浆，但不如氯盐渍土显著。

春融时，结晶硫酸盐脱水可引起加重翻浆的作用；铝盐渍土，由于透水性差，可减轻冻胀和翻浆。

（二）盐渍土路基施工

1. 路基基底的处理

盐渍土地区路堤基底，必须先行处理。

一般含盐量大的土层多分布于地表，所以必须严格清除表层植被、盐壳、腐殖土等；在具有湿陷性地段，必须挖除表层湿土后进行换填，换填厚度不应小于30cm。换填砂砾石，分层碾压密实，然后分层填筑砂砾料，碾压达到规定压实度。

本工程对路基基底（包括护坡道内）范围内表层的盐霜、盐壳、高含量盐土、腐殖质土等和植被及其根系严格清除，清除表土深度不小于 30cm；清除后的基底做成双向 1.5% 左右的外倾横坡并按规定回填，严格压实。

2. 路基毛细水隔断屋的设置

设置毛细水隔断层时，在路基边缘以下 0.4m ~ 0.6m 处（或路基底部）的整个路基宽度上设置。隔断层的材料可用卵石、碎石或其他粒径约 5mm ~ 50mm 的砂砾，厚度采用 0.15m ~ 0.3m，并在上、下面各铺设一层 5cm ~ 10cm 厚粗砂或石屑作为反滤层，以防止隔断层失效。

3. 路基高度

根据有关地区的经验，碱土地段路基填土高度可比非盐渍土地段适当降低；在过干地区深度饱和的地下盐水地段，路基填土高度可比低矿化度或淡水的地下水情况适当降低。

4. 边坡及路肩加固

对于强盐渍土，无论其路基结构如何，边坡及路肩都必须进行加固。为保证路基有效宽度，当路基容易遭受雨水冲刷、淋溶和松胀时，对强盐渍土及过盐渍土的路基宽度，应较标准路基宽度增加 0.5m ~ 1.0m。在过盐渍土地区，对路肩的加固，可用粗粒浸水材料掺在当地土内封闭路肩表层，也可用沥青材料封闭路肩或用 15cm 的盐壳加固。

第四节 路基工程质量通病及防治措施

公路在长时间使用之后，有时会出现裂缝、沉降、滑坡等病害，对公路的正常使用产生了一定的影响，严重时还会阻碍交通。路基工程施工如果没有按照标准，就可能会导致上述问题的产生。因此，在路基阶段的施工过程中，需要严格按照规范施工，延长公路的施工寿命。

一、路基压实质量问题的防治

（一）路基行车带压实度不足

1. 路基行车带压实度不足原因分析

压实程序的次数没有达到标准要求；使用的压实机械不合理，不同的厚度与不同的土质需要使用的压实机械不同；碾压作业过程比较草率，路面没有被碾压均匀；路基的含水量不符合规定；

在填筑之前没有对其表面进行处理；土场存在多种土质的土壤，填筑时单层可能出现了不同性质的填料；填土的颗粒过大使得颗粒与颗粒之间的间隙过大，使得路基之中有缝隙，或者使用的填料不符合标准。

2. 路基行车带压实度不足预防措施

确保压路机的碾压遍数符合规范要求；选用与填土土质、填土厚度匹配的压实机械；压路机应进退有序，碾压轮迹重叠、铺筑段落搭接超压应符合规范要求；填筑土应在最佳含水量 ±2% 时进行碾压，并保证含水量的均匀；当紧前层因雨松软或干燥起尘时，应彻底处置至压实度符合要求后，再进行当前层的施工；不同类别的土应分别填筑，不得混填，每种填料层累计厚度一般不宜小于 0.6m；优先选择级配较好的粗粒土等作为路堤填料，填料的最小强度应符合规范要求；填土应水平分层填筑，分层压实，压实厚度通常不超过 20cm，路床顶面最后一层通常不超过 15cm，且满足最小厚度要求。

3. 路基行车带压实度不足处理措施

因含水量不适宜未压实时，应洒水或翻晒至最佳含水量后再重新进行碾压；因填土土质不适宜未压实时，应清除不适宜填料土，换填良性土后重新碾压；对产生“弹簧土”的部位，可将其过湿土翻晒，或掺生石灰粉翻拌，待其含水量适宜后重新碾压，或挖除换填含水量适宜的良性土壤后重新碾压。

（二）路基边缘压实度不足

1. 路基边缘压实度不足原因分析

路基填筑宽度不足，未按超宽填筑要求施工；压实机具碾压不到边；路基边缘漏压或压实遍数不够；采用三轮压路机碾压时，边缘带（0cm ~ 75cm）碾压频率低于行车带。

2. 路基边 _ 缘压实度不足防治措施

路基施工应按设计的要求进行超宽填筑；控制碾压工艺，保证机具碾压到边；认真控制碾压顺序，确保轮迹重叠宽度和段落搭接超压长度；提高路基边缘带压实遍数，确保边缘带碾压频率高于或不低于行车带；校正坡脚线位置，路基填筑宽度不足时，返工至满足设计和“规范”要求（注意：亏坡补宽时应开台阶填筑，严禁贴坡），控制碾压顺序和碾压遍数。

二、路基边坡病害的原因及防治

（一）边坡滑坡病害的原因及防治

1. 边坡滑坡病害原因分析

在设计过程中没有考虑到地震、洪水或者地下水位变化等自然原因；路基基地没有严格按照规定清理，存在一定量的软土，并且软土的厚度不均匀；填土工作进行的速度过快，而其中的沉降观测工作和侧向移位观测不到位；路基处于陡峭的斜坡面上；路基填筑层有效宽度不够，边坡二期贴补；路基顶面排水不畅；用透水性较差的填料填筑路堤处理不当；边坡植被不良；未处理好填挖交界面。

2. 边坡滑坡病害防治措施

路基设计时，充分考虑使用年限内地震、洪水和水位变化给路基稳定带来的影响；软土处理要到位，及时发现暗沟、暗塘并妥善处治；加强沉降观测和侧向位移观测，及时发现滑坡苗头；掺加稳定剂提高路基层位强度，酌情控制填土速率；路基填筑过程中严格控制有效宽度；用透水性较差的土填筑路堤下层时，应做成4%的双向横坡，如用于填筑上层，除干旱地区外，不应覆盖在由透水性较好的土所填筑的路堤边坡上；当原地面纵坡大于12%或横坡陡于1 ： 5时，应按设计要求挖台阶，或设置坡度向内并大于4%、宽度大于2m的台阶。应从最低处起分层填筑，逐层填压密实；加强地表水、地下水的排除，提高路基的水稳定性；减轻路基滑体上部重量或采用支挡、锚拉工程维持滑体的力学平衡，同时设置导流、防护设施，减少洪水对路基的冲刷侵蚀。

（二）边坡塌落病害的原因及防治

1. 边坡塌落病害的原因分析

（1）土质路堑边坡塌落的原因

由于边坡土质属于很容易变松的沙类土、砾类土以及受到雨水浸入后易于失稳的土，而在设计或施工时采用了较小的边坡坡度；较大规模的崩塌，一般多产生在高度大于30m，坡度大于45°（大多数介于55° ~ 70° 之间）的地形条件；上缓下陡的凸坡和凹凸不平的陡坡；暴雨、久雨或强震之后，雨水渗入土体，使斜坡岩体的稳定性降低，或者由于流水冲掏下部坡脚，削弱斜坡的支撑部分，或者由于地震改变了坡体的稳定性及平衡状态而发生边坡塌落；在多年冰冻地区，由于开挖路基，含有大量冰体的多年冻土溶解，引起路堑边坡坍塌。

（2）石方路堑边坡塌落的原因

排水措施不当或施工不及时形成地表水和地下水；大爆破施工，施工时路堑开挖过深、过陡，或由于切坡使软弱结构面暴露，边坡岩体推动支撑；由于坡顶不恰当的弃土，增加了坡体重量。

2. 边坡塌落病害的防治

（1）排水

在可能发生塌落的地段，必须做好地面排水设施。

（2）加固边坡

及时清除滑塌的土石方及路基上方的危岩、危石。对于土质路基，可种草或植树，对于风化的软质岩层，可修建干砌或浆砌护面墙。如有危及行车安全的路段，应拉警示带，设置必要的安全警示标志，并根据地形和岩层情况，采用嵌补、支顶等方法予以加固；设置拦截构造物。在小型塌落地段，应尽量采取全部清除的办法，如由于基岩破坏严重，塌落的物质来源丰富，则宜修建落石平台、落石槽、拦石墙等构造物。

（3）设置支挡构造物

由于存在软弱结构面而易引起塌落的高边坡，可根据情况采用支挡构造物，以支撑边坡，防止软弱结构面地张开或扩大。主要防治公路上方的危岩危石等。采用柔性防护网。

三、高填方路基沉降病害的原因及防治

（一）高填方路基沉降病害的原因分析

按一般路堤设计，没有验算路堤稳定性、地基承载力和沉降量；地基处理不彻底，压实度达不到要求，或地基承载力不够；高填方路堤两侧超填宽度不够；工程地质不良，且未做地基孔隙水压力观察；路堤受水浸泡部分边坡陡，填料土质差；路堤填料不符合规定，随意增大填筑层厚度、压实不均匀，且达不到规定要求；路堤固结沉降。

（二）高填方路基沉降病害的防治措施

高填方路堤应按相关规范要求进行特殊设计，进行路堤稳定性、地基承载力和沉降量验算；地基应按规范进行场地清理，并碾压至设计要求的地基承载压实度，当地基承载力不符合设计要求时，应进行基底改善加固处理；高填方路堤应严格按设计边坡度填筑，路堤两侧必须做足，不得贴补帮宽，路堤两侧超填宽度一般控制在 30cm ~ 50cm，逐层填压密实，然后削坡整形；对软弱土地基，应注意观察地基土孔隙水压力情况，根据孔隙水压确定填筑速度，除对软弱土地基进行必要处理外，从原地面以上 1m ~ 2m 高度范围内不得填筑细粒土；高填方路堤受水浸泡部分应采用水稳性及透水性好的填料，其边坡如设计无特殊要求时，不宜陡于 1 ： 2.0；严格控制高路堤填筑料，控制其最大粒径、强度，填筑层厚度要与土质和碾压机械相适应，控制碾压时含水量、碾压遍数和压实度；路堤填土的压实不能代替土体的固结，而土体固结过程中产生沉降，沉降速率随时间递减，累积沉降量随时间增加，因而，高填方路堤应设沉降预留超高，开工后先施工高填方段，留足填土固结时间。

四、路基横向裂缝病害的原因及防治

（一）路基横向裂缝病害的原因分析

在施工时选用的填料不符合要求，其液限超过 50，塑性指数超过 26；没有按照施工要求，按填料的性质进行分层填筑，而是将性质不同、塑性指数相差较多的填料混合在同一层进行填筑；路基顶层的填筑没有按照衔接规范进行施工，导致衔接部位产生异常；路基顶与其下层的平整度和填筑厚度相差太大，并且其最小的压实厚度低于 8cm；暗涵结构物基底沉降或涵背回填压实度不符合规定。

（二）路基横向裂缝病害的防治措施

严格要求路基填料的材质，所有材料的液限都需要在 50 以上，并且塑性指数大于 26；性质不同的填料必须严格按照规定分层进行填筑，同一层填筑材料的性质必须相同；在路基顶层的施工过程中，在两段的交接部分，需要按照标准进行；路基施工过程中的每一个填筑层的高度、平整度都需要进行严格控制，保证路基顶填筑层压实厚度不小于 8cm；暗涵结构物施工时检查基底承载力，控制暗涵结构物沉降，涵背回填透水性材料，层厚宜 15cm 一层，在场地狭窄时可用小型压路机压实，控制压实度符合规定。

第三章 公路附属工程施工技术

第一节 路缘石施工技术

公路路基与路面施工完成之后，开始进行附属工程的施工。附属工程主要包括路缘石的施工、人行道的施工、交通安全设施的施工以及其他附属设施的施工。公路附属工程完善了公路的各项功能，维护了交通秩序，在一定程度上减少了交通事故的发生。

路缘石是设在路面边缘的界石，也称为道牙或缘石。它在路面上是区分车行道、人行道、绿地、隔离带和道路其他部分的界线，起到保障行人、车辆交通安全和保证路面边缘齐整的作用，有助于路面排水，提高公路的使用寿命。

路缘石主要有立缘石（侧石）、平缘石（平石）、专用路缘石（包括弯道路缘石、隔离带路缘石、反光路缘石、减速路缘石）等。路缘石宜用石材或混凝土制作。

一、路缘石的种类

路缘石可根据使用要求和条件选用水泥混凝土预制块、条石、砖等材料，最常用的是工厂化生产的水泥预制块。

水泥预制块平石为矩形，长 30cm ~ 100cm，宽 7cm ~ 15cm；侧石大多为矩形，长 30cm ~ 100cm，高 30cm ~ 35cm，厚 8cm ~ 13cm；只有小半径曲线用特制弧形块。城市道路边缘石采用立式，缘石宜高出路面边缘 10cm ~ 20cm。隧道内、重要桥梁、道路线形弯曲路段或陡峭路段等处的缘石可高出 25cm ~ 40cm，并应有足够的埋深，以保证稳定和行车安全。斜式缘石便于儿童车、轮椅及残疾人通行，而在分隔带端头或交叉口的小半径处，缘石宜做成曲线式。另外，考虑无障碍设计，道路上人行道出入口多采用牛腿式出入口，平石沿人行道边向前延伸，侧石向下降至 1cm ~ 2cm，或侧石向出入口转弯。

总之，使人行道的路面要连续无障碍、无高低，便于老、幼行走和童车滚动。在道路宽度日益增加、车速加快的情况下，国外常将沿街建筑的门牌号码写在道路侧石上，开车人极易识别，减少了许多车辆追尾事故。

二、路缘石施工

（一）施工材料

1. 水泥

水泥应选用强度等级不低于 42.5 级的硅酸盐水泥、矿渣水泥，并应有出厂合格证。散装水泥及袋装水泥出厂日期不明或已超过 3 个月，应经复验合格后方能使用。已受潮或结块的水泥不得使用。

散装水泥应按牌号、批号分仓储存；袋装水泥应按牌号、批号架高堆存离地至少 30cm，并苫盖，以免混杂和受潮。使用时按出厂日期择先使用。如掺用外加剂，应经试验合格后方能使用。

2. 沙（细集料）

细集料应清洁、坚硬，不得含有团块、片状颗粒，土及云母等有害物质，含量不超过总干重的 5%；必要时应过筛清洗。

粗沙平均粒径不得小于 0.5mm；中沙平均粒径应为 0.35mm ~ 0.5mm。

3. 石料（粗集料）

石料中不得含有煤、煤渣、石灰、碎砖或其他杂物；如料堆中的粗颗粒呈分离状态时，必须重新混合以符合要求的级配；粗集料最大尺寸不得超过 25mm，最好不大于 20mm。

4. 拌和水

拌和水时一般可饮用的水均可使用。如使用其他水，PH 值应大于 4，硫酸盐含量不大于 1%。

（二）施工工艺

1. 测量放线

柔性路面侧、缘石应在路面基层完成后，未铺筑沥青面层前施工；水泥混凝土路面，应在路面完成后施工。

侧、缘石可以在铺筑路面基层后，沿路面边线刨槽、打基础安装；也可在修建路面基层时，在基础部位加宽路面基层作为基础；也可利用路面基层施工中基层两侧自然宽出的多余部分作为基础，基础厚度及标高应符合设计要求。

路面中线校核后，在路面边缘与侧石交界处放出侧缘石线，直线部位 10m 一个桩；曲线部位 5m ~ 10m 一个桩；路口及分隔带、安全岛等圆弧处 1m ~ 5m 一个桩，也可用皮尺画圆并在桩上标明侧、缘石顶面标高。

2. 刨槽与处理

人工刨槽：按桩的位置拉小线或打白灰线，以线为准，按要求宽度向外刨槽，一般为一平铁宽（约 30cm）。靠近路面一侧，比线位宽出少许（水泥混凝土路面刨至路面边缘），一般不大于 5cm，不要太宽以免回填夯实不好，造成路边塌陷。刨槽深度可比设计加深 1cm ~ 2cm，以保证基础厚度，槽底要修理平整。

机械刨槽：使用侧、缘石刨槽机，刀具宽度应较侧、缘石宽出 1cm ~ 2cm，按线准确开槽，深度可比设计加深 1cm ~ 2cm，以保证基础厚度，槽底应修理平整。

如在路面基层加宽部分安装侧、缘石，则将基层平整即可，免去刨槽工序。铺筑石灰土基层侧、缘石下石灰土基础通常在修建路面基层加宽基层时一起完成。

如不能一起完成而需另外刨槽修筑石灰土基础的，必须用 3 ∶ 7（体积比）的石灰土铺筑夯实，厚度至少 15cm，压实度要求不大于或等于 95%（轻型击实）。

3. 侧石的选用和施工

侧石在直线段中采用长 80cm ~ 100cm；曲线半径大于 15m 时采用长度为 100cm 或 60cm 的侧石；曲率半径小于 15m 或圆角部分，可视半径大小采用长度为 60cm 或 30cm 的侧石。

侧石施工应根据施工图确定的平面位置和顶面标高所放出的样线执行，但对于人行道斜坡处的侧石，一般放低至比平石高出约 2cm ~ 3cm，两端接头（与正常侧石衔接处）则应做成斜坡连接。

4. 安装侧缘石

安装侧石前应按侧石顶面宽度误差的分类分段铺砌，以达到美观的效果。安装时先拌制 1 ∶ 3（体积比）石灰砂浆铺底，砂浆厚度 1cm ~ 2cm，缘石可不用石灰砂浆铺底，可用松散过筛的石灰土代替找平基础。

按桩掘线及侧、缘石顶面测量标高拉线绷紧（水泥混凝土路面侧石，可靠板边安装，必要处适当调整），按线码砌侧缘石。需事先算好路口间的侧石块数，切忌中间用断侧石加楔。曲线处侧、缘石应注意，外形圆滑的相邻侧石间缝隙用 0.8cm 厚木条或塑料条掌握。缘石不留缝，侧石铺砌长度不能用整数侧石除尽时，剩余部分可用调整缝宽的办法解决，但缝宽应不大于 1cm。不得已必须断侧石时，应将断头磨平。

侧石要安正，切忌前倾后仰，侧石顶线应顺直圆滑平顺，无凹进凸出、前后高低错牙现象。缘石线要求顺直圆滑、顶面平整，符合标高要求。

5. 回填石灰土

（1）侧石

在侧石安装前要按照侧石宽度误差的分类分段砌筑，使顶面宽度统一美观。安装后，按线调整顺直圆滑，侧石里侧用长木板大铁橛背紧，外侧后背用体积比为 2 ∶ 8 的石灰土，也可以利用修建路面基层时剩余石灰土，回填夯实里侧缝用体积比为 2 ∶ 8 的石灰土夯填。

侧、缘石两侧同时分层回填，在回填夯实过程中，要不断调整侧、缘石线，使之达到顺直圆滑和平整的要求。夯实后拆除两面铁橛及木板。夯实灰土，外侧宽度不小于 30cm，里侧与路面基层接上。

夯实工具可采用小型夯实机具夯实，每层厚度不大于 15cm。若侧石里侧缝隙太小，可用铺底砂浆填实。如果侧石埋入路面基层太浅，夯填后背时易使侧石倾斜，此时靠路一侧可用体积比为 1 ∶ 3 的石灰炉渣，加水拌和拍实成三角形，使侧石临时稳固。设计采用混凝土后，要按照设计要求的强度等级、现场浇筑捣实，要求表面平整。

（2）平缘石

在平缘石安装后，人工刨槽的槽外一侧沟槽用体积比为 2 ∶ 8 石灰土分层填实，宽度≥ 30cm，层厚≤ 15cm，也可利用路面基层剩余的路拌石灰土填实。外侧经夯实后与路缘石顶面齐平，内侧用上述同样材料分层夯实，夯实后要比缘石顶面低一个路面层厚度，待油面铺筑后与缘石顶面齐平。

可以使用洋镐头、铁扁夯等工具进行夯实作业。灰土含水量不足时，要加水夯实。在夯实两侧石灰土过程中，要不断调整缘石线形，保证顺直圆滑。机械刨槽时，两侧用过筛体积比为 2 ∶ 8 石灰土夯实或石灰土灌浆填密实。

6. 勾缝

路面完工后，安排侧石勾缝。勾缝前必须进行挂线，调整侧石至顺直、圆滑、平整，方可进行勾缝。先把侧石缝内的土及杂物剔除干净，并用水润湿，然后用体积比为 1 ∶ 2.5 的水泥砂浆灌缝填实勾平，用弯面压子压成凹形，并不得在路面上拌制砂浆。砂浆初凝后，用软扫帚扫除多余灰浆，并应适当泼水养护，养护时间不少于 3d，最后达到整齐美观。

第二节 人行道施工技术

人行道为道路两侧、公园等地供人行走的设施，如有机动车横过地段或机动车停放地段，应做加固处理。道路两侧人行道为道路的组成部分，人行道与绿化带或土路肩相邻时，应按设计要求埋设缘石、水泥步砖或大理石砖等。

人行道按材料分为沥青混凝土、水泥混凝土和各类预制步砖等品种，其中水泥混凝土人行道有一般预制块、连锁砌块和现场浇筑三种，工业废渣压制的锚口步砖、地砖现已基本上取代了混凝土预制块。建筑材料贴面有大理石贴面、瓷砖陶土地面砖（古代所谓的“金砖铺地”，就是指陶土地砖）贴面等。

一、人行道施工准备

（一）材料要求

沥青混凝土人行道应采用细粒或微粒式沥青混凝土。沥青混凝土铺装层厚不应小于 3cm，沥青石屑、沥青砂铺装层厚不应小于 2cm。压实度不应小于 95%。表面应平整，无明显轮迹。

现浇混凝土人行道，混凝土的抗折强度应不低于设计要求，如设计未规定时，不宜低于 3.5MPa。粗骨料尺寸不得大于厚度的二分之一。

一般的水泥抗折强度应不低于 3.5MPa，同时，抗压强度不低于规范规定；无设计时，不宜低于 30MPa。表面制花纹分格，以利排水和防滑，其规格、尺寸按设计要求确定，步砖要求大小均匀、颜色一致，无蜂窝、露石、脱皮、裂缝等现象。无缺边掉角，顶面均匀细密，其尺寸允许偏差要符合检验规范要求。现在的水泥步砖，多用细粒干硬混凝土压制，表面为有色水泥砂浆。

水泥混凝土预制砌块必须整齐统一，抗压强度应符合设计规定；设计未规定时，不宜低于

30MPa，要求各面平整，无缺边掉角，表面光泽一致，无蜂窝麻面；利用多种异形表面在铺砌时相互连锁的要求稳定。

建筑材料贴面，尺寸形状按设计要求确定，做到表面平整、色泽一致，无缺边掉角。料石、预制砌块宜由预制厂生产，并提供强度、耐磨性能试验报告及产品合格证。进场后应检验合格后方可使用。料石应表面平整、粗糙，色泽、规格、尺寸应符合设计要求，其抗压强度不宜小于80MPa。

（二）作业条件

地面下的暗管、沟槽和附属构筑物等工程已验收合格，场地已平整；原材料经见证取样检验合格；方案已获监理工程师批准；根据现场与周边环境条件、交通状况，与道路交通管理部门研究制订交通疏导或导行方案，并实施完毕。

施工中影响或阻断既有人行交通时，在施工前应采取措施，保障人行交通畅通、安全。设置排水沟、集水坑，及时将路基里的积水或地下水排走，确保路基上无积水。

施工用水、用电已经接通。根据工程规模、环境条件，修筑临时施工道路。临时施工道路应满足施工机械调运和车辆通行安全要求，且不得妨碍施工。

对作业层队伍进行全面技术、安全、质量、环保内容的交底。

无雨、雪天气。采用干铺时，环境温度不应低于0℃。采用掺有水泥的砂浆铺设时，环境温度不应低于5℃。

（三）人行道施工准备注意事项

1. 地下管线的保护

在基槽开挖之前，应全面掌握人行道下的管线种类、结构、水平位置、埋深等情况。在地下管线埋深较浅处，采用人工开挖基槽，人工或小机具夯实，以免损伤地下管线。

2. 相邻构筑物的协调

人行道上常有树穴、绿带、各种检查井、电杆穴等构筑物，因此，在人行道施工时，必须与有关部门互相协作配合，避免在工序上发生冲突，并应保护好测量标志，保证人行道的标高和横坡。

3. 环境保护

在喷洒乳化沥青或涂沥青漆和摊铺沥青混凝土时，侧石及相邻构筑物应用旧报纸、牛皮纸等加以覆盖，以防止污染。

4. 盲道设置

按设计及规范规定设置施工步骤与施工工艺；行进盲道砌块与提示盲道砌块不得混用；盲道避开树池、检查井、杆线等障碍物；路口处盲道应设为无障碍。

铺砌面层完成后，必须封闭交通，并应湿润养护。当水泥沙浆达到设计强度后，方可开放交通。

二、人行道施工

（一）基槽施工

基槽施工要点如下：

按设计图样实地测高程桩与放线，人行道直线段，一般 10m 一桩，曲线段适当加密，并在桩上标出面层设计标高，或放在建筑物上画线表明设计标高。若人行道外侧已按标高安装站石时，则以站石顶面标高为准，按设计横坡放样。

新建道路，可将土路床施工至人行道基槽标高，不必反开挖；路垫开挖接近基槽标高时，适当停留厚度，找平碾压达到设计压实度后再进行检查平整。草地软土应换填或用石灰稳定处理。开挖基槽前要对地下管网进行了全面检查，并采取相应的保护措施。雨、冬期施工，必须做好相应的排水、防冻措施。

（二）基层施工

人行道基层有石灰土基层、石灰水泥稳定石屑基层、水泥稳定碎石基层、素混凝土基层等。

沥青混凝土面层人行道一般采用石灰水泥稳定石屑、水泥稳定碎石等半刚性基层材料，以减少反射裂缝；水泥混凝土人行道多采用石灰土基层、石灰水泥稳定石屑、水泥稳定碎石等基层材料；建筑材料贴面的人行道一般采用素混凝土基层。

（三）面层施工

1. 沥青混凝土面施工

（1）铺筑面层

检查到达工地的沥青混凝土种类、温度及拌和质量等，冬季运输沥青混凝土必须注意保温。人工摊铺时要计算用量，分段卸料，卸料要卸在钢板上，松铺系数为 1.2 ~ 1.3。上料时要注意扣铁操作，摊铺时不要踩在新铺混合料上，注意轻拉慢推，搂平时注意粗细均匀，不使大料集中。

（2）碾压

用平碾纵向错半轴碾压，随时用 3m 直尺检查平整度，不平处及粗麻处要及时修整或筛补，趁热压实。碾压不到处要用热夯或热烙铁拍平，或用振动夯板夯实。

（3）接槎

采用立槎涂油热料温边方法。低温施工应适当采取喷油措施，并铺热沙措施，以保护人行道面层，防止掉渣。要求表面坚实，无松散、裂纹、掉渣、积水、粗细料集中等，接槎紧密平顺，与其他构筑物应接顺。

2. 现浇水泥混凝土面层施工

（1）摊铺面层

现浇水泥混凝土人行道面层铺筑厚度应不小于 10cm。水泥混凝土拌合物应摊铺均匀。布料的松铺系数取 1.10 ~ 1.25 之间。摊铺后表面应大致平整，不得有明显的凹陷。块混凝土板应一次连续摊铺完毕。

（2）振捣

当混凝土摊铺长度大于 10m 时，可以开始使用平板振捣器进行振捣作业，振动时间不宜少于 30s，应重叠 10cm ~ 20cm，振捣器行进速度应均匀一致。振捣速度宜匀速缓慢，振捣应连续不间断地进行，其作业速度以水泥混凝土拌合物表面不露粗集料，泛出水泥浆为准。

（3）收面

透水水泥混凝土振捣后，宜使用抹平机对水泥混凝土面层进行收面，收面时必须保持模板顶面整洁，接缝处板面平整。抹面不宜少于 4 次，先找平抹平，待混凝土表面无泌水时再抹面，并依据水泥品种与气温来控制抹面间隔时间。

（4）切缝

根据环境温度在泥混凝土面层成活后 250℃ /h，按设计要求间距采用切缝法施工横向缩缝。缩缝应垂直板面，宽度宜为 4mm ~ 6mm。设传力杆时，不应小于面层厚的 1/3。切缝完成后，立即用高压水枪将残余砂浆冲洗干净。待缩缝干燥后，按设计要求进行填缝处理。

3. 路面砖铺砌面卷施工

（1）复测标高

按照设计图纸复核放线，用测量仪器打方格，并以对角线检验方正，然后在桩橛上标注该点面层设计标高。

（2）水泥砖装卸

预制块方砖的规格为 200 × 200 × 180（单位：mm），装运花砖时要注意强度和外观质量，要求颜色一致、无裂缝、不缺棱角。要轻装轻卸以免损坏。卸车前应先确定卸车地点和数量，尽量减少搬运。砖间缝隙为 2mm，用经纬仪和钢尺测量放线，打方格时要把缝宽计算在内。

（3）拌制砂浆

采用 1 ： 3 石灰砂浆或 1 ： 3 水泥砂浆，石灰粗砂要过筛，配合比要准确，砂浆的和易性要好。

（4）修整基层

挂线或用测量仪器检查基层竣工高程，当低处大于 1cm 时，将基层刨 5cm，用基层的同样混合料填平拍实，填补前应把坑槽修理平整干净，表面适当湿润，高处应铲平，但如铲后厚度低于设计厚度的 90% 时，应进行反修。

（5）铺筑砂浆

在清理干净的基层上洒一遍水使之湿润，然后铺筑砂浆，厚度为 2cm，用刮板找平。铺砂浆应随砌砖同时进行。

（6）铺砌水泥砖

铺砖时，按控制桩高程，在方格内由第一行砖纵横挂线，根据标线按标准缝宽铺筑第一行样砖，然后纵线不动，横线平移，依次按照样砖铺砌。

铺步砖缝的直线要通，曲线要顺。扇形平面上铺步砖，要用电锯切割异形步砖与之相配，也可按直线顺延铺筑，然后用与预制步砖颜色相同的水泥砂浆补齐并刻缝。

砌筑时，步砖要轻拿轻放，用木槌或橡胶锤轻捶击实砌稳，如砌不平，应将步砖拿起，用砂调整重新铺筑，不准在砖底塞灰或用硬料支垫，必须使步砖平铺在密实的砂浆上并稳定无动摇、无空隙。

（7）灌缝

灌缝一般采用 1 ∶ 3 水泥细沙干浆，先在步砖表面均匀撒铺一层砂浆，然后用扫帚或板刷将砂浆扫入缝中，然后可用小型振动碾压机振实或浇水灌实。灌缝要反复进行几道，直到缝隙饱满为止。施工完毕后，面上的砂浆要清扫干净，用扫帚扫出步砖本色。

灌缝完毕后应及时洒水养护，在铺砌过程中，质检员应跟踪检查，发现不符合检验规范要求的部位，及时督促修整。

4. 其他形式的人行道面砖施工

（1）彩色板（砖）和触感板（砖）人行道的施工

彩色人行道方砖要采用刚性或半刚性基层及干拌水泥砂浆黏结层。基层和黏结层的材料、厚度、强度应符合设计要求。基层的施工可按照规程的相关规定执行。

彩色道板（砖）在铺砌之前要浇水湿润。将彩色道板（砖）按照定位线逐块坐实于黏结层上，使其结成整体。相邻板块贴紧，表面平整，线形顺直，铺砌后应浇水湿润养生。艺术花样和触感板的导向、停步块材铺砌时，要按照设计图形进行施工。

（2）水泥混凝土连锁砌块铺装

由于连锁砌块条块狭小，因而平整度的要求更高，块与块的连接必须连锁紧密、齐平，不得有错落现象。铺砌不留缝，垫层用粗砂，使用专用的振平板振实，灌缝用细砂，其余操作均同铺水泥砖。完工后需要表面平整光洁、图案排列整齐、颜色一致，无麻面或者掉面、缺边现象，纵横坡度要符合设计要求。

（3）曲线段人行道板（砖）的施工

曲线段人行道的道面铺砌，可采用直铺法或扇形铺法进行铺砌，其中彩色人行道板（砖）应采用直铺法进行施工。铺板（砖）后所形成的楔形空缺和边、角空缺可采用同标号水泥混合料就地浇筑，彩色人行道板（砖）应按所需形状切割后拼砌，与预制道板（砖）面平，并进行养护。

（四）特殊部位的施工

1. 各种井的周边施工

按设计标高、纵坡、横坡，调整井圈高程；对已破坏或跳动的井盖、井圈进行更换；检查井周围，不得使用锯割的步砖嵌砌，步砖与井周空缺应及时用细石混凝土填补好；建筑材料贴面可使用切割后材料与检查井接顺。

2. 树穴施工

按设计要求间隔和尺寸留出树穴；树穴与路缘石或站石要方正衔接；树穴边缘按设计要求用

水泥混凝土预制件、水泥混凝土缘石或大理石等围成，尺寸、高程按设计要求确定；人行横道线、公共汽车站处不设树穴。

3. 无路缘石部位施工

对人行道、广场等无路缘石人行道边缘，应采用混凝土止挡法或步砖砂浆黏结法固定。

4. 与建筑物衔接处施工

人行道面层高于建筑物地面时，应调整人行道横坡接平，或将建筑通行范围降低接顺；当建筑物地面与人行道高差较大时，应设置踏步或挡土墙。

（五）人行道的保养与修理

1. 人行道保养

应经常保持人行道整洁，及时清除人行道上的尘土污泥和杂物；两侧建筑物的管道排水，不得浸流人行道上；禁止机动车辆在人行道上行驶或停放；经常保持块料铺装人行道块体的稳定，发现松动及时补充嵌缝材料，填充稳固；若垫层不平引起人行道砌块松动，应将砌块挖出，整修垫层重新铺筑；应保养好整体铺装人行道的伸缩缝和施工缝及人行道同检查井口的接缝，发现损坏应及时修补；侧石及平石的接缝要定期清缝及勾缝；对损坏及歪斜的侧石及平石，应及时调整或更换；因树根挤坏人行道及侧石而影响行人及排水时，应同有关部门联系解决。

2. 人行道修理

人行道的修理，应针对破损原因（如排水不良、路面树根部的发育、集中堆放重型物资或机动车辆驶入等）采取相应措施进行修补。修复时应符合下列规定：

处理部分要比损坏边缘扩大 10cm 以上，开挖前应清理尘土、杂物；要按照修理时画出的轮廓开挖，边缘应垂直整齐。如果修理砌块面层，则应按砌块接缝线前 10cm 进行画线开挖；人行道路面损坏需要修整并更换侧石和平石，必须在更换侧石和平石后再修整路面；结构组合应按原人行道结构恢复，回填土及基层压实度应符合规定要求；修理部分要将四周边缘结合至密实平整，检查井的周围要细致地修复，黑色混合料铺筑的人行道结构，槽壁要涂黏结剂浇沥青，水泥混凝土人行道按原规格、原花纹恢复；新开人行道根据道路口宽度、侧石设置、转弯半径等采用不同形式，并要考虑行人行走方便。

第三节 交通安全设施施工技术

交通安全设施工程是现代交通运输中不可缺少的安全保障措施，每个公民都必须遵守交通规则。交通工程主要包括护栏工程、标志工程、标线工程、中间带等。

一、护栏工程施工

（一）护栏的种类

1. 按护栏构造形式划分

根据造型不同，护栏可以分为半刚性护栏、刚性护栏和柔性护栏。

（1）半刚性护栏

半刚性护栏是一种连续的梁柱结构。它是通过车辆与护栏间的摩擦，车辆与地面间的摩擦及车辆、土基和护栏本身产生一定量的弹、塑性变形（以护栏系统的变形为主）来吸收碰撞能量，延长碰撞过程的作用时间来降低车辆速度，并迫使失控车辆改变行驶方向，恢复到正常的行驶方向，从而确保乘员安全，减少车辆损坏。半刚性护栏主要设置在需要着重保护乘员安全的路段。

（2）刚性护栏

刚性护栏是一种基本不变形的护栏结构。对刚性护栏来说，是通过车轮转动角的改变，车体变位、变形和车辆与护栏、车辆与地面的摩擦来吸收碰撞能量。在碰撞过程中，车辆变形程度取决于自身的刚度、碰撞能量和碰撞作用时间。当车辆的碰撞角度较大时，往往造成比较严重的后果。刚性护栏主要设置在需严格阻止车辆越出路外，以免引起二次事故的路段。

（3）柔性护栏

柔性护栏是一种具有较大缓冲能力的韧性护栏结构。缆索护栏是柔性护栏的主要代表形式，它是一种以数根施加初张力的缆索固定于立柱上而组成的结构，完全依靠缆索的拉应力来抵抗车辆的碰撞，吸收能量。

2. 按护栏设置的位置划分

根据设置位置的不同，护栏可以分为路侧护栏、中央分隔带护栏、桥梁护栏、过渡段护栏、端部护栏以及防撞垫等。

（1）路侧护栏

主要用以防止失控车辆越出路外或碰撞路侧构造物和其他设施。决定是否设置路侧护栏的关键因素是路堤高度和边坡坡度。

路侧护栏防撞等级的选取则需综合考虑以下因素：车辆驶出路外可能造成的交通事故等级、路侧安全等级、路堤高度、公路线形、交通量以及车辆构成。

（2）中央分隔带护栏

中央分隔带护栏是指设置于道路中间带内的护栏，目的是防止失控车辆穿越分隔带闯入对向车道，并保护分隔带内的构造物和其他设施。

当整体式断面中间带宽度小于 12m 时，必须设置中央分隔带护栏；大于 12m 时，应分路段确定是否设置中央分隔带护栏。

作为干线公路的一级、二级公路桥梁必须设置路侧护栏，作为干线公路的公路桥梁必须设置中央分隔带护栏。作为集散公路的一级、二级公路桥梁应设置路侧护栏，作为集散公路的一级公路桥梁宜设置中央分隔带护栏。

（3）桥梁护栏

为了避免机动车辆碰撞行人和机动车辆的严重事故发生，对于高速公路、汽车专用一级公路上的特大桥、大桥、中桥梁，必须根据其防撞等级在人行道与行车道间设置桥梁护栏。

一般公路的特大桥、大桥、中桥梁在条件许可的情况下也应设置护栏。在有人行道的桥梁上，应按实际需要在人行道和行车道分界处设置汽车、行人分隔护栏。

桥梁护栏形式的选择，首先要根据防撞等级要求，避免在相应设计条件下失控车辆跃出。同时，还应综合考虑公路等级、桥梁护栏外侧危险物的特征、美观、经济以及养护维修等因素。例如，在有美观要求的情况下或积雪严重的地区，宜采用梁柱式护栏组合结构。钢桥为了减轻恒载，宜采用金属制成的护栏。组合式护栏兼有钢筋混凝土墙式护栏的坚固和金属制梁柱式护栏美观的优点，在我国高速公路的桥梁上普遍被采用。它的优点是：当汽车车轮与之相撞且碰撞角小于 10° 时，能校正汽车运行轨迹，而不会出现较大的损伤。

（4）其他护栏形式

除了以上三种护栏之外，还有过渡段护栏、端部护栏以及防撞垫。过渡段护栏是指在不同护栏断面结构形式之间平滑连接并进行刚度过渡的结构段；端部护栏是指在护栏开始端或结束端所设置的专门结构；防撞垫是通过吸能系统使正面、侧面碰撞的车辆平稳地停住或改变行驶方向，一般设置在互通立交出口三角区、未保护的桥墩、结构支撑柱和护栏端头。

（二）安全护栏的功能

公路上的安全护栏，需要进行正确的设计才有可能实现以下功能。

绊阻车辆，防止车辆越出路外，保护路外建筑物的安全，确保行人不致受到重大伤害，确保与其相交道路、铁路的安全，阻止失控车辆穿越中央分隔带闯入对向车道。

能使车辆恢复到正常行驶方向。车辆碰撞护栏的运动轨迹应能圆滑过渡，以较小的驶离角和较小的回弹量停留在不影响车辆正常行驶的地方，不致发生二次事故。

一旦失控车辆与护栏发生碰撞时，为了使驾驶人和乘客的损伤为最小，要求护栏具有良好的吸收碰撞能量的功能。

能诱导驾驶人的视线，能清晰地看到道路的轮廓及前进方的线形，增加行车的安全性，使道路更加美观。

（三）护栏的施工工艺

1. 立柱位置放样

立柱放样应以道路固定设施，如桥梁、通道、涵洞、隧道、中央分隔带开口、紧急电话开口、路线交叉等为主要控制点（即控制立柱的位置）。应在两控制点之间量距，如出现零头数，可通过合适的调整段调整。立柱间距可能有不大于 25cm 的间距零头数，可通过分配法将其调整至多根立柱间距中。为准确放样和保证护栏的线形，在条件允许时可使用全站仪、经纬仪、水准仪等测量仪器。放样后，应确认立柱施工不会造成对地下设施的损坏，否则应调整立柱的位置。

2. 立柱安装

立柱安装应与设计文件相符，并与公路线形相协调。位于土基中的立柱，可采用打入法、挖埋法或钻孔法施工。立柱标高应符合设计要求，不得损坏立柱端部。采用打入法打入过深时，不得将立柱部分拔出加以矫正，必须将其全部拔出，将基础压实后再重新打入。

采用挖埋法施工时，回填土应采用良好的材料并分层夯实，回填土的压实度不应小于设计规定值。填石路基中的柱坑，应用粒料回填并夯实。采用钻孔法施工时，立柱定位后应用与路基相同的材料回填，并分层夯填密实。

在铺有路面的路段设置立柱时，柱坑从路基至面层以下 5cm 处应采用与路基相同的材料回填并分层夯实，余下部分应采用与路面相同的材料回填并压实；位于石方区的立柱，应根据设计文件的要求设置混凝土基础；位于小桥、通道、明涵等混凝土基础中的立柱，可设置在预埋的套筒内，通过灌注砂浆或混凝土固定，或通过地脚螺栓与桥梁护轮带基础相连。立柱安装就位后，其水平方向和竖直方向应形成平顺的线形。护栏渐变段及端部的立柱，应按设计规定的立柱进行安装。

3. 波形梁安装

波形梁通过拼接螺栓相互拼接，并由连接螺栓固定于立柱或横梁上。波形梁的搭接方向是安装的关键，搭接方向应与行车方向一致。如果搭接方向与行车方向相反，即使是轻微的擦碰，也会造成较大的损失。波形梁在安装过程中要不断进行调整，不应过早拧紧其连接螺栓和拼接螺栓，否则将无法发挥板上长圆孔的调节作用。

4. 防阻块及端头的安装

防阻块能防止立柱阻绊车轮，避免护栏局部受力、减小碰撞时车辆的冲击。托架适用于路肩较窄或护栏设置防阻块受限的情况。在安装时，应保证使其准确就位。在调整好立柱后，即可安装防阻块，最后安装波形梁板并进行统一调整。防撞等级为 SA、SAm 和 SS 的波形梁护栏在安装防阻块时，应根据设计文件要求，同时安装上层立柱。

设有横隔梁的护栏，把梁与横隔梁连为一体成为组合型护栏。横隔梁应平行于路面（即垂直于立柱）安装。在安装波形梁板之前不应拧紧横隔梁与立柱的连接螺栓，否则不易进行总体调节。

中央分隔带护栏的端头梁与两侧梁相连，端头附近的立柱应按设计文件的要求进行加强处理。路侧护栏的端部结构由端柱、端头梁、混凝土基础等组成。在端部基础混凝土达到设计强度 70% 后，方可安装端部结构。如因土基压实度不足等原因需要对端部结构进一步加强时，经论证，可根据设计文件的要求在端头梁附近设置钢丝绳锚固件。

（四）施工质量要求

护栏立柱的埋深、基础规格、土基压实度、端部和过渡段处理应符合设计规范和设计文件的规定；立柱位置、立柱中距、垂直度、横梁中心高度应符合设计要求；所有构件不应因运输、施工造成防腐层的损伤；直线段护栏不得有明显的凹凸、起伏现象；曲线段护栏应圆滑顺畅，与线形协调一致；中央分隔带开口端头护栏的线形应与设计文件相符；波形梁板搭接应方向正确、搭接平顺、垫圈齐备、螺栓紧固；防阻块、托架、横隔梁、端头的安装应与设计文件相符，安装到位，不得有明显变形、扭转、倾斜；波形梁板和立柱不得现场焊割和钻孔；立柱及柱帽安装牢固，其顶部应无明显塌边、变形、开裂等缺陷。

（五）施工验收

护栏立柱的埋深、基础规格、土基压实度、端部和过渡段处理应符合设计规范和设计文件的规定；立柱的位置、中距、垂直度和横梁中心高度均应符合设计要求，这是护栏发挥功能的基本保证。横梁中心高度是指从路面到波形梁横梁中心点的垂直距离。

二、交通标志、标线的施工

（一）交通标志

道路交通标志是用图形符号、颜色和文字向交通参与者传递特定信息，用于交通运行管理的设施。一般设在路旁或悬挂在道路上方，使交通参与者获得确切的道路交通信息，从而达到保障运行安全和高效的目的。交通标志应使交通参与者在很短的时间内就能看到、认识并完全明白它的含义，从而采取正确的措施。因此，交通标志必须具有较高的显示性、良好的易读性和广泛的公认性。

1. 交通标志三要素

不同颜色具有不同光学特性，从心理学角度讲会产生不同的心理感受和联想形状。研究表明：交通标志的视认性、显示性与标志形状有重要关系，面积相同时不同形状标志的易识别程度大小的顺序为：三角形、菱形、正方形、正五边形、圆形等。符号表达标志具体含义，应简单明了，易为公众理解，力求易认直观。

2. 交通标志的分类

（1）按功能划分

交通标志按功能可分为主标志和辅助标志两大类。

①主标志

警告标志：警告车辆行人注意危险地点的标志。

禁令标志：禁止或限制车辆、行人交通行为的标志。

指示标志：指示车辆、行人行进的标志。

指路标志：传递道路方向、地点、距离信息的标志。

旅游区标志：提供旅游景点方向、距离的标志。

道路施工安全标志：通告道路施工区通行的标志。

②辅助标志

辅助标志指附设在主标志下，起辅助说明作用的标志。

（2）按支撑方式分

柱式标志：以立柱支持在路侧、交通岛或中央分隔带等处。

单柱式：标志牌安装在一根立柱上。

双柱式：标志牌安装在两根立柱上。

悬臂式标志：标志牌安装在悬臂支架结构上方。

门架式标志：标志牌安装在门式支架结构上方。

附着式标志：标志牌安装在上跨桥和附近构造物上。

（3）按反光方式分

不反光标志：无定向反射功能的一般油漆标志、搪瓷标志等。

反光标志：标志面采用反光材料制作的标志。

照明标志：利用照明设备使标志面发亮的标志。

内部照明标志：标志板内装照明装置，采用半透明材料制作标志面板，有单面显示和两面显示两种。

外部照明标志：外部光源照明标志板面的方式。

自发光标志：白天吸收太阳光，晚上发亮的标志。

（二）交通标线

路面标线是标画于路面上的各种线条、箭头、文字、立面标记、突起路标和路边轮廓标等所组成的交通安全设施。它的作用是确保车流分道行驶，导流交通行驶方向，加强车辆行驶纪律和秩序，增加公路通行能力，更好地组织交通，引导用路者视线，管制用路者驾驶行为的重要手段，可以有效地指引车辆在汇合或分流前进入合适的车道。

道路交通标线按设置方式可分为以下三类：

纵向标线：沿道路行车方向设置的标线。

横向标线：与道路行车方向成角度设置的标线。

其他标线：字符标记或其他形式标线。

道路交通标线按功能可分为以下三类：

指示标线：指示车行道、行车方向、路面边缘、人行道等设施的标线。

禁止标线：告示道路交通的遵行、禁止、限制等特殊规定，车辆驾驶人及行人需严格遵守的标线。

警告标线：促使车辆驾驶员及行人了解道路上的特殊情况，提高警觉，准备防范应变措施的标线。

道路交通标线按功能可分为以下 4 类：

线条：标画于路面、缘石或立面上的实线或虚线。

字符标记：标画于路面上的文字、数字及各种图形符号。

突起路标：安装于路面上用于标示车道分界、边缘、分合流、弯道、危险路段、路宽变化、路面障碍物的反光或不反光体。

路边线轮廓标：安装于道路两侧，用以指示道路的方向、车行道边界轮廓的反光柱（或片）。

（三）交通标志、标线的施工

1. 交通标志的施工

标志在厂家加工，现场安装。标志板材料采用挤压成型异型铝材制作，标志板与滑动槽钢采用铝合金铆钉连接，板面上的铆钉头应打磨平整。标志板边缘应做角钢加固处理。立柱、抱箍、底衬、柱帽等均应进行热镀锌处理。所有金属构件除特殊说明外均采用 Q235 钢制作。为防止雨水渗入，立柱顶部应加柱帽。标志板与横梁采用抱箍连接。

标志板的反光膜均采用超强级反光膜标识，安装采用汽车吊配合人工进行，标志板施工需要注意：施工的全过程应顺序作业，标识外观顺直、流线、平滑、垂直；标识朝向、角度与设计一致；标识的防锈层不得破坏；电缆线接头牢固可靠，防水绝缘，不易暴露；标识平面位置准确；吊装时注意交通行人、行车的安全；标识在吊装时，一定要系溜绳，控制起重物的姿态稳定；吊装时要设置警示标志。

在施工过程中，所有标志基础应严格按照设计图纸位置施工，若遇树木、路灯等路上或地下构筑物与设计标志基础相矛盾的，经与现场监理协商可依据现场实际情况将标志基础沿道路中线纵向平移 0m ~ 2m；所有标志基础长边均应平行相应道路中心线，标志板面长边垂直相应道路中心线；施工中需与使用方（交警设施处、科技处等）加强联系，紧密配合，必要时应通知使用方人员到场。

2. 交通标线的施工

（1）路面标线

路面应清洁干燥，不得存在松散颗粒、灰尘、沥青渣、油污或其他有害材料。车行道边缘线的宽度应为 15cm ~ 20cm，车行道分界线的宽度应为 10cm ~ 15cm，路面中心线的宽度应为 10cm ~ 15cm。位于中央分隔带或路侧安全净区内未加护栏防护的桥墩、隧道洞口、交通标志立柱等构造物应设置立面标记，颜色为黄黑相间，线宽及间距均为 15cm。立面标记应向车行道方向以 45° 角倾斜。立面标记宜设置为 120cm 高。二级及以下等级的公路上设置减速丘设施时，应在距其两侧各 30m 的范围内设置减速丘预告标线。正式施划前应进行试划，以检验画线车的行驶速度、线宽、标线厚度、玻璃珠撒布量等能否满足要求。调试合格后才能开始正式施工。施工时，应按设计文件要求留出排水孔，位于禁止超车线处的突起路标应空出其位置。新铺沥青混凝土路面的交通标线施工，可在路面施工完成一周后开始；新建水泥混凝土路面的交通标线施工，应在混凝土养护膜老化起皮并清除后开始。对施工中存在的缺陷，应及时修整。成型标线带和防滑彩色路面标线的施工应符合产品使用说明书的规定。

（2）突起路标

隧道的车行道分界线上宜设置突起路标；突起路标可单独设置成车行道边缘线和车行道分界线；突起路标的壳体颜色、设置位置、间距应符合现行的规定。根据设计文件的要求确定突起路标的设置位置，反射体应面向行车方向。路面和突起路标底部应清洁干燥并涂黏结剂。突起路标就位后，应在其顶部施加压力，排除空气，调整就位。

3. 质量控制要点

（1）标志质量控制要点

标志板安装后应平整，夜间在车灯照射下，标志板底色和字符应清晰明亮，颜色均匀，不应出现明暗不均的现象，不能影响标志的认读。在粘贴底膜时，横向不宜有拼接。竖向拼接时，上膜须压下膜，压接宽度不应小于 5mm。

（2）标线质量控制要点

标线线形应流畅，与道路线形相协调，曲线圆滑，不允许出现折线。

三、中间带

（一）中间带概述

1. 中间带的作用

公路中的高速公路、一级公路，城市道路中的双幅路和四幅路均应设置中间带。中间带由两条左侧路缘带和中央分隔带组成，其作用如下：

第一，将上、下行机动车流分开，既可防止因快车驶入对向行车道造成车祸，又能减少公路中心线附近的交通阻力，提高通行能力。

第二，作为设置交通标志牌及其他交通管理设施的场地。

第三，种植花草灌木绿化或设置防眩网，可防止对向车辆灯光炫目，还可起到美化环境的作用。

第四，设于分隔带两侧的路缘带，由于有一定宽度且颜色醒目，既引导驾驶员视线，又增加行车所必需的侧向余宽，从而提高行车的安全性和舒适性。

2. 中间段的组成

中间带由中央分隔带和路缘带组成。分隔带以路缘石线等设施分界，在构造上起到分隔往返交通的作用。在分隔带的两侧设置路缘带，既引导驾驶员的视线，促进行车车安全，还能保证行车所必需的余宽，提高行车车道的使用效率。

3. 中间带的宽度

中间带宽度规定有一般值和最小值。正常情况下采用一般值，当遇有特殊情况时可采用最小值。中间带的宽度一般情况下应保持等宽，并不得频繁变更宽度。当中间带宽度因地形条件或其他特殊情况限制而减窄或增宽时，应设置过渡段。过渡段以设在回旋线范围内为宜，其长度与回旋线长度相等。宽度大于规定或大于 4.5m 的中间带的过渡段，以设置在半径较大的平曲线路段为宜。整体式断面分离为分离式断面后和分离式断面汇合为整体式断面前的一段距离内，当分离式断面两相邻路基边缘之间的中间距离小于中间带宽度时，应设置不同宽度的中间带。

4. 中间带开口

为了便于养护作业和某些车辆在必要时驶向对向车道，中间带应按一定距离设置开口。公路上开口一般情况下以每 2km 以上的间距设置为宜，太密将会造成交通的紊乱。城市道路开口（断口）最小间距大于 300m ~ 400m，通常要考虑横向交通（车辆和行人）的需要。中间带的开口应设置在通视条件良好的路段，若在曲线上开口，其曲线半径宜大于 700m。在互通式立体交叉、隧道、特大桥、服务区等设施的前后必须设置开口。

开口端部的形状，常用的有两种：半圆形和弹头形。对于窄的分隔带（M < 3.0m）可用半圆形，宽的（M ≥ 3.0m）可用弹头形。

（二）中间带的施工

1. 埋设横向塑料排水管

路基施工完成后即可进行施工；沟槽开挖：开挖的位置、深度、宽度应符合设计要求沟槽应保持直线并与线路中线垂直，沟槽底部坡度与路面横坡一致；可采用开沟机或人工开挖；铺设垫层：采用粒径小的石料铺设，厚度保持均匀，并具有与路面相同的横坡；埋设塑料排水管：一端插入中央分隔带纵向盲沟范围内，另一端伸出路基边坡外进出口用土工布包裹，防止被碎石堵塞；塑料排水管采用套接时，管口要对齐并靠紧，用短套管套紧两根管，并在套管两端用不透水材料扎紧。

2. 中央分隔带开挖

路面基层施工完成后即可施工；先挖集水槽，再挖纵向盲沟；一般采用人工开挖；挖开的土不得堆在施工完成的基层上，防止污染基层；沟槽的深度、宽度及沟底纵坡应符合设计要求；沟底必须平整密实，不得有杂物。

3. 防水层施工

喷涂双层防渗沥青时，要求喷涂厚度均匀，无漏喷，喷涂范围为中央分隔带范围内的路基和路面结构层；采用 PVC 防水板时，防水板的两端应拉紧、无褶皱，防水板纵横向搭接，并用铁钉固定。

4. 纵向碎石盲沟

碎石盲沟要填充密实、表面平整，并在顶面设置反滤层；反滤层可以采用砂石材料或土工合成材料，目前，高等级公路中多采用土工布；土工布的铺设应平整、无折皱、无重叠，并且要避免过量拉伸而发生破坏；施工现场若发现土工布破损，应进行修补，并且必须能够达到原性能时方可使用；土工布采用平行搭接，搭接长度不小于 30cm。

5. 缘石安装

缘石安装应在路面面层铺设前安装完成，可以现场浇筑或预制安装；采用预制安装时应铺设在不小于 2cm 厚的砂垫层上，砌筑的砂浆的水泥与砂的体积比应为 1 ∶ 2；缘石的安装要稳固、线条直顺、曲线圆滑、顶面平整、缝宽均匀、勾缝密实；基底和后背填料必须夯打密实。

四、安全隔离设施施工

第一，材料表面处理检验。隔离设施的所有金属件原则上都应进行表面处理，一般应采用热浸镀锌处理。其他表面处理方法，如油漆、涂塑、紧固件的粉镀锌技术等，对其耐久性、经济性、美观及施工条件的全面分析并经认可后，也可采用。

第二，检查其柱孔深度、基底清理，坑底混凝土质量。放入立柱后，检查其垂直度、立柱的埋设，应分段进行。先埋两端，然后拉线埋放中间立柱。注意立柱纵向线形，柱顶的平整。

第三，有框架的隔离网宜在工厂集中制作。检查其外框架焊接，钢板网的切割及放入，钢板网的拉紧，与外框的焊接及除锈、去油污等工序。

第四，立柱要保证安装牢固和垂直度的要求，基础不得有松动，立柱纵向应在一线上，不得出现参差不齐的现象。柱顶应平顺，不得出现高低不平的情况。立柱基础强度达到设计强度的70% 后方可安装隔离栅网片。

第五，编织网隔离栅最好纵向连续铺设，边铺边拉紧，并尽可能在立柱挂钩上扣牢。编织网要求卷网自如，弯勾时保证不变形。隔离栅安装完毕后，纵向高程不应有很大的起伏变化，网面要平整，在任何方向均不得有明显的倾斜。各类隔离栅网片安装完毕后，立柱基础均应进行压实处理。

第六，刺钢丝安装时要求从端头立柱开始。刺钢丝之间要求平行、平直；绷紧后用 11 号钢丝与立柱上铁钩绑扎固定，横向与斜向刺钢丝相交处用 11 号钢丝绑扎。

第七，钢板网安装要求网面平整，无明显凹凸现象，框架与立柱应连接牢固，整体连接平顺。

第四节 其他附属工程施工技术

在公路附属工程之中，除了路缘石、人行道以及交通安全设施的施工之外，还有路肩、雨水口、检查井、雨水支管施工等。这些都是公路工程的重要组成部分，对公路的正常使用起着不可或缺的作用。

一、路肩施工

（一）路肩的作用及宽度

各级公路都要设置路肩。路肩的作用主要有以下几个方面：由于路肩紧靠在路面的两侧设置，具有保护及支撑路面结构的作用；供发生故障的车辆临时停放之用，有利于防止交通事故和避免交通紊乱；作为侧向余宽的一部分，能增进驾驶的安全和舒适感，对保证设计车速是必要的，尤其在挖方路段，还可以增加弯道视距，减小行车事故；提供道路养护作业、埋设地下管线的场地，对未设人行道的道路，可供行人及非机动车等使用；精心养护的路肩，能增加公路整体的美观。

根据上述路肩功能，从构造上又可分为硬路肩、土路肩。硬路肩是指进行了铺装的路肩，它可以承受汽车荷载的作用力，在混合交通的公路上便于非机动车、行人通行。在填方路段，为使路肩能汇集路面积水，在路肩边缘应设置缘石。土路肩是指不加铺装的土质路肩，它起保护硬路肩、路面和路基的作用，并提供侧向余宽。高速公路、一级公路应采用分离式断面。宽度大于 4.5m 的中间带，行车道左侧也应设硬路肩。高速公路、一级公路的平原微丘区，有条件时硬路宽度宜大于 2.50m。

城市道路采取边沟排水时，与公路一样，应在路面外侧设置路肩，同样分硬路肩和保护性路肩。城市道路的设计速度大于或等于 40km/h 时，应设置硬路肩。保护性路肩一般为土质或简易铺装，其作用是为城市道路的某些交通设施，如护栏、杆栏、电线杆、交通标志牌等的设置提供场地，最小宽度为 0.5m。双幅路或四幅路中间具有排水沟的断面，还应设置左侧路肩。各级公路和城市道路的路肩宽度根据条件可采用 0.75m ~ 4.0m，最窄不得小于 0.50m。

（二）路肩施工

路肩石可以在铺筑路面基层后，沿路面边线刨槽、打基础安装；也可以在修建路面基层时，在基础部位加宽路面基层作为基础；也可以利用路面基层施工中基层两侧宽出的多余部分作为基础，厚度及标高应符合设计要求。

路面中线校正后，在路面边缘与侧石交界处放出路肩石线，直线部位 10 米桩；曲线部位 5m ~ 10m 桩；路口及分隔带等圆弧 1m ~ 5m 桩。也可以用皮尺画圆并在桩上标明路肩石顶面高程。

刨槽施工时，按要求宽度向外刨槽，一般为 30cm，靠近路面一侧比线位宽出少许，一般不大于 5cm，太宽容易造成回填夯实不好及路边塌陷。为保证基础厚度，刨槽深度可比设计加深 1cm ~ 2cm，槽底应修理平整。若在路面基层加宽处安装路肩石，则将基层平整即可，免去刨槽工序。

二、雨水口施工

（一）雨水口施工工艺

雨水口施工步骤主要有以下几点：根据设计图样，放出雨水口井位，打定位桩，并标定高程；按照定位线开挖基槽，井周每侧留出 30cm 的余量，控制设计标高，清理槽底，进行夯实；浇筑底板，底板按设计图施工养护达到一定强度时再砌筑井体；砌筑井体前要按墙身位置挂线，先在底板上铺上一层砂浆后，再开始砌筑墙身，要保证墙身垂直，井底应采用水泥砂浆抹出雨水口泛水坡。

墙身砌筑到一定高度时，将内墙用砂浆抹面，随砌随抹，抹面要光滑平整、不起鼓不开裂；井外用水泥砂浆搓缝，使外墙严密；墙身每砌起 30cm 应及时回填外槽，一般采用碎砖灌水泥砂浆回填，也可用 C10 水泥混凝土回填，回填必须密实，防止井周路面产生局部沉陷。

砌至支管顶时，应将井内管头与井壁口相平，将管口与井壁用水泥砂浆勾抹严密，雨水管端面应露出井壁，其露出长度不应大于 2cm。雨水管穿井墙处，管顶应砌砖券；墙身砌至设计标高时，用水泥砂浆坐底安装井框、井篦，安装必须平稳、牢固；立式雨水口在墙身设计标高时，安装立式井篦，并将井身上口加盖盖板；雨水口井身砌筑完毕后，应及时将井内碎砖、砂浆等杂物清理干净，井口临时覆盖。

（二）施工注意事项

位置应符合设计要求，不得歪扭；井篦与井墙应吻合；井篦与道路边线相邻边的距离应相等；内壁抹面必须平整，不得起壳裂缝；井篦必须完整无损、安装平稳；井内严禁有垃圾等杂物，井周回填土必须密实；雨水口与检查井的连接应顺直、无错口；坡度应符合设计规定。

三、检查井施工

（一）检查井的构造

检查井主要有圆形、矩形和扇形三种类型，从构造上看三种类型检查井基本相似，主要由井基、井身、井盖、盖座、爬梯等几分部分组成。

1. 井基

井基包括基础和流槽。按照土壤及水文地质条件，采用灰土、碎砖、碎石或卵石作垫层。上铺混凝土或砌砖基础。基础上部按上下游管道管径大小砌成流槽。

2. 井身

检查井身的材料应采用砖、石、混凝土或钢筋混凝土。我国目前多采用砖砌，以水泥砂浆抹面。井身在构造上分为工作室、渐缩部分和井筒三部分。工作室的平面形状有圆形、矩形和扇形。

3. 井盖、盖座

井盖盖在井筒上面，井盖座在盖座上，井盖和路面、人行道安装平整，防止行人车辆掉入井内和其他物品落入井内。一般用铸铁制作，也有用混凝土制作的。

4. 爬梯

爬梯供工作人员上下井用，用铸铁制作，也有用砖砌的脚窝，交错地安装在井壁上。

（二）检查井的施工要点

施工前先熟悉图样，确定检查井的尺寸、样式；砌筑检查井，应在管道安装后立即进行；砌井前检查基础尺寸和高程；基础清理干净后，先铺一层砂浆，再进行墙体砌筑，砌砖时每砌完一层，要灌一次砂浆，使缝隙内砂浆饱满，上下两层砖间竖向要错缝，所用砂浆与砖的强度要求由设计确定；井壁与混凝土管相接部分，必须用砂浆坐满，在混凝土管上砌砖，以防漏水，管外壁接头处要提前洗刷干净；井身上部收口按设计标准图集所要求坡度砌筑，砌井也应边砌边完成井内砂浆抹面。

支管或预埋管按设计要求标高、位置、坡度安装好，做法同主管；护底、流槽、爬梯应与井壁同时砌筑；一般污水检查井要求内外抹面，雨水检查井只要求内部抹面，外壁要用砂浆搓缝。应边砌边进行内部抹面。

检查井完成后要将井内杂物清理干净，如还不能立即安装井座、井盖，应设防护或警示标志，防止发生杂物落入和安全事故。

四、雨水支管施工

（一）挖槽

测量人员按设计图上的雨水支管位置、管底高度定出中心线并标记高程。

根据开槽宽度，撒开槽灰线，槽底宽一般采用管径外皮之外每边各加宽 3.0cm；根据道路结构厚度和支管覆土要求，确定在路槽或一步灰土完成后反开槽，开槽原则是能在路槽开槽就不在一步灰土反开槽，以免影响结构层整体强度；挖至槽底基础表面设计高程后挂中心线，检查宽度和高程是否平顺，修理合格后再按基础宽度与深度要求，立槎挖土直至槽底做成基础土模，清底至合格高程即可打混凝土基础。

（二）四合一法施工

四合一法施工即基础、铺管、八字混凝土、抹箍同时施工。

1. 基础

浇筑强度为 C10 水泥混凝土基础，将混凝土表面做成弧形并进行捣固，混凝土表面要高出弧形槽 1cm ~ 2cm，靠管口部位应铺适量 1 ∶ 2（体积比）的水泥砂浆，以便稳管时挤浆使管口与下一个管口黏结严密，防止接口漏水。

2. 铺管

在管子外皮一侧挂边线，以控制下管高程顺直度与坡度，要洗刷管子保持湿润。

将管子稳在混凝土基础表面，轻轻揉动至设计高程，注意保持对口和中心位置的准确。雨水支管必须顺直，不得错口，管子间留缝最大不准超过 1cm。灰浆挤入管内用弧形刷刮除，如出现基础铺灰过低或揉管时下沉过多，应将管子撬起一头或起出管子，铺垫混凝土及砂浆，且重新揉至设计高程。

支管接入检查井一端，如果预埋支管位置不准，按正确位置高程在检查井上凿好孔洞拆除预埋管，堵密不合格空洞，支管接入检查井后，支管口应与检查井内壁齐平，不得有探头和缩口现象，用砂浆堵严管周缝隙，并用砂浆将管口与检查井内壁抹严、抹平、压光，检查井外壁与管子周围的衔接处，如果存在缝隙应用水泥砂浆抹严。

靠近收水井一端在尚未安收水井时，应用干砖暂时将管口塞堵，以免灌进泥土。

3. 八字混凝土

当管子稳定并完成捣固工作之后，按照要求角度抹出八字。

4. 抹箍

管座八字混凝土灌好后，立即用 1 ∶ 2 水泥砂浆抹箍。

抹箍的材料规格，水泥用强度等级 32.5 以上水泥，沙用中沙，含泥量不大于 5%；接口工序是保证质量的关键，不能有丝毫马虎。抹箍前先将管口洗刷干净，保持湿润，砂浆应随拌随用。

抹箍时先用砂浆填管缝压实略低于管外皮，如砂浆挤入管内用弧形刷随时刷净，然后刷水泥素浆一层宽 8cm ~ 10cm，再抹管箍压实，并用管箍弧形抹子赶光压实；为确保管箍和管基座八字连接一体，在接口管座八字顶部预留小坑，当抹完八字混凝土立即抹箍，管箍灰浆要挤入坑内，使砂浆与管壁黏结牢固；管箍抹完初凝后，要盖草袋洒水养护，注意勿损坏管箍。

（三）包管加固

凡支管上覆土不足 40cm，需上大碾碾压者，应作 360° 包管加固。在第一天浇筑基础下管，用砂浆填管缝压实略低于管外皮并做好平管箍后，于次日按设计要求打水泥混凝土包管，水泥混凝土必须插捣振实，注意养护期内的养护，完工后支管内要清理干净。

（四）支管沟槽回填

回填应在管座混凝土强度达到50%以上进行；应在管子两侧用8%灰土同时进行雨水支管预拌回填，管顶40cm范围内用人工夯实，夯实度要与道路结构层相同。

（五）升降检查井

城市道路在路内有雨污水等各种检查井，在道路施工中，为了保护原有检查井井身强度，一般不准采用砍掉井筒的施工方法。

开槽前用竹竿等物逐个在井位插上明显标记，堆土时要离开检查井0.6m ~ 1.0m，不准推土机正对井筒直推，以免将井筒挤坏。井周土方采取人工挖除，井周填石灰土基层时，要采用火力夯分层夯实。

凡升降检查井取下井圈后，按要求高程升降井筒，如升降量较大，要考虑重新收口，使检查井结构符合设计要求。

井顶高程按测量高程在顺路方向井两侧各2m，垂直路线方向井每侧各1m，挂十字线稳好井圈、井盖。

检查井升降完毕后，立即将井子内里抹砂浆面，在井内与管头相接部位用1 ： 2.5砂浆抹平压光，最后把井内泥土杂物清除干净。

井周除按原路面设计分层夯实外，在基层部位距检查井外墙皮30cm中间，浇筑一圈厚20cm ~ 22cm的C30混凝土加固。顶面在路面之下以便铺筑沥青混凝土面层。在井圈外仍用基层材料回填，注意夯实。

第四章 水泥路面养护维修

第一节 水泥路面病害维修

一、裂缝与断板维修

水泥混凝土路面裂缝与断板的形式是多种多样，其产生的原因也是多种多样的。有施工养生不当引起的早期表层开裂，有基层脱空引起的面板全厚度断裂，有在荷载和温度应力共同作用下的疲劳开裂，有活性集料反应引起的网裂，也有板长过长的翘曲或过量收缩而产生的板角和横向裂缝等。裂缝与断板的出现如果不及时维修处治，病害将继续扩大，面板将丧失传荷作用，导致路面的严重损坏，影响行车安全。

（一）裂缝的类型及产生的原因

水泥路面裂缝可分为表面裂缝和贯穿板全厚裂缝（以下简称贯穿裂缝）。混凝土板表面裂缝主要是混凝土浇筑后表面未及时养生，在炎热或大风天气表面游离水分蒸发过快，混凝土体积急剧收缩和碳化收缩引起的。贯穿裂缝又有横向裂缝、纵向裂缝、交叉裂缝和板角裂缝等。横向裂缝主要由干缩、温缩和切缝不及时造成，纵向裂缝主要由路基或基础不均匀沉降以及板底脱空造成，交叉裂缝和板角裂缝主要是由荷载、温度和基础不均匀沉降等综合因素造成。

（二）断板产生的原因

由纵向、横向、斜向交叉裂缝发展而产生的贯穿板厚折断成两块以上的水泥混凝土路面板称为断板。混凝土面板浇筑完成后，未完全硬化和开放交通就出现的断板为早期断板或施工断板；混凝土面板开放交通后出现的断板称为使用期断板或后期断板。

（三）裂缝与断板的维修

裂缝与断板的维修，应根据其损坏程度，采取不同的维修方法和使用不同的维修材料。

1. 维修材料

裂缝与断板的维修材料，根据其功能可分为密封材料和补强材料。当水泥混凝土路面出现裂缝或贯穿裂缝而板面强度仍能满足使用要求时，应选用密封维修材料；当路面由于裂缝断裂造成了强度不足时，应选用补强材料。

密封材料宜选用聚氨酯、聚硫环氧树脂（聚硫橡胶 + 环氧树脂）等高分子工程材料。

高模量补强材料宜选用经过改性的环氧树脂类材料或经乳化反应过的环氧树脂乳液。

2. 裂缝维修

（1）扩缝灌浆法

该法适用于裂缝宽度小于 3 mm 的表面裂缝。其修补工艺如下：

①扩缝

顺着裂缝用冲击电钻将缝口扩宽成 1.5 cm ～ 2 cm 沟槽，槽深根据裂缝深度确定，最大深度不得超过板厚的 2/3。

②清缝填料

清除混凝土碎屑，用压缩空气吹净灰尘，并填入粒径 0.3 cm ～ 0.6 cm 的清洁石屑。

③配料灌缝

采用聚硫橡胶：环氧树脂 =6 ：2 ～ 6 ：16。配成聚硫环氧树脂灌缝料，拌和均匀并倒入灌浆器中，灌入扩缝内。

④加热增强

宜用红外线灯或装有 60 ～ 100 W 灯泡的长条形灯罩，在已灌缝上加温，温度控制在 50℃ ~ 60℃，加热 1 ～ 2 h 即可通车。

（2）直接灌浆法

该法适用于裂缝宽度大于 3 mm，且无碎裂的裂缝。其修补工艺如下：

①清缝

将缝内泥土、杂物清除干净，并确保缝内无水、干燥。

②涂刷底胶

在缝两边约 30 cm 的路面上及缝内涂刷一层聚氨酯底胶层，其厚度为 0.3 ± 0.1 mm。

③配料灌缝

由环氧树脂（胶结剂）、二甲苯（稀释剂）、邻苯二甲酸二丁酯（增稠剂）、乙二胺（固化剂）、水泥或滑石粉（填料）组成。采用配合比为胶结剂 = 稀释剂增稠剂：固化剂填料 =100 ：40 ：10 ：8 ：（200 ～ 400）。视缝隙宽度掺加，按比例配制好，并搅拌均匀后将配料直接灌入缝内，养护 2 ～ 4 h 即可开放交通。

（3）条带罩面补缝法

该法适用于贯穿全厚大于 3 mm、小于 15 mm 的中等裂缝。其罩面补缝工艺如下：

①切缝

顺裂缝两侧各约 15 cm，且平行于缩缝切 7 cm 深的两条横缝。

②凿除混凝土

在两条横缝内侧用风镐或液压镐凿除混凝土，深度以 7cm 为宜。

③打钯钉孔

沿裂缝两侧 15 cm，每隔 50 cm 钻一对钯钉孔，其直径各大于钯钉直径 2 mm ~ 4 mm，并在两钯钉孔之间打一与耙钉孔直径相一致的钯钉槽。

④安装钯钉

用压缩空气吹除孔内混凝土碎屑，将孔内填灌快凝砂浆，把除过锈的钯钉（宜采用 Φ6 mm 螺纹钢筋）弯勾长 7 cm，插入钯钉孔内。

⑤凿毛缝壁

将切割的缝内壁凿毛，并清除松动的混凝土碎块及表面松动裸石。

⑥刷黏结砂浆

将修补混凝土毛面上刷一层黏结砂浆。

⑦浇筑混凝土

应浇筑快凝混凝土，并及时振捣密实，磨光和喷洒养护剂，其喷洒面应延伸到相邻老混凝土面板 20 cm 以上。

（4）全深度补块法

该法适用于宽度大于 15 mm 的严重裂缝。全深度补块法又分为集料嵌锁法、刨挖法、设置传力杆法。

①集料嵌锁法

该法适用于无筋混凝土路面交错的接缝，且接缝的间隔小于 300 cm ~ 400 cm。其施工工艺如下：

1）画线、切割

将修补的混凝土路面沿面板平行于横向纵缝画线，并沿画线用切割机进行全深度切割，在全深度补块的外侧锯 4 cm 宽、5 cm 深的缝。

2）破碎、凿毛

用风镐破碎并清除旧混凝土，将全深锯口和半锯口之间的 4 cm 宽条混凝土垂直面凿成毛面。

3）基层处理

基层强度如果符合规范要求，应整平基层，若低于规范要求应予以补强，并严格整平；若基层全部损坏或松软，应按原设计基层材料重新做基层。

4）混凝土配合比

新的混凝土配合比应与原混凝土材料一致。若采用 JK 系列混凝土快速修补材料，水灰比以 0.30 ~ 0.40 为宜，坍落度宜控制在 2 cm 内。混凝土 24 h 的弯拉强度应不低于 3.0 MPa。

5）混凝土拌和、摊铺

严格按配合比用搅拌机将混凝土搅拌均匀，将拌好的混合料摊铺在补块区内，并振捣密实。浇筑的混凝土面层应与相邻路面的横断面高程一致，其表面纹理应原路面相同。

6）养生

补块的养生宜采用养护剂养生，其用量根据养护剂材料性能确定。

7）接缝处理

做接缝时，将板中间的各缩缝锯切 1/4 板厚处，并将接缝材料填入缩缝内。

8）浇筑混凝土达到通车强度后，即可开放交通。

②刨挖法（倒 T 形法）

该法适用于接缝间传荷很差的部位。其施工工艺如下：

其施工要求按集料嵌锁法的进行。

在相邻板横边的下方暗挖一块面积为 15 cm × 15 cm 的槽，用于传递荷载。

③设置传力杆法

该法适用于在寒冷气候和承受重型交通荷载的混凝土路面。其施工工艺如下：

其施工要求按集料嵌锁法的进行；

处理基层后，应修复、安设传力杆和拉杆；

原混凝土面板没有传力杆和拉杆折断时，应用与原尺寸相同的钢筋焊接或重新安设。安装时应在板厚 1/2 处钻出比传力杆直径大 2 mm ~ 4 mm 的孔，孔中心间距 30 cm，其误差不应超过 3 mm；

横向施工缝传力杆直径为 Φ25 mm 的光圆钢筋，长度为 45 cm，嵌入相邻保留板内深 22.5 cm；

拉杆孔直径宜比拉杆直径大 2 mm ~ 4 mm，并应沿相邻板间的纵向缝，在板厚 1/2 处钻孔，中心距为 80 cm。拉杆采用 Φ16 mm 螺纹钢筋，长 80 cm（40 cm）嵌入相邻车道的混凝土面板内；

传力杆和拉杆宜用环氧砂浆牢牢地固定在规定位置。摊铺混凝土前，光圆传力杆的伸出端应涂少许润滑油；

新补块与沥青混凝土路肩相接时，应和现有路肩齐平；

传力杆若安装倾斜或松动失效，应予以更换。

二、接缝、板边与板角修补

水泥混凝土路面接缝包括纵向施工缝、纵向缩缝、横向施工缝、横向缩缝等。接缝是水泥混凝土路面的薄弱环节，经常出现接缝填料损坏、纵向接缝张开、接缝板边和板角碎裂等病害，由于这些病害的产生，地面水从接缝渗入，使路面基层强度降低，在行车荷载作用下，导致唧泥、脱空、断板、沉陷等病害的产生，影响水泥路面的使用质量，因此，对接缝必须加强养护和修补，使水泥路面经常处于良好状态，延长水泥路面的使用寿命。

（一）接缝病害产生的原因

灌缝材料的老化、脱落，软化和溢出；

垫料的老化、变形、脱落；

接缝结构、机能不完善；

接缝内嵌入硬物会造成接缝处剥落或胀裂；

填缝材料和接缝板质量欠佳。

（二）接缝的修补

1. 接缝填缝料损坏修补

清缝。用清缝机清除接缝内杂物，并将接缝内灰尘吹净；

接缝作胀缝修补时，先将建筑热沥青涂刷缝壁，再将接缝板压入缝内。对接缝板接头及接缝与传力杆之间的间隙，必须用填缝料灌实抹平，上部用嵌缝条的应及时嵌入嵌缝条；

用加热式填缝料修补时，必须将填缝料加热至灌入温度，滤去杂物，倒入填缝机内即可填缝。在填缝的同时，宜用铁钩来回拌动，以增加与缝壁的黏结和填缝的饱满，在气温较低季节施工时，应先用喷灯将接缝预热；

用常温式填缝料修补时，除无须加热外，其施工方法与加热式填缝料相同；

填缝料的技术要求应符合规定；

施工质量验收标准应符合现行规范的规定。

2. 纵向接缝张开维修

当相邻车道面板横向位移、纵向接缝张开宽度在 10 mm 以下时，宜采取聚氯乙烯胶泥、焦油类填缝料和橡胶沥青等加热施工填缝料。

当相邻车道面板横向位移，纵向接缝张口宽度在 10 mm ~ 15 mm 时，宜采取聚酯类常温施工式填缝料进行维修。

维修前应清除缝内杂物和灰尘；

按材料配比配制填缝料；

宜采用挤压枪注入填缝料；

填缝料固化后，方可开放交通。

当纵向接缝张口宽度为 15 mm ~ 30 mm 时，采用沥青砂进行维修。

当纵缝宽度达 30 mm 以上时，可在纵缝两侧横向锯槽并凿开，槽间距 60 cm，宽 5 cm，深 7 cm。要设置 Φ2 mm 螺纹钢筋钯钉，钯钉在老混凝土路面内的弯钩长度为 7 cm。纵缝内部的凿开部位用同强度等级的水泥混凝土填补，纵缝一侧涂刷沥青。

3. 接缝板边出现碎裂时接缝的修补

在破碎部位边缘，用切割机切割成规则图形，其周围切割面应垂直板面，底面宜为平面；

清除混凝土碎块，吹净灰尘杂物，并保持干燥状态；

用高模量补强材料进行填充，其材料技术性能应符合规定；

修补混凝土达到通车强度后，方可开放交通。

（三）板边、板角修补

1. 板边剥落和板角断裂产生的原因

接缝或纵横缝交叉处，水的浸入易产生唧泥、脱空，导致板边或角隅应力增大，产生破损或断裂；

接缝处缺乏传荷能力或板块边缘附近的传力杆失效；

路基基层在荷载和水的作用下，逐渐产生塑性变形，使板边、板角应力增大，产生剥落和断裂；

面板边缘的接缝中嵌入硬物等。

2. 板边剥落、板角断裂修补

（1）板边修补

当水泥混凝土板边轻度剥落时，应将混凝土剥落的碎块清理干净，可用灌缝材料填充密实，修补平整；

当水泥混凝土板边严重剥落时，在剥落混凝土外侧，平行于板边画线，用切缝机切割混凝土，切割深度略大于混凝土剥落深度，用风镐凿除损坏混凝土，用压缩空气清除混凝土碎屑立模，浇筑混凝土修补材料，用养护剂养生，达到设计强度后，即可开放交通；

当水泥混凝土板边全深度破碎，可按全深度补块的方法进行修复。

（2）板角修补

板角断裂应按破裂面的大小确定切割范围并放样；

用切割机切边缝，用风镐凿除破损部分，凿成规则的垂直面，对原有钢筋不应切断，如果钢筋难以全部保留，至少也要保留长 20 cm ~ 30 cm 的钢筋头，且应长短交错；

检查原有的滑动传力杆，如果有缺陷应予更换，并在新老混凝土之间加设传力杆；

如基层不良时，应用 C15 混凝土浇筑基层，并在面板板厚中央用冲击钻打水平孔，深 20 cm、直径 30 cm、水平间距 30 cm ~ 40 cm。每个洞应先将其周围湿润，先用快凝砂浆填塞捣实，然后插一根直径为 2 cm 的钢筋，待砂浆硬化后，浇筑快凝混凝土；

与原有路面板的接缝如为缩缝，应涂上沥青，防止新旧混凝土黏结在一起；如为胀缝，应设置接缝板；

浇筑的混凝土硬化后，用切割机切出宽 3 mm、深 4 cm 接缝槽，并用压缩空气清缝，灌入填缝材料；

待混凝土达到强度后，方可开放交通。

三、错台处治

水泥混凝土路面错台，轻者影响行车的舒适性，重者危及行车安全，应根据错台轻重程度采取不同措施及时维修处治。

（一）错台产生的主要原因

路基基层碾压不密实，强度不足；

局部地基不均匀下沉或矿区地基大面积沉陷；

水浸入基层，行车荷载使路面板产生泵吸现象；

传力杆、拉杆功能不完善或失效。

（二）错台处治的方法

对于轻微错台，其高差小于 5 mm 时，可不做处理。

对于高差为 5 mm ～ 10 mm 的错台，其处治方法有如下 3 种。

1. 人工处治法

划定错台处治范围；

用钢尺测定错台高度；

用平头钢凿由浅到深从一边凿向另一边，凿后的面板应达到基本平整；

清除接缝杂物，吹净灰尘，及时灌入填缝料。

2. 机械处治法

用磨平机从错台最高点开始向四周扩展，边磨边用 3 m 直尺找平，直至相邻两块板齐平为止；

磨平后，应将接缝内杂物清除干净，并吹净灰尘，及时将嵌缝料填入。

3. 人工配合机械处治法

即先人工将高出的错台板基本凿平，然后用磨平机磨平，并清缝灌入填缝料。

对于高差大于 10 mm 的严重错台，可采取沥青砂或水泥混凝土进行处治。

（1）沥青砂填补法（此法不宜在冬季进行）。

清除路面杂物和灰尘；

喷洒一层热沥青或乳化沥青，沥青用量为 0.4 ～ 0.6 kg/m^2o；

摊铺沥青砂，修补面纵坡坡度小于等于 1%；

沥青砂填补后，应用轮胎压路机碾压；

待沥青砂修补层冷却成型后才能开放交通。

（2）水泥混凝土修补法

用风镐将错台下沉板凿除 2 cm ～ 3 cm，修补长度按错台高度除以坡度（1%）计算；

用压缩空气清除毛面混凝土上的杂物；

浇筑细石混凝土；

喷洒养护剂，养护混凝土；

待混凝土达到通车强度后，即可开放交通。

四、沉陷、拱起处理

沉陷是水泥混凝土路面严重病害之一。它可导致面板的错台，严重破碎以致影响到行车安全。因此，必须设置排水措施，对严重沉陷应即时处治，其方法有板块灌砂顶升法、千斤顶顶升法和整块板翻修法等。

（一）沉陷的主要原因

路基基层稳定性不够，强度不均匀，造成地基不均匀下沉。

排水设施不完善，地面水渗入基层导致基层强度减弱，唧泥、面板严重破碎造成面板沉陷。

（二）沉陷处理

1. 板块灌砂顶升法

板在顶升前，应用水准仪测量下沉板的下沉量，测站与下沉处距离应大于 50 m，并绘出纵断面，求出升起值。

在每块板上，钻出两行与纵轴平行的直径为 3 cm 的透孔，孔的距离约为 1.7 m，当板需要从一侧升起时，只需在升起部分钻孔。

在升起前将所有孔用木塞堵好，一孔一孔地灌砂，充气管与板接头处，用麻絮密封，用排气量为 6 m^3 ~ 10 m^3/min 的空气压缩机向孔中灌砂，直至砂冒出缝外时为止。

板升起后，接连往另一个孔中灌砂，直至下沉板全部顶升就位。

2. 整板翻修法

当水泥混凝土整板沉陷并产生破碎时，应进行整板翻修。

宜用液压镐将旧板凿除，尽可能保留原有拉杆，并清运混凝土碎块。

将基层损坏部分清除，并整平压实。

①对基层损坏部分，宜采用 C15 混凝土补强，其补强混凝土顶面高程应与旧路面基层顶面高程相同。②宜在混凝土路面板接缝处的基层上涂刷一道宽 20 cm 的薄层沥青。

整块翻修的面板在路面排水不良地带，路面板边缘及路肩应设置路基纵横向排水系统。

①单一板块翻修时，应在路面板接缝处设置横向盲沟。②路面有纵坡时，宜设置纵向盲沟，在纵坡度底部设置横向盲沟。

板块修复，混凝土施工时，配合比及所有材料宜采用快速修补材料。

①按配合比采用混凝土搅拌机拌和混凝土材料。②将拌和好的混合料用翻斗车运送到施工现场，进行人工摊铺。③宜采用插入式振捣器振捣边角混凝土，并用振动梁刮平泥浆，人工抹平，要求与原混凝土板面高低一致。④按原路面纹理对混凝土表面进行处理。⑤宜采用养护剂进行养护。⑥相邻板边的接缝，用切缝机切至 1/4 板块深度。⑦清除缝内杂物，灌入接缝材料。⑧待混凝土达到通车强度后，开放交通。

（三）拱起处理

水泥混凝土路面拱起主要是因胀缝失效，混凝土板块热胀而突然使横缝两侧的板体明显提高，其处理措施应根据具体情况，采取不同的方法。

1. 路面拱起的主要原因

非高温季节施工时，胀缝设置间距过长或失效；

接缝内嵌入硬物；

夏季连续高温，使板体热胀。

2. 拱起处理方法

对轻微拱起处理：用切缝机或其他机具将拱起板间横缝中的硬物切碎；

用压缩空气将缝中石屑等杂物和灰尘吹净，使板块恢复原位，并灌入填缝料。

对严重拱起处理：板端拱起但路面完好时，应根据拱起高低程度，计算多余板的长度，将拱起板块两侧附近 1 ~ 2 条横缝切宽，待应力充分释放后切除拱起端，逐渐使板块恢复原位；

将横缝和其他接缝内的杂物、灰尘用空气压缩机清除干净，并灌入填缝料。

拱起板端发生断裂或破损时，按整块路面板翻修进行。

胀缝间因传力杆部分或全部在施工时设置不当，使板受热时不能自由伸长而发生拱起，应重新设置胀缝，按胀缝施工进行。

五、坑洞修补

水泥混凝土坑洞的产生主要是粗集料脱落或局部振捣不密实等原因。坑洞尽管对行车影响不大，但对路面的外观和表面功能都有较大影响。因此，对坑洞应根据实际情况采取相应措施进行修补。

（一）对个别坑洞的修补

用手工或机械将坑洞凿成矩形的直壁槽；

用压缩空气把槽内的混凝土碎块及尘土吹净；

用海绵块沾水后湿润坑洞，不得使坑洞内积水；

用高强度等级水泥砂浆等材料填补，并达到平整密实。

（二）对较多坑洞的修补

对较多坑洞且连成一片，面积在 20 m^2 以内的坑洞，应采取罩面方法修补：

画出与路中心线平行或垂直的修补区域图形；

用切割机沿修补图形边线切割 5 cm ~ 7 cm 深的槽，槽内用风镐清除混凝土，使槽底平面达到基本平整，并将切割的光面凿毛；

用压缩空气吹净槽内混凝土碎屑和灰尘；

按混凝土配合比设计配制修补混凝土；

将拌和好的混凝土填入槽内，人工摊铺、振捣密实，并保持与原路面齐平；

喷洒养护剂养生；

待混凝土达到通车强度后，方可开放交通。

（三）对大面积坑洞的修补

对面积大于 20 m^2 深度 4 cm 左右成片的坑洞，可用浅层结合式表面修复或沥青混凝土罩面进行修补。

1. 浅层结合式表面修复

将连成片的坑洞周围标画出与路中心线平行或垂直的区域，并用风镐凿除深度 2 cm ~ 3 cm；

将修复区内凿掉的混凝土碎块运出，并清除其碎屑和灰尘；

在修复区表面用水喷洒湿润，并适时涂刷黏结剂；

将拌和好的混凝土摊铺于修复区内振捣、整平；

用压纹器压纹，压纹深度宜控制在 3 mm 左右；

养生，使修复板块经常处于潮湿状态；

待混凝土达到通车强度后，方可开放交通。

2. 沥青混凝土罩面修补

画出与路中心线平行或垂直的处治区，并用切割机在其周围切割 2 cm ~ 3 cm 深度；

用风镐凿除处治区内的混凝土，并清除混凝土块、碎屑和灰尘；

将切割的槽壁面和凿除的槽底面喷洒黏层沥青，其用量为 0.4 ~ 0.6 kg/m^2；

铺筑沥青混凝土，并碾压密实；

待沥青混凝土冷却后，即可开放交通。

六、换板

水泥混凝土路面，由于施工、养护和自然因素等原因，使路面产生严重的沉陷或严重的破碎板等病害，而且集中于一块板内。这时，正常的养护手段无济于事，只能通过整块面板的翻修，才能恢复其使用功能。

整块面板翻修的方法和工艺如下：

（一）清除混凝土碎块

首先，用风镐或液压镐凿除损坏的水泥混凝土板块，尽可能保留原有拉杆、传力杆，若拉杆、传力杆发生损坏，应该重新补设，将破碎的混凝土碎块，清运至指定的堆放场地。

（二）处治基层

视基层损坏程度采取不同的处治方法：

基层损坏厚度小于 8 cm，整平基层压实后，可直接浇筑与原路面强度相同的水泥混凝土，其施工方法应符合水泥混凝土路面施工规范要求。

基层损坏厚度大于 8 cm，且坑洼不平，应首先整平、压实基层后，采用 C15 贫混凝土进行补强，其补强层顶面高程应与旧路面基层顶面高程相同。

基层损坏极为严重，其厚度大于 20 cm 时，应分层处理基层，其材料应符合相关规定。

在基层上，按 0.5 kg/m^2 沥青用量，喷洒一层乳化沥青，作为防水层。

（三）排水处理

对于翻修的混凝土板，处在路面排水不良地带，路面板的边缘及路肩应设置路基纵、横向排水系统。

单一边板翻修时，应在路面板缩缝处设置横向盲沟。

连续数块混凝土板块翻修时，宜设纵、横向盲沟，并应在纵坡底部设置横向盲沟。

（四）水泥混凝土翻修工艺

混凝土施工时配合比及所用的材料，应根据路面通车时间的要求，选用快速修补材料。

将混凝土拌和机设置在施工现场附近，可采用翻斗车运送混合料。

混合料的摊铺由运输车辆直接卸在基层上，混合料尽可能卸成几个小堆，用铁锹摊均匀，严禁使用钉耙耧耙，以防离析，摊铺的材料厚度，应考虑振实的影响而预留一定的高度，松铺系数一般控制在 1.1 左右，或根据实际情况确定。

混合料的振捣应先用插式振捣器在板边、角隅处或全面振捣一次，同一位置不少于 20 s，再用平板振捣器全面振捣，振捣时应重叠 10 cm ~ 20 cm，不小于 15 ~ 30 s，以不再冒泡并泛出水泥浆为止，全面振捣后再用振动梁振实整平，往返拖拉 2 ~ 3 遍，使表面泛浆，并赶出气泡，振动梁移动的速度应缓慢而均匀，其速度以 1.2 ~ 1.5 m/min 为宜。对不平处，应及时人工补平，最后用滚杆进一步滚动表面，使表面进一步提浆。新浇的混凝土表面与旧混凝土表面不平整时，应填补找平并重新振滚平整。

混凝土表面整修，应用木抹多次抹面至表面无泌水为止。发现面板低凹处，应填补混凝土，并用 3 m 直尺检查平整度。

按原路面纹理修面，可用尼龙丝刷或拉槽器在混凝土表面横向拉槽。

混凝土硬化后，要在尽早的时间内用切缝机切缝，切缝深度宜为板块 1/4 厚度，合适的切缝时间须依据经验并进行试切后决定。

混凝土板块的养生措施：①混凝土板抹平之后，可在混凝土板块表面喷洒养护剂进行养生，养护剂应在纵横方向交叉喷洒，养护剂洒布要均匀，其用量不得少于 350 g/m²。

混凝土也可采取洒水养生，用草帘或麻袋覆盖在混凝土板表面，每天洒水 2 ~ 3 次，使水泥混凝土板块经常保持潮湿状态。

在水泥混凝土板块养护期满后，应立即进行接缝填封。

接缝填缝材料分接缝板和填缝料两种。填缝料又分为加热施工式及常温施工式两种。接缝板和填缝料的技术要求，应符合相关规定。

填缝前，接缝缝内必须清理干净，灌注填缝料必须在缝槽干燥状态下进行，其灌注深度以 3 cm ~ 4 cm 为宜，下部可填入多孔柔性材料。

填缝料的灌注高度，夏天应与面板齐平，冬天宜稍低于面板。

待混凝土强度达到设计要求后，即可开放交通。

七、表面功能恢复

水泥混凝土路面通车 3 ~ 5 年，路面表面会出现磨光和露骨现象，尤其是耐磨性较差的粗集料、强度不高的水泥和混凝土强度偏低的情况下，路面表面磨损较为突出，影响路面的使用功能。

为此通常采用铺薄层水泥砂浆、沥青磨耗层和刻槽的方法来改善和恢复水泥混凝土路面表面功能。

（一）薄层水泥混凝土罩面

对局部板块出现的露骨，可采用薄层水泥混凝土罩面。

用风镐凿除水泥混凝土面板表面，凿除深度为 1 cm ～ 5 cm；

清除水泥混凝土碎屑和松散块，用高压水冲洗水泥混凝土板块毛面，用压缩空气清除水泥混凝土板块表面水分；

在现浇混凝土板边立模；

在水泥混凝土毛面上按 1 kg/m^2 涂上一层界面黏结剂。界面黏结剂有较好的黏结性能，黏结强度高达 4.75 MPa。界面黏结剂分 A、B 两组分，施工时现配现用，比例为：A 组分：B 组分 =10 ：1.5。

配制快速修补混凝土。

（二）刻槽

对于弯道、陡坡等磨光的路段，可采用刻槽的方法进行处治。

采用自行式刻槽机进行刻槽。使用圆盘形的金刚石刀片、碳化钙冲头等，在路面上切成窄槽。这种方法可以防止雨天路面打滑现象。

防滑槽的方向主要有两种：①常采用的纵向刻槽，可以防止横向滑动与横向风力所造成的事故。②横向刻槽，对缩短制动距离效果较好，适用于陡坡路段、交叉路口附近等。在路线纵向或横向，指定的方向上安置导向轨道，将导向轮扣在导向轨道上。

防滑槽可根据刀片的宽度来选定适宜的形状。一般常用的刻槽深度为 3 mm ～ 6 mm，槽宽为 3 mm ～ 6 mm，缝距为 19 mm ～ 50 mm。

刻槽时应由高向低逐步推进。

（三）沥青磨耗层

对于水泥混凝土路面较大范围的磨光或露骨可铺设沥青磨耗层。

对水泥混凝土板块进行修整和处理。在沥青磨耗层铺筑前，水泥混凝土路面应做到干燥、清洁，不得有尘土、杂物或油污；

在水泥混凝土路面表面喷洒 0.4 ～ 0.6 kg/m^2（沥青含量）的黏层沥青，可采用热沥青、乳化沥青，尽可能采用快裂型乳化沥青；

采用沥青洒布车喷洒黏层沥青。在路缘石、雨水进水口、检查井等局部位置与沥青面层接触处用刷子人工涂刷；

喷洒黏层沥青应均匀洒布或涂刷，喷洒过量处应予刮除；

当气温低于 10 C 或路面潮湿时，不得喷洒黏层沥青；

喷洒黏层沥青后，除沥青混合料运输车辆外，严禁其他车辆、行人通过；

乳化沥青破乳、水分蒸发完后铺筑沥青层；

沥青磨耗层采用砂粒式沥青混凝土，厚度一般为 1.0 cm ～ L5 cm。

（四）稀浆封层

对大面积露骨或磨光的路段可采用稀浆封层进行处治。稀浆封层的施工温度不得低于 10℃。水泥混凝土路面表面要清洁、干燥。稀浆封层机施工时应匀速前进，稀浆封层厚度应均匀、表面平整，稀浆封层机摊铺时应保持槽内有近半槽稀浆，摊铺过程中出现局部稀浆过厚现象时，要用橡皮板刮平。稀浆过少应用铁铲取浆补齐。流出的乳液要用刮板刮平，摊铺起终点接头处须平直整齐。稀浆封层铺筑后应封闭交通。待乳化沥青破乳、水分蒸发、干燥、路面成型后方可开放交通。开放交通初期应有专人指挥，控制车速不得超过 20 km/h，并不得制动调头。

（五）改性乳化沥青稀浆封层（微表处）

普通的稀浆封层厚度一般为 3 mm ～ 6 mm。改性稀浆封层（微表处）的厚度可达 9.5 mm ～ 11 mm，改性沥青稀浆封层的施工程序与普通稀浆封层基本相同，但必须使用具有储料、选料、拌和、摊铺计量控制等功能的稀浆封层机。将各种原材料的储存、运输、计量、拌和、摊铺、整平及其控制系统集中于一台载重车底盘上，按比例要求，用很短时间制成混合料，并摊铺在路面上。

改性稀浆封层必须采用慢裂快凝的改性乳化沥青，在标准气温 25℃时，拌和时间不小于 120 s；当气温为 30℃时，拌和时间应不少于 180 s。拌和后的混合料、沥青能均匀地裹覆在集料表面上，没有花白现象。拌完的混合料在手中用力攥紧，能攥出水并黏成黑球，落地后不散。

施工前对原水泥路面进行修补，如水泥砂浆板下封堵，改性乳化沥青灌缝，清洗原路面等工作。在原水泥混凝土路面上按沥青用量 0.15 ～ 0.3 kg/m^2 喷洒黏层沥青。

改性稀浆封层现场开始施工阶段，由于现场的气候与集料的情况变化多端，室内外条件瞬息多变，混合料的破乳与凝固速度不断变化，因而在室内选下的配合比数据，必须结合现场情况，做进一步调整，然后确定现场最适合的配比，但是这个配比也随着气候在改变，操作人员必须熟练地掌握变化规律。

施工工艺流程：封闭施工路段—清洗原路面—喷洒黏层沥青—施工放样—各种原料、机械设备、训练有素的工人的准备—摊铺施工—早期养护或轮胎碾压—开放车辆通行。

刚铺完的稀浆封层，采取各种措施封闭交通，保证早期养护、禁止行车碾压，待混合料达到初凝时间或摊铺 0.5 h 后，可用 10 t 轮胎压路机碾压（不能用钢轮压路机），因为碾压后可把封层中析出的水挤出，提高封层的密实度与强度，加快开放行车时间，提高封层抗制动能力，消除纵缝与横缝的不平。混合料摊铺 1 h 后，可开放交通（CT 值应大于 2.0 N · m）。

第二节 水泥路面加铺改造

水泥路面，在长期使用和重载交通的作用下，出现较多损坏，当路面结构承载能力不满足现有交通的要求时，应采取铺筑沥青混凝土或水泥混凝土加铺层措施提高其承载能力。

对于一条需要改造的旧水泥路面，首先要对旧路的路况进行检测和评价，路面状况调查和评价通常包含路面损坏状况、接缝传荷能力及板底脱空等内容。旧水泥板是否继续作为面层的承重结构层，决定了旧水泥路面改造的两种方式：旧路加铺改造、旧路改建。原路面不作为新路面的承重结构层称为旧路改建，原路面还作为新路面的承重结构层称为加铺改造。

一、水泥路面加铺方案

（一）水泥混凝土路面加铺方案

旧水泥混凝土路面上加铺改造方案有：水泥混凝土加铺层、沥青混凝土加铺层（俗称白加白、白加黑）两种。水泥混凝土加铺层有结合式和分离式两种，混凝土加铺层材料可采用普通混凝土、钢筋混凝土、纤维混凝土和连续配筋混凝土；沥青加铺层有：单层式、双层式和多层式；加铺层包括防水层、防裂层、表面功能层等。

加铺方式应根据原有水泥路面的结构与材料情况、损坏状况、排水状况、接缝类型和布置、气候条件、交通状况、功能要求等条件来选择。加铺层结构应经过专业、正规的设计，经技术经济比较后确定。旧水泥路面加铺的前提条件为原有路面板状况基本完好，现有面板断板率不宜大于20%。加铺前要求处理的面板数量较少，旧混凝土板具有不小于4.0 ~ 4.5 MPa的残余弯拉强度，原板底设有适宜的具有稳固和足够厚度的基层，路基稳定无浸水软化、大面积沉陷现象。旧混凝土路面加铺前均应进行路况调查与评价，并对旧混凝土板进行处理。

旧混凝土路面的损坏状况和接缝传荷能力评定等级为中或次，或新旧混凝土板的平面尺寸不同，接缝形式或位置不对应或路拱横坡不一致时，应采用分离式混凝土加铺层。旧混凝土路面的损坏状况和接缝传荷能力评定等级为优良，面层板的平面尺寸及接缝布置合理，路拱横坡符合要求时，可采用结合式混凝土加铺层。

（二）水泥混凝土路面加铺方式

旧水泥混凝土路面加铺混凝土结构层的形式，应根据旧混凝土路面状况的分级情况、接缝布置及路拱等条件选择。对于大交通量、重载交通道路水泥路面，应采用连续配筋或钢筋混凝土加铺层，对于路面标高受到限制的路面、桥面铺装可采用纤维混凝土加铺层。

1. 结合式加铺层

结合式加铺层指对旧水泥混凝土板采取一定技术处理后，使加铺层与旧水泥混凝土板完全黏结在一起，此时认为两者之间的相对水平位移为零，即连续接触。结合式加铺层水泥混凝土厚度一般不小于 10 cm。

当旧路面的状况评级为“优”时，混凝土面板基本完好，新旧路拱坡度基本一致，接缝基本对齐，板的平面尺寸及接缝布置合理，为提高水泥路面的承载能力，可采用结合式加铺层，加铺层铺筑前，应对路面的结构性损坏进行修复，并对旧混凝土表面凿毛，仔细清洗，清除旧混凝土表面的油污，剥落板块及接缝中的杂物，重新封缝，并在洁净的旧混凝土路面上，涂刷水泥浆或水泥砂浆或环氧树脂等黏结材料，铺筑水泥混凝土加铺层。

2. 分离式加铺层

分离式加铺是指加铺层与旧水泥混凝土板之间设置了一层隔离层。沥青混合料隔离层厚度为 1.5 cm ~ 2.5 cm，分离式加铺层水泥混凝土层厚度一般不小于 18 cm。

当旧路面的状况评级为“中”“次”，或新旧混凝土板的平面尺寸不同，接缝位置不完全一致，或新、旧路面的路拱坡度不一致时，均应采用分离式加铺层。加铺层铺筑前应对旧路面中严重破碎、脱空、裂缝继续发展的板击碎并清除，用混凝土补平。隔离层材料采用油毡、土工布、沥青砂、细粒式沥青混凝土等稳定性较好的材料。

（三）沥青路面加铺方式

沥青路面加铺层厚度确定：能进行旧路加铺的前提是旧水泥路面仍具有一定的承载能力和传荷能力，可以作为加铺路面的一部分，此外，旧路的断板应在加铺之前进行换板处理。旧水泥路面和新加铺的沥青层构成了一个新型的路面结构——复合式路面结构。目前，加铺层的设计方法从设计理论上分为三种：有效厚度法、弯沉法和力学经验法。

二、旧水泥路面处治技术

（一）旧水泥混凝土路面的处治方案

水泥混凝土路面加铺改造技术比较复杂。其中如何处治和利用旧水泥路面，在合适的时间针对不同的路况选择合适的技术方案用在合适位置上，使原路面发挥最大的价值，是旧水泥路面加铺改造的关键技术。

旧水泥路面进行加铺改造的基础是原有水泥混凝土板状况基本完好，可继续作为路面结构的承重结构层，加铺改造前要求处理的面板数量较少，采用换板、压浆、修补和接缝维修等措施，基本恢复水泥混凝土的承重能力。而当旧混凝土面层损坏状况等级为差时，宜将混凝土板破碎，用作新建路面的底基层或垫层，并应按新建水泥混凝土路面或沥青路面类型进行设计。

（二）旧水泥混凝土路面技术调查

在对旧水泥混凝土路面进行加铺前，应对原有水泥混凝土路面做下列技术调查。

修建与养护的技术资料：包括路面结构与材料组成、接缝构造和养护历史等。

原有路面损坏状况：损坏类型、轻重程度、范围及修补情况。

路面结构强度：路面板边弯沉、接缝传荷能力、板脱空状况、面板厚度。

旧混凝土弯拉强度与弯拉弹性模量、基层顶面的当量回弹模量。

交通荷载与交通需求情况：累计标准轴载交通量、年平均交通量、轴载组成及增长率等。

环境条件：沿线气候条件、路基的填土高度、地下水位、多年平均最大冻深、排水与积水状况等。

（三）旧水泥混凝土路面板病害处理

1. 绘制旧水泥路面病害平面图

对旧水泥混凝土路面板块进行调查，按 1 km 绘制板块平面布置图，分板块逐一编号，调查路面板块损坏状况，绘制水泥路面病害平面图。

2. 按设计要求对旧混凝土板逐块进行处理

对脱空板块，可采用板下封堵的方法进行压浆处理。

对破碎板块、角隅断裂、沉陷、掉边、缺角等病害，可用液压镐或风镐挖除，清除混凝土碎屑，整平基层，将基层夯压密实，然后铺筑与旧混凝土板块等强度的水泥混凝土，其高程控制与旧混凝土板面高程齐平。

对接缝进行清缝、灌缝处理。

三、水泥混凝土加铺技术

（一）结合式加铺层

加铺之前采用专用打毛机、抛丸机、喷砂机或铣刨机将旧路面板表面打毛或铣刨，打毛深度一般宜控制在 2 mm ~ 3 mm，铣刨厚度一般宜为 5 mm ~ 15 mm。

经打毛、铣刨过的表面，已裸露粗集料或脱层的旧路面板表面，应使用高压水及空气冲洗，清除所有表面玷污的轮胎屑、尘土和污染物及有可能松动的脱落物、碎屑等物体。

立模时，在边模下预焊一个圆环，固定钢钎由圆环打入路肩基层中，中模底部每隔 1 m 用射钉工具枪喷射钢钉，并在旧混凝土的接缝处打入钢钎加以固定。在中、边模顶部每隔一定距离用活动卡规辅助固定，活动卡规可根据浇筑进度和实际需要随时推移装卸。

在经清洁湿润无游离水的混凝土表面涂刷水灰比不大于加辅层混凝土水灰比的水泥浆或环氧树脂等作为黏结层。暂停摊铺时，应在已洒布水泥浆黏结层上覆盖湿麻袋，灌浆后立即浇筑加铺层。

加铺层混凝土的摊铺、浇筑、振捣、整平、养生与一般混凝土路面施工工序基本相同。但为了使新旧混凝土路面间结合良好，振捣工序要认真仔细。平板振捣器每板振捣时间不少于 30 s ~ 40 s，振捣重叠 5 cm ~ 10 cm。

加铺层新旧面板所有纵横缩缝和胀缝均应缝对缝，切缝深度宜为加铺层厚度的 1/3；其胀缝宽度不应小于旧路面，并应插入胀缝板彻底隔离。模板拆除时，应在新旧对缝的锯缝位置做标记。

加铺层接合面检测应采用钻芯检测结合状态及层间抗剪强度，抗剪强度不应小于 0.15 MPa。

（二）分离式加铺技术

1. 旧混凝土顶面隔离层铺筑

隔离层铺筑前应先彻底清除旧面板表面杂物，冲刷尘污，使板面洁净无异物。用清缝机清除水泥混凝土面板接缝杂物，用灌缝机灌入接缝材料。

在旧混凝土表面撒布黏层沥青或透层沥青。施工路段长度在封闭交通施工的路段宜为 1 000 m ~ 1 500 m，一般不宜大于 1 500 m；在半幅通车半幅施工路段，宜为 500 m ~ 800 m，一般不宜大于 800 m。黏层沥青采用热沥青或乳化沥青。沥青用量为 0.5 ~ 0.8 kg/m^2（乳化沥青）或 1.0 ~ 1.5 kg/m^2（热沥青）；使用乳化沥青宜使用快裂洒布型乳化沥青 PC-3、PA-3. 乳液中沥青含量不小于 50%；洒布过量处应予刮除。透层沥青采用液体沥青；沥青用量为 0.3 ~ 0.5 kg/m^2（沥青混合料隔离层）或 0.5 ~ 0.8 kg/m^2（油毡或土工布隔离层）；使用液体沥青宜使用快、中凝液体石油沥青 AL（R）-1、2 或 AL（M）-3。严禁在已洒布或涂刷黏层沥青的面板上通行车辆和行人，并防止土石杂物等散落在沥青上面。

（1）沥青混凝土隔离层

砂粒式或细粒式沥青混凝土厚度宜 1.5 cm ~ 3 cm。摊铺宽度应超过加铺板边缘 25 cm，严禁出现空白区。碾压机械宜采用轮胎压路机，自路边向路中心碾压，边压边找平，至沥青混凝土隔离层平整无轮迹为止。

（2）沥青防水卷材隔离层

防水卷材的质量和技术标准应符合现行国家产品技术标准的要求。防水卷材隔离层有一毡一油或二毡二油，毡与毡之间黏层沥青用量以 0.5 ~ 0.8 kg/m，为宜。旧混凝土面板较完好、平整的可采用一毡一油；面板微裂缝较多，欠平整，宜采用二毡二油。沉陷深度不大于 10 mm、错台高度不大于 5 mm 的，应先采用沥青砂找平后，再在水泥混凝土路面上满铺沥青防水卷材。防水卷材宜纵向摊铺，每幅纵横向搭接宽度不应小于 20 cm，每层防水卷材的搭接位置上下应错开，搭接部分应涂刷热沥青。当地面或搭接部分沥青温度较低时，可用烘喷灯局部加热，再粘贴。摊铺时，边铺边用滚筒碾平压实，务必使毡、油贴紧。铺贴好的防水卷材隔离层，严禁车辆和行人通行，并保持洁净。铺筑混凝土加铺层时，应避免施工车辆、机械和人员损坏油毡隔离层，发现损坏应及时修补。

（3）土工布隔离层

土工布的质量和技术指标应符合相关要求。粘贴方法和技术要求与粘贴油毡的相同。

2. 水混凝土加铺层施工

水泥混凝土加铺层厚度，应通过计算确定，但水泥混凝土加铺层的最小厚度不得小于 18 cm。

水泥混凝土加铺层半幅施工时，边模板可采用槽钢，中模采用角钢，必须支立稳固，其平面位置与高度应符合设计要求。模板高度与面板厚度一致，允许误差为 ±2 mm。

模板安装宜采取由边模固定中模的方法边模由钢钎固定，中模每间隔 1 m 用膨胀螺丝将模板外侧底部预先定位固定。中、边模之间采用横跨两模板的活动卡梁固定。活动卡梁间距为 2 m，并随铺筑进度相应推移。

混凝土配合比设计，混合料搅拌、运输、摊铺、振捣、整平、接缝设置、表面修整、养护、锯缝、填缝等工艺应符合规定。

特重、重交通的高速公路、一级公路上的分离式加铺层中，在全部横向缩缝中应增设传力杆，在纵缝中还应设拉杆。

四、沥青面层加铺技术

（一）沥青加铺层结构设计

当旧混凝土路面的损坏状况和接缝传荷能力评定等级为优良或中时，可采用沥青加铺层。加铺层铺筑前应更换破碎板，修补和填封裂缝，磨平错台，压浆填封板底脱空，清除旧混凝土面层表面的松散碎屑、油迹或轮胎擦痕，剔除接缝中失效的填缝料和杂物，并重新封缝。

当接缝传荷能力评定等级为中时，应根据气温、荷载、旧混凝土路面承载能力、接缝处弯沉差等情况选用下述减缓反射裂缝的措施：①增加沥青加铺层的厚度。②在加铺层内设置橡胶沥青应力吸收夹层、玻璃纤维格栅或者土工织物夹层。③沥青加铺层的下层采用由开级配沥青碎石组成的裂缝缓解层。④在沥青加铺层上，对应旧混凝土面层的横缝位置锯切横缝。

沥青加铺层的厚度按减缓反射裂缝的要求确定。

沥青加铺层下旧混凝土板的应力分析按规范进行。旧混凝土板的厚度、混凝土的弯拉强度和弹性模量标准值以及基层顶面当量回弹模量标准值，采用旧混凝土路面的实测值。旧混凝土板的应力应满足要求。

沥青加铺层混凝土合料的组成设计参照规范进行。沥青加铺层的下层采用开级配沥青碎石混合料时，必须在路面边缘设置内部排水系统。

当旧混凝土面层损坏状况等级为差时，宜将混凝土板破碎成小于 400 mm 的小块，用作新建路面的底基层或垫层，并按新建混凝土路面或沥青路面类型进行设计。

（二）旧混凝土路面板病害处理

沥青面层加铺层要求旧混凝土面板稳定、清洁，在加铺沥青路面之前，首先必须对旧混凝土板病害进行调查和损坏部分维修。根据水泥混凝土路面调查结果，确定水泥混凝土路面的维修方法。

对破碎的混凝土板块进行翻修；

对局部损坏的混凝土板块进行挖补；

对板下脱空的板块，采取板下封堵的方法进行压浆；

对水泥混凝土路面接缝进行清缝、灌缝；

用压缩空气清洗混凝土面板，必须清除水及杂物；

在错台位置，在下沉混凝土板块上按 0.6 kg/m^2 喷洒黏层沥青，摊铺细粒式沥青混凝土调平层。

（三）旧混凝土路面上沥青面层反射裂缝的防治措施

沥青混凝土加铺层的关键作用是减少或延缓反射裂缝的发生。处治反射裂缝通常采取土工布、土工格栅、改性沥青油毡，对应切缝填封橡胶沥青，改性沥青或橡胶沥青应力吸收层（SAMI），铺筑柔性基层，半刚性基层等方法。

（四）沥青面层加铺层

旧水泥路面上沥青面层加铺层的厚度，以连续配筋混凝土和横缝设传力杆的普通混凝土为基础的沥青面层的厚度一般为 2.5 cm ~ 8 cm；刚性基层沥青路面、高速公路的沥青面层最小厚度不宜小于 10cm。

第三节 水泥路面改建技术

一、水泥路面改建

旧水泥路面改建方案有：一是利用板的承载能力作为改建路面结构的底基层，但不作为主要承重结构层，如组合式加铺改建、复合式加铺改建；二是不再利用板块的承载能力，而将板块打裂或破碎、稳固作为底基层或垫层，再加铺路面结构层，即破碎稳固加铺改建；三是挖走清除原有水泥混凝土路面板，重新铺筑基层和路面结构，彻底消除混凝土板块的影响，组合式加铺改建指在旧水泥路面上加铺半刚性基层后再加铺沥青面层或水泥混凝土面层，旧混凝土板利用做底基层，不起主要承重作用：复合式加铺层指在旧混凝土路面上加铺连续配筋混凝土或贫混凝土结构层再加铺沥青面层，旧混凝土板利用做底基层；破碎稳固加铺改建指在旧混凝土板破碎稳固后再加铺半刚性基层后再加铺沥青面层或水泥混凝土面层。

水泥路面改建方案应根据原有水泥路面的结构与材料情况、损坏状况、排水状况、接缝类型和布置、气候条件、交通状况、功能要求等条件来选择，水泥路面改建方案应经过专业、正规的设计，经技术经济比较后确定。

旧水泥混凝土路面板的处理分三种方案：一是换板压浆后作为路面结构层；二是打裂稳固后作为路面结构层；三是挖走废除，不再利用。而旧水泥路面板的利用方式有两种：一是换板压浆与修复，作为具有一定承载能力的结构层利用；二是打裂或碎石化后作为底基层或垫层使用。旧混凝土板废除则是对损坏严重的路段，将旧混凝土板全部挖除废弃，重新铺筑路面结构；但旧混凝土板块可破碎再生利用或做其他用途，如破碎后成为再生集料用于混凝土和基层材料、做“石块”用于砌体工程，而不宜废弃堆放占用土地资源。

旧水泥路面板利用的前提条件为原有路面板状况基本完好，加铺前要求处理的面板数量较少，旧混凝土板具有不小于 4.0 ~ 4.5 MPa 的残余弯拉强度，原板底设有稳固和足够厚度的基层，路基稳定无浸水软化，大面积沉陷现象。旧混凝土利用前均应进行路况调查与评价，并对旧混凝土路面板进行处理。当旧混凝土面层损坏状况等级为差时，宜将混凝土板破碎成小于 40 cm 的小块或碎石化，用作新建路面的底基层或垫层，并应按新建水泥混凝土路面或沥青路面类型进行设计。

将原水泥路面打碎作为底基层，实质是将带有伸缩缝的刚性路面板改造为无伸缩缝的块状路面。由于水泥路面混凝土板的整体强度偏高，抗折强度为 5.0 MPa 左右，抗压强度通常是抗折强度的 8 ~ 10 倍，可达到 40 ~ 50 MPa，所以施工中要采用专门型号的重型设备才能将旧的水泥混凝土板块破碎到所需的尺寸。目前主要的破碎工艺有：振裂压稳、碎裂压稳和碎石化。振裂压稳和碎裂压稳都是通过特殊设备将水泥混凝土板块纵向破碎成较短长度度，然后用较大的胶轮压路机碾压 3 次以上，使其牢固嵌挤在基层顶面上，然后再进行加铺。振裂压稳和碎裂压稳的主要区别是振裂压稳破碎后的裂缝不明显，这与破碎时机械的冲击作用不同有关。与碎石化工艺相比，振裂压稳和碎裂压稳技术对水泥混凝土路面的结构性破碎得不够彻底。

碎石化工艺是水泥混凝土路面破碎工艺中较为常用，对消除加铺层反射裂缝也更有效的一种施工工艺。碎石化有两种设备可供使用。一种是通过重锤下落进行破碎，主要设备为多锤头破碎机；另一种是通过振动来破碎，主要设备有共振型破碎设备。

二、旧混凝土板利用改建

（一）组合式加铺改建

旧水泥混凝土板利用组合式加铺改建是对旧混凝土板进行换板、压浆与修复，作为具有一定承载能力的结构层利用；在修复的旧板上加铺半刚性基层，提高路面结构的承载能力，再加铺水泥混凝土路面或沥青路面。

1. 旧混凝土路面处理

旧混凝土板利用改建要求旧混凝土面板稳定，在加铺半刚性基层之前，首先必须对旧混凝土板病害进行调查和损坏部分维修。根据水泥混凝土路面调查结果，确定水泥混凝土路面的处理方案。

对破碎的混凝土板块进行翻修，一种是换板，另一种是挖除破碎板回填贫混凝土或水泥稳定碎石半刚性材料。最好是换板，可保持结构强度的均匀性。

对局部损坏的混凝土板块进行挖补。

对板下脱空的板块，采取板下封堵的方法进行压浆。

2. 半刚性基层铺筑

在处理好的旧混凝土面板上铺筑半刚性基层，一般宜采用水泥稳定碎石基层或二灰稳定碎石基层，基层厚度根据旧混凝土面板的承载能力、交通量、高程控制要求等条件，通过设计确定。

3. 沥青面层和水泥混凝土面层施工

沥青面层或水泥混凝土面层的厚度按设计要求，施工按规范进行。

（二）复合式加铺改建

旧水泥混凝土板利用复合式加铺改建是对旧混凝土板进行换板、压浆与修复，作为具有一定承载能力的结构层利用；在修复的旧板上加铺连续配筋混凝土或贫混凝土，提高路面结构的承载能力，再加铺沥青路面，形成复合式加铺结构。复合式加铺结构目前一般采用 CRC+AC 结构。

1. 复合式路面

复合式路面是指面层由两层不同材料类型和力学性质的结构层复合而成的路面，复合式沥青路面一般采用高强度的刚性基层与柔性的沥青混凝土（AC）面层进行复合，刚性基础主要起承重作用、表面沥青面层起功能作用；常用的刚性基层有普通水泥混凝土（PCC）、连续配筋混凝土（CRC）、碾压混凝土（RCC）、贫混凝土（LCC）、横缝设传力杆的普通混凝土（JPC）、钢纤维混凝土（SFRC）等。旧水泥混凝土路面改造工程常用的复合式加铺结构为 CRC+AC 结构。

近年来，我国新建与改扩建工程中修筑了较多的复合式沥青路面，首先是早期修筑了少量的碾压混凝土复合式沥青路面，由于当时的技术水平和结构特点（沥青面层较薄），出现了较多反射裂缝和损坏；再次是原旧水泥混凝土路面改造工程中采用加铺沥青面层的方式，在高速公路和国道主干线工程中应用较多；另外是为改善连续配筋混凝土路面的表面性能，采用 CRC+AC 复合式路面。近年来，在重载交通路段开始修筑接缝设传力杆的混凝土复合式路面、贫混凝土复合式路面、隧道中修筑钢纤维混凝土复合式路面等刚柔复合式路面结构，应用越来越广泛。复合式路面的优点也越来越明显，既充分利用了我国的水泥资源、减少了沥青用量和进口，同时又明显提高了道路的承载能力、延长了使用寿命。

CRC+AC 复合式路面结合刚性路面和柔性路面的特点，柔中有刚，刚柔相济，使用中所表现的主要特点是：①充分发挥不同路面材料的作用、扬长避短，刚性部分作为路面的主要承载结构，为面层提供了可靠的支持，使弯沉、车辙减小，并能相应减少柔性面层所需厚度。②水泥混凝土材料能充分利用当地材料与资源，如水泥、粉煤灰、碎石、钢筋等，促进当地经济发展并减少对我国相对较缺乏的石油资源的依赖，降低造价。③沥青层能改善和提高混凝土路面表面使用品质，降低噪声，满足汽车高速行驶性能要求，并且方便养护维修。④沥青层能降低混凝土板的荷载应力与温度应力（温度梯度），对车辆冲击荷载起到缓冲作用，并加强了结构的防水作用，减少了雨水对混凝土板的影响。⑤混凝土板的施工技术与质量标准可适当降低，如抗滑、耐磨及平整度等指标，可通过沥青面层来保证。⑥连续配筋水泥混凝土路面在纵向配置连续钢筋，中间不设横向接缝，不仅提高了路面板的整体性，具有较高的承重能力，还克服了普通水泥混凝土路面容易出现的板角断裂、唧泥等病害，具有较好的耐久性。

2. 复合式路面结构

（1）CRC+AC 复合式路面结构组成

CRC+AC 复合式路面结构一般由沥青面层、层间界面黏结防水层、CRC 板（隔离层）、基层、底基层或垫层和路基组成，并包括路肩、路面排水、CRC+AC 的端部与接缝、CRC 配筋等。

旧路改建加铺 CRC+AC 复合式路面，一般不需要再设置基层与垫层。旧水泥混凝土路面加铺时，先应对旧混凝土路面板进行处理，如破碎板更换、脱空板灌浆等；为消除旧板对加铺层的影响，应设置隔离层，如 2 cm ~ 3 cm 的细料式沥青混合料，再加铺 CRC 与 AC 结构层。

（2）CRC 板的平面尺寸与接缝要求

连续配筋混凝土 CRC 板一般采用矩形板。纵向接缝包括纵向收缩假缝和纵向施工缝。纵向接缝的间距按路面宽度在 3.0 m ~ 4.5 m 范围内确定，一般不宜超过 4.5 m。纵缝间距通常按车道宽度确定。带有左右侧路缘带的高速公路和一级公路，板宽可按车道和路缘带的宽度确定。一般四车道高速公路，其左侧路缘带一般为 0.75 m，右侧路缘带一般为 0.5 m，在板块划分时，左侧板宽为 4.5 m，右侧板宽为 4.25 m。

CRC 板没有横向接缝，只有横向收缩的随机裂缝，但与其他类型路面或构造物相接时，应设端部处理机构。横向设施工缝时设置剪应力钢筋。

（3）连续配筋混凝土 CRC 板的厚度要求

现行规范对于 CRC+AC 结构按普通混凝土板厚进行设计，以板底弯拉应力为控制指标，并考虑沥青面层对荷载应力与温度应力的影响，再确定 CRC 板的厚度。连续配筋混凝土面板的厚度不宜少于 180 mm。

（4）沥青面层的厚度要求

复合式路面沥青面层的厚度，以连续配筋混凝土和横缝设传力杆的普通混凝土为基础的复合式路面中沥青面层的厚度一般为 2.5 cm ~ 8 cm；刚性基层沥青路面，高速公路的沥青面层最小厚度不宜小于 10 cm。

根据 CRC+AC 复合式路面结构层间剪应力的分析结果，沥青面层厚度在 0 cm ~ 5 cm 时，剪应力很大，在 6 cm ~ 12 cm 时，剪应力下降较快，在 12 cm 以上时，剪应力降幅减小，因此建议沥青层厚度为 8 cm ~ 10 cm，应不小于 6 cm，不宜超过 12 cm。从沥青层的保温隔热效应来看，沥青层存在一个临界厚度。

（5）路肩和路面排水

连续配筋混凝土复合式路面的路肩、路面排水应满足规范要求。硬路肩水泥混凝土面层的厚度通常采用与行车道面层等厚的结构，其基层也宜与行车道基层相同，以提高承载能力和方便施工。硬路肩水泥混凝土路面可不配置纵向钢筋，只需采用纵缝拉筋与行车道 CRC 板相连，纵缝拉筋一般为行车道 CRC 板的横向钢筋外延。滑模施工时，边板纵向拉杆需另外安装。

（6）结构设计

①选择和确定 CRC+AC 复合式沥青路面结构方案。根据道路等级、性质与重要性、交通量情况、气候情况、当地材料与施工技术情况等，综合选择 CRC+AC 结构方案，一般宜在主干线，重载交通、大交通量条件下选用。②交通量、自然环境参数确定及材料选择。根据相关的设计依据和设计资料，进行交通量、轴载分析和轴载换算，计算设计车道标准轴载日作用次数，由此确定设计年限和轮迹荷载分布系数，并计算设计基准期内标准轴载的累计作用次数；确定安全与交通等级。根据道路所处的自然区划，调查当地的气候与温度状况，确定路面结构内的温度梯度；调查当地降雨情况、路基潮湿状况，为路面结构防排水设计提供依据。调查当地材料情况，了解当地筑路材料供应与分布，主要了解水泥、钢材、沥青等材料的质量与供应情况。③进行 CRC+AC 复合式沥青路面结构组合设计，初拟路面结构各层次的类型和厚度，确定路面材料设计参数。④进行沥青面层的厚度设计。⑤进行 CRC 板的厚度设计、CRC 板的配筋设计。⑥进行 CRC 板的平面尺寸设计、CRC+AC 结构端部设计与接缝设计。⑦最终确定 CRC+AC 复合式沥青路面结构。

3. 复合式路面层间结构与材料

（1）层间结构

复合式路面层间结构目前可采用喷洒式结构、浸渍沥青土工布结构、铺装式结构三种。

（2）层间材料

①喷洒式结构

喷洒式黏结层结构，一般采用沥青质的液体涂料，如橡胶改性沥青、SBS 改性沥青、SBR 改性沥青、热石油沥青（A–70）、SBR 改性乳化沥青、普通乳化沥青等，应根据当地的气候条件、交通荷载条件、沥青面层厚度选用不同的黏结层材料及用量。

②浸渍沥青土工布结构

一般采用沥青与聚酯长丝无纺土工布结合，也可为类似防水卷材的防水夹层材料，现场摊铺而成。应根据当地的气候条件、交通荷载条件、沥青面层厚度选用不同的浸渍沥青与土工布。

4.CRC+AC 复合式路面的端部处理

（1）CRCP 端部结构

连续配筋混凝土路面 CRCP 存在热胀冷缩变形，当连续配筋混凝土面层与其他类型路面或构造物相连接时，应设置端部处理结构，以约束、消除或调节 CRCP 纵向位移，以免对其他结构产生破坏。其结构一般有两种方式，一是固定设置端部锚固结构，约束连续配筋混凝土路面端部的膨胀与收缩位移；二是放开设置端部滑动结构，预留足够的空间满足端部膨胀和收缩时的位移量。

①端部锚固结构

设置端部锚固结构，约束连续配筋混凝土板端部的膨胀与收缩位移。其主要的形式有凸形钢筋混凝土地锚梁、钢筋混凝土灌注桩锚固等。采用此方法约束纵向位移的措施不是很成功，容易造成 CRCP 与其他路面或构造物的损坏。

②端部滑动结构

设置端部滑动结构，预留足够的空间满足端部膨胀和收缩时的位移量。其主要的形式有宽翼缘工字钢梁接缝、连续设置胀缝、桥梁伸缩缝等。宽翼缘工字钢梁是一种较好的、经济的方法，且施工方便。连续设置几道胀缝方法是利用胀缝的工作性能，调节连续配筋混凝土路面的胀缩纵向位移。该方法往往会因胀缝处理不好，造成许多接缝损坏，如接缝处剥落严重，影响行车，使用效果不理想。桥梁伸缩缝采用桥梁结构的伸缩变形机制来调节连续配筋混凝土路面的纵向位移。桥梁伸缩缝是比较成熟的技术，设备和材料都有定型的产品，施工技术成熟，使用寿命长，使用效果好。

（2）CRC+AC 端部处理方式

凸形钢筋混凝土地锚梁端部锚固结构；

宽翼缘工字钢梁端部滑动结构；

桥梁伸缩缝端部滑动结构。

根据端部位移分析结果，一般变形量为 2 cm ~ 3 cm，选用桥梁伸缩缝中的毛勒缝形式，其适用性较强，可根据变形量选用不同的型号，施工技术也相当成熟，使用质量好，使用寿命较长。

CRC+AC 与桥梁、明涵相接时，可取消桥头搭板，将 CRC 板直接延伸至桥台，与桥梁伸缩缝合并，统一采用桥梁伸缩缝相接，不单独设置 CRC+AC 的端部处理。根据梁跨结构的变形量与 CRC 的变形量，选用毛勒缝的型号（变形范围）。

根据 CRC 板的厚度、AC 层的厚度以及桥面铺装、桥面高程进行综合桥台设计。桥头部位往往不均匀沉降较大，取消搭板后，为减少桥头的变形，一方面加强桥头路基的密实，选择良好的填料、加强压实；另一方面，将路面结构中的基层改为贫混凝土材料，提高地基的强度。使用过程中如发现板下脱空现象，可进行注浆处理。

CRC+AC 路面需进行端部处理的主要是桥梁与明涵（一般是盖板涵，少数是箱涵），采用取消搭板的方式，将 CRC 板直接与桥台对接，将 CRC+AC 的端部与桥梁伸缩缝合并处理，既减少了搭板的工程量，又减少端部处理的工程量，且路表面接缝减少，使用性能提高。为减少桥台不均匀沉降，可将路面基层结构改为贫混凝土，对路面结构进行加强。

CRC+AC 与其他路面结构相接，只是在结构两端，也就两个接缝处，采用桥梁毛勒缝的形式，既保证了端部接缝的质量，又保证了接缝的平顺，进而提高了路面的使用性能。

三、旧混凝土板破碎改建

当旧混凝土面层损坏状况等级为差时，宜将混凝土板破碎成小于 40 cm 的小块或碎石化，用作新建路面的底基层或垫层，并应按新建水泥混凝土路面或沥青路面类型进行设计。旧混凝土板破碎改建方案：一是打裂；二是破碎或碎石化。

（一）旧混凝土板打裂改建

旧混凝土板打裂改建是将旧混凝土板致裂、稳固后，再加铺沥青面层结构。水泥混凝土路面打裂压稳技术是利用门板式破碎机或冲击压路机将旧水泥混凝土路面板打裂，经压实稳固后在上面摊铺沥青混凝土面层，该技术可以延缓水泥路面反射裂缝的出现，并能充分利用原路面的强度，根据交通量和公路等级的不同，铺筑不同厚度的沥青混凝土面层。该技术具有破碎颗粒大，生产效率高，施工速度快，节约路面改造费用及环境保护的特点。

1. 旧混凝土板致裂方式

旧混凝土路面打裂有两种方式：一是门板式打裂；二是冲击压裂。

门板式打裂是采用门板式破碎机将旧混凝土路面板每隔 40 cm ~ 60 cm 横向打裂；冲击压裂是采用多边形冲击压路机，通过调节冲击压路机的行走速度和冲击压实遍数，冲击破碎旧混凝土板。

2. 旧混凝土板致裂施工要求

①施工前，应对施工路段的桥涵、给排水管道、暗沟、通信电缆等查清并标实。施工前清除原有的填缝料、沥青修补罩面材料等。在施工路段应设置隔离和安全警示标志。冲压路段一般要避开桥涵两端 5 m ~ 10 m，并选在高填方路段。同时，注意避开公路两侧的居民房屋和厂房、上跨桥等建筑物。②破裂要求。破裂效果应使 75% 以上的路面不规则开裂，相邻裂缝围城的面

积为 0.4m^2 ~ 0.6m^2。冲击强度由锤头高度和锤头间距确定，锤头间距一般不大于 60 cm。为避免过度破坏，破裂时不应使路面板产生过大位移，并不应使混凝土板由于破裂产生大量的碎屑。③破裂尺寸的检查。由于裂缝极为细小，破裂前需在前方路面一定范围内均匀洒水到可以看见自由水的程度，然后破裂施工。应可以看到开裂痕迹并伴有气泡。在路面的水自由消失后，应可看见清晰的裂缝痕迹，并由此鉴别开裂的程度是否满足要求。④稳压施工。在确定破裂程序满足要求后，应确定稳压程序。一般采用重型胶轮压路机，稳压遍数为 3 ~ 5 遍，控制标准为：在按确定程序施工的路段，每 25 m 取一点，在破裂完成后对这些点进行水准测量，并在每压稳 1 遍时测量每点的沉降量变化，如果每次压稳后最大沉降变化量小于 5 mm，则认为压稳施工达到要求。

3. 旧混凝土板致裂后处理措施

（1）清扫

在旧混凝土路面板破裂后，应清除破碎的混凝土尘土和杂物。

（2）挖补

如果原有混凝土路面局部在施工中发现已不稳定或暴露出软弱或损坏的基层，应清除不稳定路面板和软弱基层，并全深度用适宜材料填充压实。

（3）钢筋混凝土路面的破裂和压实

钢筋混凝土路面的破裂压稳采用相同的设备和程序。但路面的破裂程度应达到使 80% 的破碎板的尺寸小于 50 cm，且最大不超过 60 cm。

（4）清缝和封缝

在洒布黏层油前，应清除接缝中的松散料；如果接缝宽度较大应采用许可的封缝料进行封缝。

（5）洒布黏层油

在沥青面层施工前，在打裂的旧混凝土路面板表面洒布沥青黏油层，数量为 0.2 ~ 0.5 L/m^2。如有必要，可以改变材料类型和洒布量，以保证混凝土路面和沥青面层的结合，同时以起到临时防水的作用。

（6）排水边沟设置

在以下情况下必须设置排水边沟。竖曲线底部、原路面翻浆处、平曲线超高低侧和所有存在排水问题的地段。

4. 沥青面层施工

沥青面层的厚度按设计要求，破裂压稳技术要求的最小厚度为 8 cm。一般 8 h ~ 12 h 后可摊铺沥青混凝土面层。

（二）旧混凝土板碎石化改建

旧混凝土板碎石化改建是将旧混凝土板破碎、稳定后，加铺沥青面层或半刚性基层与沥青面层结构。碎石化是指在旧水泥混凝土路面大面积破坏已丧失了整体承载能力，并且通过局部的挖除、压浆等处置方式已不能恢复其使用功能，或已不能达到结构强度要求的情况下，为了解决通常情况下的加铺方式存在反射裂缝等问题，而对旧水泥混凝土板块采用的一种最终处理方法。该法一般是利用特殊的施工机械（如多锤头水泥路面破碎机），在对局部破坏严重的基层进行处治后，将旧水泥混凝土板块破碎成较小的粒径（底部不超过 37.5 cm，中间不超过 22.5 cm，表面不超过 7.5 cm），碾压后作为新路面结构基层或底基层，然后再加铺新的路面结构。

1. 旧混凝土板碎石化方式

旧混凝土路面碎石化有三种方式：一是多锤头碎石化；二是共振破碎；三是小型机械（镐凿式）破碎。

旧水泥路面碎石化技术，是指在旧水泥混凝土路面大面积破坏已丧失了整体承载能力、并且通过局部的挖除、压浆等处治方式已不能恢复其使用功能，或已不能达到结构强度要求的情况下，为了解决通常情况下的加铺方式存在反射裂缝等问题，并产生一个用与 HMA 罩面的均匀基层，而对旧水泥混凝土板块采用的一种最终处理方法。该法一般是利用特殊的施工机械，在对局部破坏严重的基层进行处治后，将旧水泥混凝土板块破碎成较小的粒径，碾压后作为新路面结构基层或底基层，然后再加铺新的路面结构。碎石化起初是为了方便清除水泥混凝土路面和分离路面中的钢筋而进行的。

2. 旧混凝土板碎石化施工要求

①在碎石化前，应清除水泥混凝土路面上的沥青修复材料，因为这些材料的存在会影响到破碎的效果。②破碎前，结合设计图纸及业主单位提供的有关隐藏构造物，如：暗涵、底下管线等情况进行调查，以确定破碎是否会对这些构造物造成损坏。通常，构造物埋深在 1 m 以下的不会由于破碎带来的损坏，不满足以上条件的可以降低锤头高度对水泥路面进行破碎，或采用监理工程师认为可行的其他方案。③选择路段进行碎石化破碎。破碎后进行试坑检查，以确定破碎机施工工艺参数。④碎石化要把 75% 的混凝土路面破碎成表面最大尺寸不超过 7.5 cm，中间不超过 22.5 cm，底部不超过 37.5 cm 的粒径。⑤破碎一个车道的过程中，实际破碎宽度应超过一个车道，与相邻车道搭接一部分，宽度至少是 15 cm。与桥梁连接段应标明破碎的位置，根据实际情况，可以破碎到桥头搭板的后端，或根据路面设计线的高程破碎到监理指定位置。未破碎的路面应铣刨到可以摊铺同样厚度沥青罩面的程度。⑥不应修整破碎后混凝土路面或试图平整路面以提高线形，这样将破坏混凝土路面碎石化以后的效果。在压实前发现的 5 cm 的凹地应用密级配碎石料回填并压实到要求。破碎时最好是从混凝土路面的高处向低处破碎，以免摊铺沥青混凝土后影响排水。⑦碎石化后的路面在没有摊铺完沥青混凝土面层之前不允许开放交通，所以对交通管制的要求比较严格，建议在条件允许时一次性全封闭施工段落；若条件不允许，应至少实行半封闭施工。任何与施工期间维持交通无关的路面加宽或路肩修复，也应在施工之前修复到混凝土路面的高程。

3. 旧混凝土板碎石化后处理措施

①在铺筑沥青面层前，所有松散的填缝料、胀缝材料或其他类似物应进行清除。②用专用压

路机（Z 形轮压路机）振动压实 2 ~ 3 遍后，再用振动压路机振动压实 2 ~ 3 遍。③施工车辆的通行次数和载质量应降低到最低程度。除了必须开放的横穿交通外，破碎后的混凝土路面的任何路段均不得开放交通（包括不必要的施工运输）。如果破碎后的混凝土路面表面已被运料车辆部分或全部破坏，应进行再次压实。④为使表面较松散的粒料有一定的结合力，一般在破碎压实后的表面洒布乳化沥青透层油，按 2.5 ~ 3.5 kg/m^2 用量洒布 50% 慢裂型乳化沥青，也可在松散表面均匀撒少量石屑，对表面松散颗粒进行嵌缝，并开放少量交通进行碾压，使表面形成整体。

4. 沥青面层施工

沥青面层的厚度按设计要求，一般交通量较小时可直接加铺沥青面层，碎石化技术要求的沥青面层加铺最小厚度为 15 cm；交通量较大时宜铺筑半刚性基层，再铺筑沥青面层。

四、旧混凝土板再生利用

道路建设消耗大量的天然资源，同时，道路翻修改建过程中又会产生大量的废旧道路工程材料。特别是混凝土路面，大块的水泥混凝土废料极难处理，通常采用运出到指定地点填埋的方式处理。不仅占用了有限的土地资源，而且对生活环境造成污染，同时也造成了资源的浪费。这些废料是一笔可以加以利用的资源，如果加以利用，不仅可以减少对天然资源的过度开采和依赖，而且可以降低环境负荷，利于保护环境，同时也可以降低工程造价。

当采用旧混凝土面板修复技术来充分利用或延长现有路面的使用寿命并不经济时，回收旧水泥混凝土路面板就成为一种可供选择的方案。将混凝土废料进行外运及处理，不仅污染环境、浪费资源，而且费用较大、成本较高；为了保护环境、降低成本，旧水泥混凝土板废料可再利用。对于大面积破损的旧水泥混凝土路面进行再生利用改造技术，通常采取的改造方案有：旧混凝土板块当石块利用来砌筑挡土墙、边沟等；旧水泥混凝土路面板进行挖除回收，再破碎为集料，用作水泥混凝土集料或作为半刚性基层集料。

（一）旧水泥混凝土路面板废料回收与破碎届

对旧水泥混凝土路面及地下状况进行调查，并在平面图上标注地下构造物，涵洞、地下管道（自来水管、煤气管、通信电缆、光缆）、排水设施（下水管）、桥头搭板和沥青混凝土修补路段。

用铣刨机或人工清除旧水泥路面板块上的沥青混凝土。用推土机把路肩材料推走、让混凝土路面板边暴露出来。

在地下构造物、涵洞、地下管道（线）、排水设施、桥头搭板位置以及破碎板与保留板连接处的第一块旧混凝土板使用液压镐破碎。

旧混凝土板块的破碎从路中心线开始，用冲击锤交替向路肩进行破碎旧混凝土路面板块，落锤中心距为 45 cm，经破碎机破碎后的碎块边长约为 30 cm。

破碎工作结束后，用装载机将水泥混凝土碎料堆积在旧路面的中线附近。

将回收的水泥混凝土路面材料运送到轧石厂，在装车和运输过程中，这些回收旧料还会进一步破碎，应注意及时把暴露的钢筋抽出来。

在轧石机之间的传送带和进料斗的上方，悬吊一块磁铁，以便把钢筋吸出来。

应用碎石厂的轧石机组对旧混凝土块进行破碎与筛分加工。

（二）再生集料基本性能

1. 再生集料定义及特点

再生集料：旧混凝土板块及构造物解体后的废弃混凝土块经破碎、筛分、配合等工艺加工而成的混凝土集料，称为再生混凝土集料，简称再生集料。粒径小于 5 mm 的部分被称为再生细集料；粒径大于 5 mm 的部分被称为再生粗集料。

再生集料与天然集料相比，组成成分复杂，组分中包含相当数量的硬化水泥砂浆，砂浆体中水泥石本身孔隙比较大，且在破碎过程中，其内部往往会产生大量的微裂缝。再生粗集料颗粒一般为表面包裹着部分水泥砂浆的石子，少部分与砂浆完全脱离的石子，还有极少一部分水泥石颗粒。再生粗集料一般棱角较多，且表面较粗糙、孔隙较多。

由于混凝土废弃物破碎后的再生粗集料表面附着的废旧砂浆，致使表面比碎石或卵石粗糙。为了定量描述再生粗集料的表面粗糙度，考虑到粗集料在混凝土中的工作状态，应以相对表面粗糙度表示粗集料比表面积。碎石相对表面粗糙度比卵石相对表面粗糙度高，而再生粗集料相对表面粗糙度比碎石相对表面粗糙度高。

2. 再生集料的吸水率和含水率

再生粗集料的吸水率随颗粒粒径的增大呈降低趋势。再生粗集料的高吸水率和低表观密度的特征是由于集料表面附着的废旧砂浆所致，因此，再生粗集料的吸水率与表观密度可能有一定的关系。对于同一批废弃混凝土破碎的再生集料，再生集料的粒径愈大。表观密度愈大，孔隙率愈低，吸水率随之减小。这是由于同一批废弃混凝土破碎的再生粗集料密度基本相同，随着孔隙率的增大，表观密度呈规律性减小，再生粗集料的吸水率呈规律性的增加。

3. 再生集料的压碎指标

再生粗集料的强度特性取决于它的矿物组成、比重、吸水性、孔隙率及孔隙结构。而且原状颗粒、废旧砂浆颗粒以及次生颗粒含量的差异性也同时影响再生粗集料的压碎指标值。再生集料的压碎值明显大于天然碎石，这是由于再生粗集料表面包裹有部分砂浆，少部分为与砂浆完全脱离的石子，还有很少一部分颗粒为砂浆，且在破碎过程中，其内部往往会产生大量的微裂缝，与天然集料相比，其组成成分复杂，孔隙率高，吸水性大。一般现场生产再生集料的压碎指标值满足规范中对粗集料碎石压碎指标的 m 级技术要求，可以用作水泥混凝土路面的下面层或基层。

4. 再生集料的冲击指标

集料冲击指标用以测定路面用粗集料抵抗冲击荷载的性能，以击碎后小于 2.36 mm 部分的质量百分率表示。由于路表用集料直接承受车轮荷载的冲击作用，这一指标对道路表层用集料非常重要，因此冲击指标对道路再生集料在面层中的应用具有比较大的作用。再生集料的冲击指标也是反映再生集料强度的一个方面。再生集料的抗冲击指标也明显大于天然集料，并且龄期越长，抗冲击值越小，这一点和压碎指标有相似之处。

5. 再生集料的磨耗指标

再生集料的磨耗指标是以磨耗损失率来表示的，是指集料抵抗撞击、边缘剪应力和摩擦的综合作用能力，再生集料的磨耗损失率采用洛杉矶磨耗率。再生集料的磨耗损失率的确明显大于天然集料值，再生集料抵抗撞击和摩擦的能力比天然集料低。不同强度的原始混凝土中得到的再生集料的耐磨损性不同，随着原始混凝土强度的增大，再生集料的耐磨损性会提高。

6. 再生集料的坚固性

坚固性是指集料抵抗气候或其他物理作用的耐久性，反映集料抵抗气候变化或其他因素作用下导致破损的能力，无论是现场料厂生产的或室内破碎的再生集料，其质量损失明显大于天然碎石，这表明再生集料的坚固性较天然碎石有比较大的减小，其抵抗破坏的能力相对较差。虽然再生集料经硫酸钠循环浸泡后，质量损失较大，但其坚固性仍然满足新规范对路面使用的粗集料坚固性指标的技术要求（Ⅱ级指标为坚固性 $< 8\%$），可以在混凝土路面中使用。

（三）再生集料混凝土

再生集料混凝土：采用再生集料部分或全部代替天然集料配制的新混凝土，简称再生混凝土。

1. 再生集料混凝土配合比设计

再生集料混凝土是将废弃混凝土经过清洗、破碎、分级和按一定比例相互配合后得到“再生集料”作为部分或全部集料配制的混凝土。同时添加外加剂和掺和料进行调节，提高再生集料和再生混凝土的强度，使其硬化后具有良好的力学性能及耐久性能。

再生集料因破碎时留下较多微裂纹，且集料上残存有大量水泥砂浆，故拌和时吸水严重，通过测定得出其吸水率达 3.5% ~ 5.5%。因此水胶比对强度的影响规律与普通混凝土有所不同，用水胶比做比较已不能准确反映其对强度的影响关系，以净水胶比进行配合比设计；净水胶比是指除去再生集料在拌和过程中吸收的部分水后的用水量和胶凝材料的比率。

再生集料混凝土配合比设计在满足经济性的同时，应满足弯拉强度、工作性和耐久性三项技术要求。

2. 再生集料混凝土性能

强度是混凝土最重要的力学性能指标，混凝土的强度通常被定义为抵抗外力不受破坏的能力，而破坏有时等同于出现裂缝。然而，混凝土与其他工程材料有不同之处，因为在承受外力以前，混凝土内部早已存在微裂缝和其他结构缺陷。

影响普通混凝土强度的因素很多，如：水灰比、孔隙率、水泥的品种与强度等级、混凝土外加剂、集料的选用及配比以及施工时的捣实程度、养护条件与强度时的参数等。这些因素同样会影响再生集料混凝土的强度。对于再生集料混凝土，由于其中加入了废弃混凝土再生集料，所以集料的性能成为影响再生集料混凝土强度的一个最重要的因素。

集料对混凝土强度的影响有两方面：一是集料自身强度的影响；二是对界面结合的影响。在普通混凝土中，集料和水泥砂浆的弹性模量相差较大，由于水泥水化、温度变化、荷载作用导致两者变形不一致，产生界面裂缝，成为混凝土强度的最薄弱环节。在再生混凝土中，再生集料表面包裹着水泥砂浆，使再生集料与新的水泥砂浆之间弹性模量相差很小，界面结合得到加强。同时，再生集料的亲水性强，能很快被水湿润，再生集料表面的许多微裂缝会吸入新的水泥颗粒，使接触区的水化更加完全，形成致密的界面结构。

随着净水胶比的减少，再生集料混凝土 7 d 和 28 d 的抗压和抗折均呈增长趋势，并且是波浪式增长，这也近似普通混凝土的水灰比与强度关系规律。在低净水胶比（ < 0.4）的条件下，降低净水胶比对再生集料混凝土 7 d 的抗折强度有稍微地增加，对 28 d 的抗折强度来说增长不明显。因此，依靠降低净水胶比来提高抗折强度的做法效果不明显，增大净水胶比甚至使抗折强度有轻微增长。故在低水胶比的条件下，通过降低用水量来降低净水胶比的做法，达不到提高抗折强度的目的。比较可行的做法是增大水泥用量，减少粉煤灰用量来提高抗折强度。在净水胶比 0.28 的位置处存在一个过渡区（0.26 ~ 0.30），此范围内的会有比较明显的变动。因此，可以认为 0.26 ~ 0.30 区间可以作为净水胶比的下限值。

随着砂率的提高，再生混凝土的表观密度相应增加，表明增加砂率，再生混凝土内部间隙相应变小，结构更密实。无论是 7 d 和 28 d 的抗压强度还是 7 d 和 28 d 的抗折强度均在 34% 的位置处出现峰值，并且通过大量的研究也有相同结论。因此，可以认为存在最优砂率 =34%，在此砂率条件下，可获得最大抗折强度和抗压强度。因此在制备再生混凝土时，特别是高强度再生混凝土时，砂率控制在 32% ~ 36% 的范围是比较理想的。

随着粉煤灰的取代量增加，7 d 的抗折和抗压强度变化比较明显，当取代率减少 30% 时，7 d 的抗折强度增加 13.7%、抗压强度增加 6.1%；当取代率减少 25% 的超量时，7 d 的抗折强度增加 4.6%、抗压强度增加 4.1%。而 28 d 的强度变化不明显，只是轻微的增加。实验结果表明，粉煤灰掺量对混凝土的早期强度影响较大，掺量越大，早期强度下降的幅度越大；粉煤灰掺量对后期强度影响较小，含粉煤灰的再生集料混凝土后期强度增长幅度较大，这和相关资料研究结果类似。

（四）再生集料混凝土构造物及路面

再生集料混凝土在当前国内主要应用于：道路建设中的基层、垫层及便道和附属设施；建筑工程中的基础垫层、底板、填充墙及非结构构件等强度要求不高的部位。近年来，也用于旧混凝土换板工程、贫混凝土基层、低等级水泥混凝土路面等。

利用废弃混凝土经过加工，制得再生混凝土集料，用于新的工程，不仅可以降低工程造价，节约资源能源，减少污染，而且有利于环境保护，确保建筑业的可持续发展，是一项可持续发展的具有环保优势的新技术，具有很好的经济和社会效益，必能在实践中得到更加广阔的应用。

旧混凝土板块强度达到石料二级标准，可作为再生混凝土集料使用。旧混凝土集料的最大粒径为 40 mm，小于 20 mm 的粒料不再作为集料。

水泥混凝土路面碎块材料较轻，吸水性强、磨损的损失较大，相对密度较小。采用回收集料的混凝土混合料的和易性比采用原生集料差。尤其是细集料有尖锐棱角，采用天然细集料，可解决和易性差和水分控制问题。

粉煤灰可以作为一种提高和易性的掺加剂加入混合料中，也可用来等量替代一部分水泥，可采用减水剂减少需水量。

作混凝土配合比设计时，粒径小于5 mm的细集料宜采用天然砂，宜掺加减水剂和二级粉煤灰。

再生水泥混凝土路面施工与普通水泥混凝土路面施工的工艺基本相同。

（五）水泥稳定或其他胶材稳定再生集料基层

1. 水泥稳定再生集料

水泥石强度达到三级以上标准，可作为水泥稳定再生集料基层的集料。集料的最大粒径不超过 30 mm，压碎值≤ 30%。

要求采用普通硅酸盐水泥、矿渣硅酸盐水泥、火山灰质硅酸盐水泥。水泥剂量宜为 5%。

路面基层一般应采用人畜能饮用的水。如果要用采用其他用水时，必须符合下列要求：硫酸盐含量小于 2.7 mg/m^2，含盐量不得超过 5 mg；PH 值不得小于 4。

混合料组成设计。建议水泥剂量按 4.5%、5%、5.5% 三种比例进行，水泥稳定再生集料的抗压强度代表值为 4 ~ 5 MPa。

基层项目。进行重型击实，求得最佳含水率和最大干密度。检验水泥稳定再生集料抗压强度是否达到设计要求。

水泥稳定再生集料混合料施工。应尽快将拌成的混合料运送到铺筑现场，车上的混合料应覆盖，减少水分损失；运输车辆一定要满足拌和出料与摊铺的需要。拌和机与摊铺机的摊铺能力应相互匹配，摊铺机应连续摊铺；清除底基层表面浮土等杂物；水泥稳定再生集料的松铺系数为 1.20 ~ 1.30；在摊铺机后应设专人消除混合料离析现象，应铲除局部粗集料“窝”，并用新拌混合料填补；严禁用薄层贴补法进行找平。应在混合料含水率处于或略大于最佳含水率（气候炎热干燥时，基层混合料可大 1% ~ 2%）时进行碾压，直到达到要求的压实度；碾压过程中，水泥稳定粒料的表面应始终保持湿润，如水分蒸发过快，应即时补洒少量雾状水。碾压宜在水泥终凝前及确定的延迟时间内完成，并达到要求的压实度，同时没有明显的轮迹。

基层横缝设置。横缝应与路面车道中心线垂直设置，其设置方法为：将末端含水率合适的混合料整理整齐，紧靠混合料放两根方木，方木的高度应与混合料的压实厚度相同，整平紧靠方木的混合料。方木的另一侧用砂砾或碎石回填约 3 m 长，其高度应略高出方木。将混合料碾压密实。在重新开始摊铺混合料之前，将砂砾和碎石或方木撤除，并将下承层扫干净。摊铺机返回到已压实的末端，重新开始摊铺混合料。如摊铺施工中断超过 2 h，而又未按上述方法处理横向接缝，则应将摊铺机附近及其下面未压实的混合料铲除，并将已碾压密实且高程和平整度都符合要求的末端挖成与公路中心线垂直向下的断面，然后再摊铺新的混合料。

养生。每一段碾压完成且压实度检查合格后应立即开始养生。用湿草袋覆盖洒水养生。洒水车的喷头要用喷雾式，每天洒水次数应视气候而定。养生期间应始终保持稳定粒料表面湿润。养生期不少于 7 d。养生期间应封闭交通。

2. 石灰粉煤灰稳定再生集料基层

①混合料组成设计。石灰 ：粉煤灰 =1 ：2 ~ 1 ：4；石灰粉煤灰：级配碎石 =20 ：80 ~ 15 ：85。②配合比设计步骤。确定石灰粉煤灰再生集料的最佳含水率和最大干密度（用重型击实法）。按最佳含水率和计算得到的干密度制备试件。试件在 25 ± 2 0 下保湿养生 6 d，浸水 1 d 后，进行无侧限抗压强度检测。石灰粉煤灰混合料 7 d 浸水抗压强度不小于 0.8 MPa。③石灰粉煤灰稳定旧混凝土集料的施工与二灰碎石施工工艺基本相同。二灰稳定再生集料基层混合料应在中心拌和站用机械进行集中拌和，石灰必须过筛，再生集料应用防雨布覆盖；二灰稳定再生集料的含水率应略大于最佳含水率，拌成混合料的堆放时间不超过 24 h。④采用摊铺机摊铺二灰稳定再生集料基层混合料。当摊铺厚度大于 20 cm 时，应分层施工，上基层二灰稳定再生集料基层厚度不小于 15 cm，两层二灰稳定再生集料基层可连续施工。二灰稳定再生集料基层松铺系数为 1.20 ~ 1.30。⑤二灰稳定再生集料基层应采用 12 t 以上的三轮压路机或 14 t 以上的振动压路机碾压 8 遍。三轮压路机在不便碾压的局部路段，采用 10 t 的二轮压路机进行碾压。碾压过程中，如有“弹簧”、“车辙”、起皮等现象，应及时翻开重新拌和碾压。⑥二灰稳定再生集料基层工作缝位置，在开始摊铺新混合料之前，应将接缝位置斜坡挖除，并挖成一横向且垂直向下的断面。然后摊铺新的二灰稳定再生集料基层。二灰稳定再生集料基层碾压完成后的第二天开始洒水养生，保持表面潮湿；养生期 7 d；二灰稳定再生集料基层养生期间禁止车辆行驶。二灰稳定再生集料基层施工时遇雨，应立即将二灰稳定再生集料基层堆放、尚未碾压密实的二灰稳定再生集料基层进行覆盖。若二灰稳定再生集料基层遭雨淋，须检查石灰含量，若石灰含量不足，应将二灰稳定再生集料基层混合重新掺石灰搅拌，碾压密实。

第四节 桥梁缺损维修与裂缝修补

一、混凝土桥梁缺损的维修

（一）混凝土材料的主要缺陷

1. 混凝土质量缺陷

（1）蜂窝

混凝土局部酥松，粗骨料多砂浆少，石子间出现空隙，形成蜂窝状孔洞的现象。

（2）麻面

指混凝土表面局部缺浆、粗糙或有许多小凹坑的现象。

（3）孔洞或空洞

指表层或混凝土内部，由于在浇筑混凝土过程中缺乏必要振捣或出现漏浆，导致混凝土表面或内部出现空洞。

（4）掉角

构件角边处混凝土局部掉落或出现不规整缺陷。

2. 混凝土表面缺损

（1）风化

混凝土构件表面或整体出现的因物理、化学性质变化而形成的表面材质退化现象。

（2）磨损

指构件在外界作用下出现的骨料和砂浆的表面磨耗脱损现象。

（3）剥落（露筋）

由于混凝土强度不足或钢筋锈蚀体积膨胀引起混凝土表层脱落,造成粗骨料或钢筋外露现象。

3. 裂缝

（1）弯曲裂缝

构件受弯拉部产生的裂缝。

（2）垂直裂缝

构件受压其强度不足产生的裂缝。

（3）剪切裂缝（斜裂缝）

构件受剪切力作用所产生的裂缝，通常出现在剪切力最大的部位，对于受弯构件和压弯构件，往往发生在主梁的 1/4 跨或支座附近，由下向上成 25° ~ 50° 角度开裂。

（4）断开裂缝

钢筋混凝土构件受拉时，产生的截面裂缝。

（5）扭曲裂缝

构件受扭转和弯曲同时作用时而产生的裂缝，裂缝一般呈 45° 倾斜方向。

（6）局部应力裂缝

构件受局部集中应力产生的裂缝，出现在墩台支座部位或受冲击荷载作用部位。

（7）温度裂缝

构件由于不均匀受热，产生温度应力。当温度应力超过材料强度时，产生的裂缝。

（8）收缩裂缝

混凝土凝固时水分蒸发，表面收缩大内部收缩小，收缩产生不均匀性，当表面混凝土所受的拉力超过其抗拉强度时产生的裂缝。

（二）混凝土桥梁缺陷产生的原因

1. 混凝土表层缺陷

混凝土表层缺陷，其原因是多方面的，如设计、施工、维修养护不善、交通事故、地震和结构老化等。

2. 内部缺陷产生的原因

（1）设计方面

结构受力分析错误、布筋不当、结构不合理、计算上出现差错、图纸不完整，而造成结构强度不足、稳定性不好、刚度不足等。

（2）施工不当方面

施工质量不好，施工中所使用材料的规格与性能不符合要求，操作违反规程，钢筋绑扎不规范，模板支立不当，骨料过密，振捣不实。

3. 营运中的外部因素

交通量增加，荷载重量加大，地震、洪水、泥石流等自然灾害的影响，以及海水、污水和化学物的侵蚀作用等。

（三）混凝土桥梁结构缺陷的危害

混凝土桥梁长年累月受外界各种因素的影响，随着时间增长，其缺陷不断扩大。由于表层损坏，使保护层减薄或钢筋外露，导致钢筋锈蚀，严重时就会削弱结构的强度和刚度，致使桥梁结构破坏。有些表层损坏还会向深度发展，造成混凝土强度逐渐降低，危及结构安全使用，从而缩短桥梁的寿命。

（四）混凝土桥梁结构表层缺陷检查和修补材料

为了保证桥梁结构具有足够的承载能力，延长使用寿命，就得及时检查出结构的各种缺陷并及时维修。

1. 表层缺陷检查及分析

（1）表层缺陷检查

在发现混凝土桥梁结构表层产生缺陷时，应对其进一步检查，观测其发展变化，以便区别情况进行处理。实施修补前，应对缺陷进行实地检查，收集材料，进行材料取样；对缺陷产生的原因、现状、发展趋势等进行周密的调查研究，确定缺陷的程度和性质。量测结构的截面，调查结构的周围环境、影响因素及其特殊要求，做好施工前的资料汇集、整理工作。确定缺陷部位、位置、形式、走向、深度、宽度（或面积）及发生的时间。了解结构的施工时间，查看施工记录，分析原材料组成、物理力学性能，考查交通量状况、养护措施、维修方法等。

（2）表层缺陷分析

根据结构受力状况、缺陷产生原因与发展趋势，用以分析缺陷对结构的影响程度。特别要注意，缺陷的存在仅是对结构表面产生了影响，对其功能无大碍，还是结构受到了损失，不同程度地降低了其使用功能。修补方案应在分析比较的基础上，认真选择。修补方案一经确定，应做好各项有关准备工作，做好施工组织和施工计划。

2. 表层损坏混凝土的清除

在对缺陷进行修补前，必须先把已损坏的混凝土除掉，直到露出完好的混凝土，并除去钢筋上的铁锈。其消除的常用方法如下所述。

（1）人工凿除

对于浅层或损坏面积较小的构件，一般可采用手工工具凿除。

（2）气动工具凿除

对于损坏面积较大，且有一定深度的缺陷，如内部蜂窝、空洞，一般可以采用气动工具凿除，对于个别部位不能满足要求的，再用手工工具补凿，直到满意为止。

（3）高速射水清除法

对于浅显损坏层，且面积较大的缺陷，可用高速水流冲射法除去混凝土损坏部分。

以上方法可以根据当地的实际情况斟酌采用。

3. 表层缺陷修补常用材料

修补混凝土桥梁缺陷，首先选用与原结构相同的水泥混凝土和水泥砂浆，其水泥和骨料的品种应与原混凝土的相同。但是，常常见到修补的结构往往再次破坏，大多数情况下都是由于新旧混凝土之间黏结效果差，或者新旧混凝土之间产生的收缩不均，因而导致界面产生应力，使得新旧结构发生脱离。因此，黏结技术和黏结材料在修补混凝土结构中应受到重视。

（1）混凝土材料

一般采用与原结构混凝土级配相同的材料，或者比原结构更高一等级的细石混凝土材料，水泥取 C40 以上等级；水灰比尽量取小值，并且通过实验来确定，必要时可以加入减水剂来调节其和易性。

（2）水泥砂浆

最好采用与原混凝土相同品种的水泥拌制的水泥砂浆；配合比一般要通过实验求得。水泥砂浆的修补，可以采用人工涂抹填压、喷浆修补等方法。

（3）混凝土胶黏剂

不同的混凝土胶结材料，可以根据不同要求拌制成净浆、砂浆剂混凝土等几种形式，可以采用表面封涂、灌浆、黏结、浇筑等方法，对缺陷进行修补。其修补效果较为满意。常用的胶液是硅酸钠，固化剂可用氟硅酸钠进行配制。

（4）环氧树脂类材料

环氧树脂类有机黏结材料、环氧树脂类材料，对于修补混凝土结构表层缺陷，有较理想效果。常用修补材料包括有机环氧胶液、环氧砂浆、环氧混凝土等。

由于环氧树脂类材料的价格比较贵，因此，只有在修补质量要求比较高的部位，或其他材料无法满足要求时，才考虑使用。

①环氧树脂种类

它们类别很多，最常用的是双酚 A 型环氧树脂。它是分子量为 340 ~ 7 000 的环氧树脂。低分子值的在常温下流动性较好，适宜作黏结剂；高分子值的机械性能大，但是较脆，可溶于丙酮、二甲苯、酒精等有机溶液。

②环氧树脂性能

环氧树脂在硬化后有较高的机械强度，抗压强度为 167 ~ 174 MPa，抗弯强度为 90 ~ 120 MPa，抗拉强度为 46 ~ 70 MPa，黏结强度也可达 10 MPa 以上，均远远超过混凝土的相应强度；收缩率较小，只有 0.05 ~ 0.1；热膨胀系数小；抗磨性好，耐受一般酸、碱、盐的腐蚀，可以在常温下固化；是一种质量可靠、稳定性好、强度高的建筑材料。

③环氧树脂组成

环氧树脂由固化剂、固化促进剂、增韧剂、稀释剂、填料、偶联剂等组成。

1）固化剂

双酚环氧树脂本身很稳定，即使加热到 200℃以上也不会发生变化，因此，需加入固化剂，而且，环氧树脂胶的性能在很大程度上取决于固化剂的性质。常用的固化剂有多元胺类、酸酐类、聚酰胺类等。其用量根据环氧树脂种类、型号剂和不同用处而定，称量要准确。注意：过多地使用固化剂易引起环氧浆液的暴聚，过少使用固化剂会使环氧树脂强度降低或导致其他不良后果。

2）固化促进剂

它的主要作用是加速固化反应、降低固化温度、缩短固化时间，通常与固化剂合并使用。固化促进剂用量应严格控制，一般应不超过双酚 A 型环氧树脂的 5%，用量过多会降低胶黏剂的耐高温性能。常用的固化促进剂包括酚类、三剂胺类、氮杂环氧化合物、硫化二甘醇、硼的络化物等。

3）增韧剂

为了改善双酚 A 环氧树脂胶黏剂的脆性，通常要加入非活性或活性增韧剂。活性的增韧剂要参与反应，非活性的增韧剂不参与反应，挥发后易造成胶的老化，使用时应严格控制用量。

4）稀释剂

它的主要作用是降低环氧树脂黏结剂的黏度，改善施工工艺，也可以相应增大填料的用量及延长胶液的活性期。不过，过多的稀释剂会影响环氧树脂的性质，加大硬化过程的收缩率，降低热变形温度、韧性强度和黏结力，特别时在使用非活性的丙酮作为稀释剂时，用量应控制在 20% 以下。

5）填料

它的主要作用是降低胶层的收缩力和热应力，提高环氧树脂的胶结强度，尤其是显著提高在高温下环氧树脂的抗剪强度。但是，填料用量过多会使胶层的机械模量增加，也会使胶结接头的内应力增加而影响胶结质量。

6）偶联剂

它的主要作用是改善环氧树脂胶的胶结强度和提高热老化性。目前，大多使用的偶联剂是有机硅偶联剂。它是由两部分组成：一部分是能和环氧树脂或固化剂发生化学反应的活性基团；另一部分是吸湿后可以水解的基团。常用的偶联剂有氨基丙基三乙氧基硅烷（KH-550），环氧化丙氧基、丙基三乙基硅烷（KH–560）。

④环氧树脂使用方法

将偶联剂配制成 1% ~ 2% 的乙醇溶液，喷涂在胶结表面上，待乙醇蒸发后再涂胶；将偶联剂直接加到环氧树脂胶液中去，用量为 1% ~ 5%。环氧砂浆各掺料的掺配料顺序：环氧树脂—增韧剂—稀释剂—固化剂—填料。每次调配的环氧树脂用量，应根据需要配制，如果一次调配数量过大，用不完会造成浪费。在调试环氧树脂时，注意通风、个人化学防护、防火等。

（五）混凝土桥梁表层缺陷修补

1. 采用混凝土修补法

采用混凝土修补，适用于混凝土桥梁构件表面蜂窝、空洞以及较大范围破损等缺陷的修补施工。用混凝土材料进行缺陷修补时，应采用比原结构强度指标高一级的混凝土，混凝土粗骨料的粒径一般不大于 15 mm。在施工条件受限时可采用自流平混凝土。在修补前应对混凝土表面的蜂窝、空洞进行处理、凿毛，对已经生锈的钢筋除锈，并使旧混凝土表面保持湿润、清洁。混凝土施工技术要求应符合现行规范规定。混凝土浇筑施工时应注意振捣及养生。

混凝土修补方法包括：直接浇筑、喷射、压浆、涂抹等。

混凝土修补完成后，要进行最后处理，特别要注意新老混凝土胶界面（缝）的处理，最后要注意加强养护。

2. 采用水泥砂浆修补法

桥梁构件表面出现深度较浅、小面积缺陷的修补，可采用水泥砂浆人工涂抹法进行修补。其修补材料主要采用普通水泥砂浆或专用修补材料。当桥梁构件表面出现大面积浅层缺陷及破损时，可采用喷浆修补法。

（1）水泥砂浆人工涂抹法

人工对损坏部位进行人工压力性涂抹水泥砂浆。对于小面积的缺陷、损坏深度较浅的部位的修补，常常采用水泥涂抹法进行修补，采用的修补程序：准备、涂抹修补、反复压光处理、注意养护。修补一个月后，再次检查、再次采用胶液进行防护。

（2）喷浆修补法

将水泥、砂和水的混合料，经高压喷射到修补部位的一种修补法。

①喷浆法特点

可采用较小水灰比，较多的水泥，从而获得较高强度和密实度；喷射砂浆层与受喷面之间有较高的黏结强度、耐久性较好；工艺简单、工效简单；消耗材料较多；当喷浆层胶薄或不均匀时，收缩率大，容易发生裂缝。

②喷浆准备工作

对老混凝土进行凿毛处理，并将表面清理干净。修补要求挂网时，要进行制作和固定处理。喷浆前一小时，应对受喷面进行洒水处理，保持受喷面的湿润。

③喷浆工艺流程

一般采用干料法。

④喷浆作业内容及要求

1）喷浆前应准备充足的砂子和水泥，经拌和后要及时使用，注意保护。2）输料管道的设置：一般采用软管作为输料管，不宜采用短于 15 m 长的管道。3）气压和水压的选择：喷浆的压力应控制在 0.25 ~ 0.40 MPa 的范围。4）喷头操作：喷头与喷面的距离为 80 ~ 120 cm，喷头与受喷面要保持垂直。

⑤喷层厚度控制与要求

喷射厚度与喷射的方式有关。如果分层喷射，要在第一层没有完全凝固时可以开始第二层的喷射，每层的间歇时间以 2 ~ 3 h 为宜。如果上层已凝固，则采用刷子将层间松层刷除，然后再喷射。最后根据要求进行表面处理。注意养护、遮阴和保湿措施。

3. 采用混凝土黏结剂修补法

聚合物水泥砂浆适用于混凝土桥梁表面的风化、剥落、露筋及小面积的破损等缺陷的修补。聚合物水泥砂浆的性能指标应符合规范的规定。聚合物水泥砂浆修补施工过程中，应避免振动。修补部位的聚合物砂浆终凝前，应保护其表面免受雨水、风及阳光直射而产生的不利影响，并应及时养护。

（1）表面封涂修补

对于混凝土桥梁结构表面的风化、剥落、露筋及小面积的破损，可以人工用混凝土胶黏剂进行表面封涂修补。

人工表面封涂注意事项：涂抹修补实施从低向高、由内向外，并保证在涂抹缺陷处的周边有 2 cm 黏层，涂抹厚度不小于 2.5 cm。

（2）浇筑修补

当混凝土结构破坏较大且深入构造内一定深度时，可以采用混凝土胶黏剂浇筑涂层的方法进行修补。

浇筑修补注意事项：施工操作时，应避免荷载和振动。在修补强度达到原结构强度的 100%，才可承受荷载或振动。在修补部位，早期和中期都应避免高温影响，注重养护。

4. 采用环氧树脂修补法

环氧树脂具有较高的强度、抗腐蚀、抗渗透、能与混凝土材料牢固粘贴，是一种较好的修补材料。但是，环氧树脂价格较高，工艺要求高，通常在特别需要的情况下才使用。采用改性环氧砂浆（混凝土）修补混凝土表面缺陷时，改性环氧基液的安全性能指标应符合国家标准、规范的相关规定。涂抹改性环氧砂浆（混凝土）修补前，应先在已凿毛的混凝土表面涂一层改性环氧基液，使旧混凝土表面充分浸润。立模浇筑改性环氧混凝土的工艺要求与浇筑普通混凝土的基本相同，但应防止扰动已涂刷的改性环氧基液。浇筑时应充分插捣，反复压抹平整。改性环氧砂浆施工温度宜为 20 ± 5℃，高温或寒冷季节应采取有效措施控制温度。

（1）修补表面处理的一般技术要求

混凝土表面要求做到无水湿、无油渍、无灰尘和其他污物，无软弱带。对混凝土面加以凿毛，保持平整、干燥、坚固、密实。混凝土表面凿毛可以采用人工、高压水或空气吹净，或采用风砂枪喷砂除净。

（2）修补施工工艺要求

涂抹环氧树脂基液：采用人工或喷枪，使混凝土表面充分被环氧树脂基液所湿润（厚度不超过 1mm）。间隔 30 min ~ 60 min 后，再进行下一步工作。涂抹环氧砂浆：平面涂抹时，应均匀，每层厚度不超过 15 cm，进行反复压抹；斜、立面涂抹时，适当增加浆内填料，再涂抹、反复压抹；底面涂抹时，使用黏度大的基液，环氧砂浆厚度在 0.5 cm 为宜，均匀压抹。浇筑混凝土时，其浇筑工艺与普通混凝土的基本相同。平面应充分插捣或反复压抹，浇筑侧面或顶面时均须架立模板，并插实密实。环氧树脂材料的养护时，注意：温度保持在 20 ± 5℃；养护时间，夏天 2 d，冬天 7 d 以上；养护前 3 d，不应有水的浸泡或其他冲击。

（3）修补施工时注意事项

环氧树脂材料的每次配置数量要严格控制，保证在 2 h 内用完为标准。配置的环氧树脂材料要注意放置地点或装置器皿。注意季节的温度影响，注意施工人员的安全，防止材料污染环境。

5. 混凝土表面防腐涂装法

处于严重腐蚀环境下的混凝土桥梁，其混凝土表面可进行防腐涂装。选择防腐材料型号时，应综合考虑桥梁所处环境的温度、湿度及养护条件等因素，采用能有效抵抗外部不良因素侵害的，经检验符合国家有关标准要求的材料。混凝土桥梁涂装前，应除去混凝土表面模板残渣、油污及杂物等，金属外露的锐边、尖角和毛刺应打磨圆顺。涂装前应使混凝土表面保持干燥、清洁。在混凝土表面处理检测合格后 4 h 内进行混凝土表面防腐涂装施工。

（六）钢筋锈蚀处理

1. 钢筋锈蚀的原因

在钢筋混凝土结构中，钢筋处于水泥水化时所生成的强碱介质（PH 为 12 ~ 14）中，钢筋表面会形成钝化膜，可以抑制钢筋的锈蚀过程。如果有其他因素的影响，如混凝土不密实、保护层遭受破坏、太薄、混凝土碳化、裂缝或者外加剂的原因，将会导致钢筋锈蚀。从钢筋锈蚀机理上讲，钢筋在水、氧的条件下，会产生一系列的电化学反应，钢筋处于阳极，释放出电子，水中的氧离子吸收来自钢筋的电子呈现阴极，电子由阳极不断的流向阴极，产生腐蚀电流，在钢筋表面生成氢氧化亚铁薄膜，并与水、氧结合生成氢氧化铁，即铁锈。

2. 钢筋锈蚀的检测方法

半电池电位法是目前国内外检测混凝土中钢筋锈蚀状况的主要方法。这种检测法是利用混凝土中锈筋的电化学反应引起的电位变化来测定钢筋锈蚀状态，通过测定钢筋—混凝土作为一个电极与在混凝土表面的铜 / 硫酸铜参考电极之间的电位差，评定钢筋的锈蚀状态。

3. 钢筋锈蚀对混凝土结构的影响

钢筋的锈蚀可分为红色锈蚀和黑色锈蚀。氢氧化铁在水的作用下，进一步生成红锈（铁锈），一部分氧化不完全生成 Fe_2O_3（黑锈），在钢筋表面形成锈层。红锈体积可大到原来体积的 4 倍，黑锈体积可大到原来体积的 2 倍，从而使混凝土开裂、剥离，破坏了混凝土的受力性能，降低了材料的耐久性，影响了桥梁的使用寿命，削弱了钢筋的受力截面。铁锈层及其引起的混凝土裂缝，削弱了钢筋和混凝土的共同作用效果。

除此以外,钢筋的锈蚀还会使预应力钢筋、高强钢筋产生预应力损失或脆性破坏等的严重后果。

4. 钢筋锈蚀的一般修补方法和步骤

混凝土表层缺陷处理前应对生锈钢筋进行除锈，除锈后应及时涂刷阻锈剂。阻锈剂的质量及性能指标应符合有关现行国家标准的规定。采用阻锈剂溶液时，混凝土拌和物的搅拌时间应延长 1 min；采用阻锈剂粉剂时，混凝土拌和物的搅拌时间应延长 3 min。

凿除松脱、剥离等已损坏部分的混凝土。对钢筋进行防锈处理，涂以环氧胶液等黏结剂。立模、配料浇筑，喷浆、涂抹施工，对新喷涂或浇筑的环氧混凝土进行表面处理。对于锈蚀而出现的微小裂缝的部位，可以采用粘贴两层玻璃布的方法进行修补。

二、圬工桥梁缺损的维修

砌体表层损坏表现在抹灰层、砌缝脱落、砌体表面麻面、起皮、起鼓、粉化和剥落等。如果不及时处理，砌体表层损坏将会向深度发展，造成内部材料的变质、酥化，使砌体强度降低。其常见的修补方法有以下几种：

（一）勾缝修补

对于砌缝砂浆的脱落、松散，都需要重新进行勾缝修补。勾缝时，可用手凿或风动凿子凿去已破损的灰缝，深度 3 cm ~ 5 cm，用压力水彻底冲洗干净，再用 M10 以上的水泥浆重新勾缝。采用的方法是用抹子把砂浆填入缝内，再用勾缝器压紧，形成凹形缝，切去飞边使其密实。

（二）抹浆或喷浆整治砖石表面风化

对于砌体表面风化、剥落、蜂窝、麻面，可以采用抹喷一层 M10 以上水泥砂浆进行防护。其防护步骤是：清理风化、剥落的表面：凿毛暴露的完好面用水冲洗干净表面并保持湿润；然后再分别抹浆或喷浆，一般每层厚度 10 mm ~ 15 mm。

（三）表面局部修补

对于砌体表面出现局部损伤，脱落不太严重时，可以将破损的部分清除，凿毛清洗，再用 M10 水泥砂浆分层填补至需要的厚度，并将其抹平。如果砌体表面损坏深度和范围较大时，可以在新旧结构结合处设置牵钉，必要时挂钢筋网，立模板，浇筑混凝土。

（四）镶面石修补

局部破损，则可以个别更换。如果破损面较大，则要在原结构上安置带倒钩的套扣，加强与新镶面的承托。

三、桥梁裂缝修补

圬工桥梁、混凝土及钢筋混凝土桥梁均可能存在不同程度的裂缝。为了恢复桥梁结构的整体性，保持其强度、刚度、耐久性，使其更加美观，应对这些裂缝进行仔细的检查、评价，并进行针对性的维修。

（一）裂缝的表面封闭修补法

桥梁结构裂缝的表面封闭修补常用方法有填缝法、表面抹灰法、表面喷浆法、凿槽嵌补法和加箍封闭法等。

填缝法常用于砖石砌体轻微裂缝的简单修理。填缝法的操作步骤为：首先将缝隙清理干净，根据裂缝宽度选择相应的勾缝刀、抹子、刮刀等。填缝所用水泥砂浆（1 ∶ 2.5 或 1 ∶ 3）强度不得低于原灰浆的强度。

表面抹灰法的操作步骤为：将水泥浆、水泥砂浆、环氧基液、环氧砂浆等材料涂抹在裂缝部位的砖石砌体或混凝土表面上。

水泥砂浆涂抹法的操作步骤为：先将裂缝附近的混凝土表面凿毛（糙面应平整）、洗刷干净后，洒水使之保持湿润（但不可有水珠）。然后将水泥砂浆（1 ∶ 1 ~ 1 ∶ 2）涂抹其上，涂抹时应先用纯水泥浆涂刷一层底浆（厚度 0.5 mm ~ 1.0 mm），在将水泥砂浆一次或分次抹完（厚度越厚，所需次数越多）。涂抹的总厚度一般为 10 mm ~ 20 mm，最后用铁抹压实、抹光，配制砂浆时，砂子不宜太粗，以中细砂为宜，水泥可用普通水泥（标号不宜低于 32.5 号）。夏季施工时，应防止阳光直射，在涂抹 3 ~ 4 h 后应洒水养护。冬季施工时，应注意保温，避免因受冻而降低水泥强度。

环氧砂浆涂抹法的操作步骤为：先在裂缝上口凿一宽 1 cm ~ 2 cm，深约 0.5 cm 的 V 形槽。槽面应尽量平整。再用钢丝刷或竹刷刷净缝口，凿去浮渣，用手持式皮风箱吹清缝内灰砂并烘干混凝土表面。在裂缝外用蘸有丙酮或二甲苯的纱头洗擦一边，保持槽内混凝土面无灰尘、油污等。在裂缝周围涂一层环氧浆液，若裂缝较深，在垂直方向可静力灌注（环氧浆液可灌入 0.5 mm 的细缝中）。最后嵌入环氧砂浆，用刮刀将其平面与原混凝土面齐平，待环氧树脂硬化后（常温 20 ~ 25 ℃时，约需 6 ~ 7 天），即可应用。注意：该方法中施工人员应做好防火、防毒工作。

表面喷浆法的操作步骤为：先对需要喷浆的结构表层仔细敲击，敲碎并除去剥离的部分。若为钢筋混凝土，还须清除露筋部分钢筋上的铁锈。接着将裂缝表面凿毛（V 形槽），并用水冲洗结构物表面，在开始喷浆前将基层湿润一下。最后喷射一层密实、高强的水泥砂浆保护层以封闭裂缝。根据裂缝的部位与性质及修理的要求与条件，该方法可分为无筋素喷法、挂网喷浆法等。

凿槽嵌补法的操作步骤为：先沿混凝土裂缝凿一条深槽，槽形根据裂缝位置和填补材料而定（多采用 V 形槽）。再将槽两边混凝土修理整平，将槽内清洗干净。最后在槽内嵌补黏结材料（当填补水泥砂浆时，应先保持槽内湿润且无积水；当填补沥青或环氧材料时，应先保持槽内干燥）。

加箍封闭法主要用于钢筋混凝土梁的主应力裂缝的加箍处理。选用的直箍或斜箍可由扁钢焊成或圆钢制成，设箍方向应与裂缝方向垂直，箍、梁上下面接触处可垫以角钢。

（二）裂缝的表面粘贴修补法

表面粘贴法是用胶黏剂将玻璃布或钢板等材料粘贴在裂缝部位的混凝土面上。现介绍粘贴玻璃布法与粘贴钢板法。

1. 粘贴玻璃布法

粘贴玻璃布法所用的玻璃布由无碱玻璃纤维织成，耐水性好、强度高。它又可分为无捻粗纱布、平纹冰、斜纹布、缎纹布、单向布等多种。其中，无捻粗纱布因强度高，气泡易排除，施工方便，最为常用。

玻璃布在使用前必须除去油蜡（玻璃布在制作工程中加入了含油脂和蜡的浸润剂），以提高粘贴效果。玻璃布除油蜡的方法有两种：一是将其在碱水中浸泡 30 min ~ 60 min，再用清水洗净；二是将其放在烘烤炉上加温到 190℃ ~ 250℃，使油蜡燃烧（会产生很多灰尘），烘烤后将玻璃布在浓度 2% ~ 3% 的碱水中煮沸 30 min，取出用清水洗净并晾干。其中后一种方法效果较好。

粘贴前先将混凝土面凿毛，并冲洗干净，使表面无油污灰尘，若表面不平整，可先用环氧砂浆抹平。粘贴时，先在粘贴面上均匀刷一层环氧基液（不能有气泡），接着展开、拉直玻璃布，放置并抹平使之紧贴在混凝土表面，用刷子或其他工具在玻璃布面上刷一遍，使环氧基液浸透玻璃布并溢出，在该玻璃布上刷环氧基液。按同样方法粘贴第二层玻璃布（为了压边，上层玻璃布应比下层的宽 1 cm ~ 2 cm）。

2. 粘贴钢板法

首先按所需尺寸切好钢板，用打磨机研磨，使其表面露出钢的本色。修凿裂缝附近混凝土，表面使其平整，用丙酮或二甲苯擦洗修补部位的混凝土表面及钢板面以去除黏结面的油脂和灰尘，在钢板和混凝土粘贴面上均匀地涂刷环氧基液黏结剂。用方木、角钢和固定螺栓等均匀地压贴钢板，待养生到所需时间，拆除方木、角钢等材料，并在钢板表面上再涂刷一层养护涂料（如防锈油漆）。

（三）裂缝的压力灌浆修补法

压力灌浆法一般用于裂缝多且深入结构内部或结构有空隙的部位。它通过施加一定的压力，将浆液灌入结构内部裂缝中，以封闭裂缝，恢复并提高结构强度、耐久性和抗震性。该方法依据灌入浆材的不同，又可分为水泥灌浆法（灌浆材料为纯水泥、水泥砂浆、水泥黏土、石灰、石灰黏土、石灰水泥）和化学灌浆法（灌浆材料为环氧树脂类浆液、丙烯酸酯类浆液、水玻璃类浆液、丙烯酰胺类浆液、丙烯酸盐类浆液、聚氨酯类浆液等）。

1. 水泥灌装修补法

水泥灌浆修补法的施工要点如下：

灌浆前应再仔细检查一遍裂缝，确定修补的数量、范围、钻孔的位置及浆液数量。

钻孔时，一般不可顺着裂缝方向，钻孔轴线与裂缝面的交角以大于 30° 为宜。

钻孔完毕后应清孔，可用水由上向下冲洗各孔。用水冲净后，再用压缩空气将各孔吹干。孔眼的冲洗、吹风是按由上向下、一横排接一横排的顺序进行的。

灌浆前应先将结构中大的裂缝与孔隙堵塞起来，以防灌浆时浆液通过它们流到表面（即止浆、堵漏处理）。止浆、堵漏主要有三种方法：用水泥砂浆或环氧砂浆涂抹，用环氧胶泥粘贴、用棉絮、麻布条等嵌塞等。

灌浆前应做压水或压风，以检查孔眼畅通情况及止浆效果。

通过结构上人工钻成的孔眼将水泥浆液灌入。

圬工结构灌浆时，水泥标号一般不低于 325 号，灌浆压力一般为 0.1 ~ 0.304 MPa。

混凝土、钢筋混凝土结构灌浆时所用的水泥标号一般不低于 425 号，灌浆压力一般为 0.405 ~ 0.608 MPa。

当工程量较大时，可采用灌浆机、灌（压）浆泵、风泵等加压设备。当工程量较小时，可采用打气筒状的注射器。

2. 化学灌装修补法

化学灌浆修补法的施工要点如下：

灌浆前应先对修补部位的裂缝情况进行详细的检查、记录，做好定量和定性的分析。据此计算和安排有关灌浆材料配量、埋嘴、灌浆注射等工作。

在裂缝两侧画线之内用小锤、手铲、钢丝刷等工具将构件表面整平，凿除突出部分，再用丙酮擦洗，清除裂缝周围的油污（不要将裂缝堵塞）。

应选择大小合适、自重尽可能轻的嘴子。嘴子的布置原则是：宽缝稀，窄缝密；断缝交错处单独设嘴；贯通缝的嘴子设在构件的两面交错处。

埋嘴前，先把嘴子底盘用丙酮擦洗干净，然后用灰刀将环氧胶泥抹在底盘周围，骑缝埋贴到构件裂缝处（不要将嘴子和裂缝灌浆通道堵塞）。

埋嘴后，应封闭其余裂缝，进行嵌缝或堵漏处理，以保证浆液将裂缝填充密实、防止浆液流失。裂缝封闭方法为：①对于裂缝较小的混凝土构件，先沿裂缝走向均匀地涂刷一层环氧浆液（宽 7 cm ~ 8 cm），再在其上分段紧密贴上一层玻璃丝布（宽 5 cm ~ 7 cm）。在嘴子底盘周围 5 mm ~ 10 mm 的范围内不贴玻璃丝布，可用灰刀沿其周围先抹上一层环氧胶泥（鱼脊状），再刷上一层环氧浆液。②对于裂缝较大的混凝土构件，先沿裂缝用风镐凿成 V 形槽（宽 5 cm ~ 10 cm，深 3 ~ 5 cm），再清除槽内松动的碎屑、粉尘，最后向槽内填塞水泥砂浆。

在前一步骤完成一天以后，应进行压水或压气，以检查裂缝封闭及孔眼畅通情况。

化学灌浆可采用两种工具：手压泵，裂缝较大时采用；灌浆注射器，裂缝较细微、灌浆量不大时采用。两者灌浆时均应保证泵或注射器针头与嘴子的严密连接，不能漏气。前者与灌嘴可用聚氯乙烯透明塑料管连接，后者可将气门芯套在针头上，再将针头插入灌浆嘴内进行灌浆。

灌浆时应注意压力的控制。当裂缝较宽，进浆通畅时，压力应小（手压泵泵压控制在0.1 ~ 0.2 MPa）。当裂缝细微、进浆困难时，压力应大（手压泵泵压控制在0.4 MPa左右）。用灌浆注射器注射主要靠手的推力，以灌得进浆液为准。

灌浆的次序应事先标定。灌浆次序标定原则是：竖向裂缝先下后上，水平裂缝由低端逐渐灌向高端，贯通裂缝在两面一先一后交错进行。灌注过程中应随时注意排气。每灌完一个嘴子，不要急于转移器械，稳压几分钟待所修补裂缝吃浆饱满再灌下一个嘴子。在每个灌完的嘴子上绑扎一段透明塑料管，以便其溢浆时可立即扎死管子。

灌浆完毕待浆液聚合固化后，拆除灌浆嘴，并用环氧胶泥抹平。在每一道裂缝表面再刷一层环氧树脂水泥浆，以确保封闭严实。

水泥灌浆修补法的施工时注意安全事项如下：

施工现场注意通风，以防技术人员呼吸中毒；

灌浆材料应密封储存；

施工人员应佩带口罩、橡胶手套、防护眼镜等；

身体接触到环氧树脂材料时不可用丙酮等溶剂清洗，应先用锯木屑或去污粉擦除，再用肥皂热水清洗；

施工器械可用丙酮、甲苯等溶剂或热水清洗；

施工现场严禁明火，注意器械与残液的回收，以防污染环境。

（四）裂缝修复质量检验与验收

表面封缝材料固化后应均匀、平整，不出现裂缝，无脱落。

当注入裂缝的胶黏剂达到7 d固化期时，应采用取芯法对注浆效果进行检验。芯样检验应采用劈裂抗拉强度测定方法。当检验结果符合下列条件之一时为符合设计要求：

沿裂缝方向施加的劈力，其破坏应发生在混凝土内部（即内聚破坏）。

芯样破坏虽有部分发生在界面上，但这部分破坏面积不大于破坏面总面积的15%。

第五章 路基常见病害及防治措施

第一节 路基常见病害及处置方法

一、路基常见病害

在自然界中，路基受各种因素的作用，产生不可恢复的变形，危及路基及其各组成部分的完整和稳定，形成路基的病害。

（一）路基沉陷

路基沉陷是指路基表面在垂直方向产生较大的沉落。

路基沉陷分两种情况：①因路基填料选择不当、填筑方法不合理、压实不足，在路基堤身内部将形成过湿的夹层，在荷载和水温综合作用下，引起路基自身沉缩。②原天然地面为新近填土、软土、泥沼等，其承载能力不足，路基修筑前又未经处理，在路基自重作用下，地基沉陷或向两侧挤出，引起路基下陷。

（二）边坡滑塌

根据边坡土质类别、破坏原因和规模的不同，路基边坡滑塌可分为以下四种：

1. 溜方

溜方是由少量土体沿土质边坡向下移动所形成的，通常是指边坡上薄的表层土下溜，可能是由于流动水冲刷边坡或施工不当而引起的。

2. 滑坡

滑坡是指一部分土体在重力作用下沿路堤的某一滑动面滑动。滑坡现象主要是土体的稳定性不足而引起的。滑坡分为路堤滑坡和路堑滑坡。

边坡坡度过陡，边坡坡脚被冲刷挖空，填土层次安排不当，是导致路堤边坡的主要原因。边坡高度和边坡坡度与天然岩土层次的性质不适应是路堑边坡滑坡的主要原因。黏性土层和蓄水的砂石层交替分层蕴藏，特别是有倾向路堑方向的斜坡层理时，就更容易诱发滑坡。

3. 风化剥落

风化剥落是指风化的石质路堑边坡，在外界环境因素如降水、强风、振动等影响下，成片或块体剥落，从而危及线路和行车安全。风化剥落一般多指因地形、地质原因而造成的体积较小而数量较多的风化岩石剥落。

4. 不良地质和水文条件

不良地质条件（如泥石流、溶洞等）和较大自然灾害（如大暴雨）均可能导致路基的大规模毁坏。

二、常用地基处治方法

（一）换填法

换填法就是将路基底面以下一定范围内的软弱土层挖去，然后以质地坚硬、强度较高、性能稳定、具有抗侵蚀的砂、碎石、卵石、素土、灰土、煤渣、矿渣等材料分层填筑、压实成为良好的人工地基。就道路病害而言，通常只在上部路堤较矮且下部软弱土层较薄的情况下采用换填法。

（二）静压注浆法

静压注浆法的实质是用气压、液压或电化学原理，把某些能固化的浆液注入各种介质的裂缝或孔隙，以改善地基的物理力学性质。注浆法可用于防渗、堵漏、加固和纠正结构物倾斜。它广泛应用于水利、道桥以及地下建筑等工程中的砂及砂砾石地基、软黏土地基、杂填土地基、淤泥以及湿陷性黄土地基等。在地基处理中，常用的静压注浆方法按其依据的理论可分为渗透注浆法、劈裂注浆法、压密注浆法、电动化学注浆法。

1. 劈裂注浆法

浆液在压力作用下，克服地层的初始应力和抗拉强度，引起土体结构的破坏和扰动，进而使浆液沿垂直于小主应力平面上发生劈裂，进一步使地层中原有的孔隙或裂隙扩张或形成新的裂缝和孔隙，从而使低透水性地层的可灌性和浆液扩散距离增大。劈裂注浆法可以通过劈裂压密土体形成充填裂缝，浆液进一步扩散和延伸，最终形成板状和树根状浆脉，达到改善土体化学性能、增加土体抗压强度、降低土体渗透性的目的。

2. 压密注浆法

通过钻孔向土层中压入浓浆，随着土体的压密和浆液的挤入，在压浆点周围形成浆泡空间，并向四周不断膨胀挤压土体，压入的浆泡使一定范围内的土体被挤密，浆泡本身凝结后也最终形成硬质块体存在于土体中，使一定范围内的土层得到强化改善。此外，浆液的挤压作用会引起地面的局部隆起和路基不均匀沉降有所抵消现象。

3. 渗透注浆法

在注浆压力作用下，浆液克服各种阻力而渗入孔隙和裂隙，注浆压力越大，吸浆量及浆液扩散距离就大。该法假定在注浆过程中地层结构不受扰动和破坏，所用的注浆压力相对较小。渗透性注浆是在地层结构不被破坏的条件下渗入地层，浆材的颗粒尺寸必须至少小于土的孔隙尺寸，才能实现渗透性注浆。

4. 电动化学注浆法

在黏性土中插入金属电极并通以直流电后，就在土中引起电渗、电泳和离子交换等作用，促使在通电区域的土中以高价金属离子代换钠离子，使土的含水量显著降低，并可使土内形成渗浆“通道”。若在通电的同时向土中灌注硅酸盐浆液，就能在“通道”上形成硅胶，并与土体胶结成具有一定力学强度的加固体。

（三）旋喷桩法

旋喷桩法利用旋喷钻机将预先配置好的水泥浆液通过高压脉冲泵使液流获得巨大能量后，通过注浆管道从高压喷嘴中高速喷射，形成一股能量高度集中的液流。切削土体的同时，钻杆以一定的速度边旋转，边提升，从而使浆液与土体充分搅拌，并按一定的浆土比例和质量大小有规律地重新排列，胶结硬化后便形成一个有一定直径的柱状固结体。

采用旋喷桩法，在软弱土层中形成由水泥固结体与桩间土组成的复合地基，可大大提高地基的抗剪强度，改善土的变形性质，提高地基的承载力，减少地基的沉降变形。此方法可以利用小直径钻孔旋喷成比孔大 8 ~ 10 倍的大直径固结体，具有设备简单、施工速度快、机械化程度高、用途广、成本低的特点。

（四）混凝土挤密桩法

混凝土挤密桩的实质是一种钻孔桩，即利用钻机从路面向下钻孔至不良地基中，成孔后将混凝土分层压实，在一定的压力作用下，对周围的不良土体起挤密作用，同时挤出的水分被干混凝土吸收，形成改良后的复合桩基础，从而达到治理的目的。

（五）树根桩托换法

树根桩就是在套管导向下用旋转方法钻进（钻孔直径 100 mm ~ 300 mm），穿过原有建筑物的基础进入地基土中至设计高程，清孔后下放钢筋（钢筋数量视桩孔直径而定），再用压力灌注水泥浆、水泥砂浆或细石混凝土，边灌、边振、边拔管，最后成桩。利用该方法所形成的桩可以是垂直的也可以是倾斜的，可以是单根的也可以是成排的，由于桩基形状如“树根”而得名。它的突出优点是能够最大限度地保持结构物与地基之间原有的平衡状态，保证在加固地基的同时，又不破坏地基土对结构物的支撑作用。树根桩的三维结构增加了地基的刚度，可使基础的沉降大大降低，且树根桩在施工时无振动，不需要笨重的设备。

第二节 路基不均匀沉降及防治措施

一、路基不均匀沉降原因及防治措施

（一）路基不均匀沉降原因分析

路基不均匀沉降是地基、路基本身、水等多方面因素综合作用的结果。

1. 地基

表土处理、伐树除根不彻底，基底压实度不符合要求，易致地基松软及不均匀沉降。填筑前地基未按规定要求挖成台阶的大横坡路段，荷载作用下与地基结合不良的填料极易失稳而沿坡面发生滑移，从而产生横向不均匀沉降。

软土地基在附加应力作用下，会发生固结沉降、次固结沉降和侧向塑性挤出，导致明显的沉降变形。当清淤处理不彻底或回填材料控制不好时，易形成相对软土层，导致地基不均匀沉降，造成路基的不均匀沉降及路面开裂。

在碳酸盐岩地区，路基下有时分布有岩溶洼地或漏斗，其中的沉积物松软，在荷载作用下，沉积物压实、侧向流动和下陷，形成路基沉陷。

2. 路基

在路基施工过程中，填料、级配难以得到有效控制。填料多用挖方、废方，其性质、级配差异大，若填料中混入种植土、腐殖土等劣质土，或土中含有大块土或冻土等，在一定期限可能产生局部明显横向下沉。

压实不足往往导致填方路基的横向不均匀沉降变形，在路基两侧出现纵向裂缝。路基土体压实度不足的原因很多。在施工过程中，填方土体的最佳含水量控制不力，压实时的松铺厚度、碾压机具选择不当，压实或压实作用时间不足，路基压实不充分，压实效果达不到要求；分层碾压厚度过大，小颗粒填料和软弱物质难以有效压实，长期荷载作用下，路基会产生不协调沉降变形；局部路堤填料含水量低，土块粉碎不足易致路基压实度不均匀；加减速道与行车道拼接处，路基边缘不能超宽碾压处，容易产生压实度不足的情况。填方土体压实度不足，使得土体前期固结压力小于自重应力和各种附加应力之和，在自重作用下就会发生沉降变形。路基压实不足，密实度达不到要求，土体易发生积水，造成水分积聚和侵蚀路基，使路基土软化或因冻胀而产生不均匀沉降。

在半填半挖路段，由于填方与挖方的沉降系数不同，在行车荷载的作用下，填方与挖方的沉降差值随着时间的增加而增大，易在交界处出现不均匀沉降，从而产生纵向裂缝。

3. 水

在地下水的交替作用下，路基土体内水含量反复变化。土体重度在一定范围内波动，由毛细管张力引起孔隙水压力达到相当的数值，可使路基产生横向沉降变形。降雨量过大、洪水、冰冻、积雪或温差过大，都可能使高路堤产生横向不均匀下沉。

施工过程不注意排水，雨天时路基积水严重，无法自行排水，积水浸入路基内部，形成水囊；晴天施工时，积水未及时排除就继续填筑，形成隐患。

（二）路基不均匀沉降防治措施

1. 勘察设计

（1）做好地质勘探调查

对道路沿线的地形、地貌、水文地质进行详细勘察，对特殊路基段应提供详细的设计资料。地表不良路段，可考虑换土或掺石灰、水泥及铺设土工合成材料等措施。

（2）设计要求

按照设计规范要求，根据土基干湿类型及毛细水位高度确保路基最小填筑高度，保证不因地面水、地下水、毛细水及冻胀作用的影响而降低其稳定性。当路基填筑高度受限制而不能达到规范规定时，则应采取相应的处治措施，如换填砂砾、石碴等透水性材料，设置隔离层或修筑地下渗透沟等以避免地面积水和地下水浸入路基，影响路基工作区内的土基强度与稳定性。

遵循因地制宜、整体规划、综合考虑的原则，进行路基纵、横向排水设计，避免造成两侧长期积水浸泡路基，使路基承载力下降而发生沉降变形。

高填、深挖路基的边坡应根据填料种类、边坡高度和工程地质条件等确定，且高填路堤必须进行路基稳定性验算。填方边坡过高时，可考虑在边坡中部加置边坡平台。

积极推行植物防护与硬防护相结合的综合防护形式，在比较稳定的土质边坡采用种草、铺设草皮、植树等植物防护措施。岩体风化严峻、节理发育、软质岩石、松散碎（砾）石土的挖方边坡以及受水流侵蚀、植物不易生长的填方边坡可采用护面墙、砌石等工程防护措施，沿河路基、受冰侵害和冲刷路段采用挡土墙、砌行护坡、石笼抛石等直接防护措施。

（3）防治方法

强夯法处治是利用大能量直接作用在被处治范围内，通过整体提高被处治体的密实度来减少不均匀沉降变形。其作用效果明显，施工速度快。

压力灌浆法是利用机器施加高压，把能固化的浆液压入土体空隙，浆液凝固后把压力区范围内的土体固结，使用松散的土颗粒形成整体，达到控制沉降、减少不均匀沉降的目的。特别是针对路路基下软土基的处治，可以直接改善土体结构，固结土体，控制沉降。

应用土工合成材料（土工格栅、塑料网格等）进行加筋或制或柔性褥垫层，使之调节和控制不均匀沉降。

2. 施工

施工前要做好施工组织设计，做好施工前的准备工作，认真清除地表土，严格控制填土含水量，选取满足规范要求的路基填料，做好监测工作，处理好填石路基与鸡爪形地段等特殊地段施工，做好路基填筑碾压工作，路基施工必须分层填筑，分层碾压，并做好路基施工中的排水工作，对半填半挖部位做台阶以控制不均匀沉降。

路基土石方施工时或完工后，应及时进行路基防护工程施工和养生。各类防护与加固应在稳定的基础或坡体上施工。防护工程的砂浆、混凝土，应采用机械拌和，随拌随用，并注重做好养生。

二、纵向填挖交界处不均匀沉降原因及防治措施

纵向填挖交界处不均匀沉降问题直接关系到道路的质量，因而，解决好纵向填挖交界处不均匀沉降问题具有重大的意义。

（一）纵向填挖交界处存在的质量问题

在新建的道路上，经常出现填方地段与挖方地段发生错台，致使整个路段产生不均匀沉降，路面也随之发生破坏。由于填挖结合部位是填挖方的过渡段，其特点是填方的高度和挖方的深度都较小，作为行车荷载直接作用区域，随着时间的推移，由于填、挖方的沉降值不同，使路基出现纵向不均匀沉降。

（二）纵向填挖交界处不均匀沉降原因分析

在道路施工中，路基填方与挖方结合处的填方一般处于一个“倒三角”的地形。在这种地形填方时，机械难以在底部展开工作，一般倾填至机械能及的位置后才进行碾压。倾填的部分由于大石料集中、填料的空隙率大，极不稳定。尤其是基底未经处理，地基的承载能力不均匀也导致了变形过大而挖方地段基础处于天然密实状态，即使有沉降也是均匀的。

高填方地段的工后沉降量大于挖方地段。

填方时，填挖衔接处没有按要求采取挖台阶处理或者处理的宽度及高度不满足要求。

（三）纵向填挖交界处不均匀沉降预防措施

填方前应对基底进行处理，清除淤泥、腐殖土、杂草树根。

做好临时排水设施。当坡面或坡脚处裂隙水比较丰富或有地下泉水时，应在沿坡脚位置每间隔 2 ~ 3 个填层高度设置一道盲沟，将丰富的裂隙水或泉水导流至填方区以外排水沟内。此外，路堤在填筑过程中要按设计纵横坡保持路拱，以便雨季排水畅通。另外，对于半填半挖、填挖交界处施工，最好不要用推土机直接进行填土作业，这样容易形成推堆区，且满足不了压实要求。

高填方路基前边坡应用较大石块，码砌高度不小于 2 m，厚度不小于 1 m；控制倾填料颗粒径，避免大石料过于集中；采用大吨位机械振动压实，避免出现过大的工后沉降。

填方前，对于填挖交界处或自然横坡陡于 1 ∶ 5 时，应将原地面挖台阶，宽度不小于 2 m，其顶做成 2% ~ 4% 的内倾斜坡，压实度不得小于 85%，挖好横向联结台阶，分层压实。

做好挖方段地表及地下排水工作，避免水对新填路基的危害。

在进行填方区压实度检测时，应将纵向填挖交界处作为重点检测对象，若压实度不合格，要根据不合格原因坚决进行返工或补压。

工程实践已证明，应用土工合成材料处治路基非均匀沉降，不失为一种有效的工程技术措施。

为保证纵向填挖交界处路基的稳定性，减少不均匀沉降，对部分填挖交界路基进行土工格网加固处理。山体自然坡度比不小于 1 ∶ 2，且填高大于 4 m 时，在路基顶部至 0.4H（H 为填土高度）高度处，每间隔 100 cm 高度铺设一层土工格网。纵向填挖交界处土工格网沿横向铺设，当土工格网铺设长度超出路基边坡的范围时，则铺至离坡面 30 cm 处即可。

（四）纵向填挖交界处不均匀沉降处理措施

如果纵向填挖交界处的沉降已经发生，可采取以下措施：

分析产生的原因，观察沉降发展的情况，设计处理措施方案。

错台差异不大的地方，对开裂的路面使用沥青砂或者水泥浆进行灌缝处理，避免路面水浸入而影响路面基层强度或路基的整体强度。

如果沉降已经稳定，视差异高度加铺一层路面结构或重新填筑。

第三节 高填方路堤病害维修加固措施

高填方路堤施工和工程完工后，在自然环境多因素影响和汽车重复荷载作用下，易出现一些路基病害，引起路基的整体下沉、局部沉陷、边坡坍塌，影响道路的正常使用。对高填方路堤出现的严重病害，必须采取行之有效的处理办法，使路基处于良好的工作状态。对其常见处治措施如下：

一、换土复填法

因填筑土质不符合要求，导致路基出现下沉但面积不大且深度较浅时，宜采用换土复填方法，简便快捷。换土复填法即挖除原路基出现病害部分的土，更换符合规范要求的填料。填料以采用级配较好的砂砾土、塑性指数满足规范要求的亚黏土为宜。回填时，挖补面积要扩大，且逐层开挖成台阶状，并由下往上逐层填筑，碾压密实，压实度要求高出原路基压实度 1% ~ 2% 为宜。

二、固化剂法

在高填方路堤下沉处理过程中，有时路基填料更换受到限制不易进行，若填筑数量不大，可在原填料中掺入固化剂来处理路基病害。路用材料固化剂分为固态和液态两大类，从化学构成上可分为主固化剂和助固化剂两大部分。固体粉状固化剂中主固化剂以石灰、石膏、水泥为主，助固化剂采用高聚物如聚丙烯酚氨、聚丙烯酸或含有活性基的有机化合物，与土混合分层碾压密实即可，适合于表层或浅层土的固化；液态固化剂中主固化剂多采用水玻璃，助固化剂采用各种无机盐如碳酸镁、碳酸钙等，采用特殊工艺将浆液注入土中使土固结，适合于深层土的固结。

固化剂的种类很多，在道路工程中使用时，可根据路用材料的种类与固化剂的成分、类型选用。

三、灌浆法

灌浆法是利用液压、气压或电化学原理，通过注浆管将浆液均匀地注入地层中，浆液以充填、渗透和挤密等方式占据土粒间或岩石裂缝中的空间，一定时间后，浆液将原来松散的土粒或裂隙胶结成一个整体，形成一个强度大、防水性能好，化学稳定性高的“结合体”。

四、粉喷桩法

粉喷桩法处理软土地基是通过专门机械将粉体固化剂喷出后在地基深处就地与软土强制搅拌，利用固化剂和软土之间发生一系列物理、化学反应，在原地基中形成强度与刚度较大的桩体，同时也改善桩周土体性质，使桩体与桩间土体形成复合地基共同承担外部荷载。粉喷桩加固技术是处理 10 m 以内路基下沉病害的一种较为理想的方法。

使用粉喷桩加固路基，应认真调查路基病害的情况，做好粉喷桩施工的设计（桩径、桩距、固化剂掺入量、桩身强度等），施工中要严格掌握固化剂掺入量、粉喷桩龄期、土样含水量、混合料搅拌的均匀性，并着重抓好施工中的以下几个环节。

严格按粉喷桩施工规范施工，严格掌握钻机的就位、钻进、停钻、提升、停喷、重复的工艺流程。

粉喷桩处理软基属隐蔽工程，通常是昼夜连续施工，必须做好粉喷桩的质量控制，控制内容包括桩距、桩位检查，逐桩控制喷粉量、桩长等。

第四节 桥头跳车

桥头跳车是指桥头及伸缩缝（桥头引道）处的差异沉降或伸缩缝破坏而使路面纵坡出现台阶引起车辆通过时产生颠簸跳跃的现象引起桥头跳车的主要原因有不均匀沉降、刚度突变、车速、车辆本身的抗震性能等。就城市道路路况而言，它主要是柔性道路与刚性结构物之间的连接处发生不均匀沉降，产生错台所致。桥梁与路基、路面的组成材料、刚度、强度、胀缩性等存在差异，且桥头连接处受力时易形成集中应力；在车辆荷载、结构自重、自然因素作用下，桥梁与道路同时发生沉降，但两者的沉降量有很大差异，道路的沉降量远大于桥梁的沉降量，形成错台，导致行车时发生桥头跳车。

桥头跳车的危害主要表现为：影响行车安全、降低行车速度、影响车辆运营费用和加速桥梁及路面的病害，对道路桥梁的运行影响极大。

消除或缓解桥头跳车的关键是减少不均匀沉降量、延长沉降特征长度、减缓不均匀沉降梯度，从而起到匀顺纵坡的目的。因此需要对地基、台背路堤以及过渡段路面采取综合处治措施，才能较好解决桥头跳车现象。

一、地基处治技术

地基处治的目的是改善地基性能，提高承载力和抵抗自然灾害的能力，增强地基稳定性，减少或消除路桥过渡段的不均匀沉降，缩小桥台与路堤的沉降差。

目前针对不良地基的预防措施有很多，但很多预防措施在施工中没有严格按要求实施，以致经过多年使用之后，路基出现各种病害。针对已有病害的地基处治目前缺乏比较系统的研究。由于道路一旦投入使用，交通量较大，为了不影响或尽量少影响道路的通行，在病害处治方法的选择上就有一定的局限性，对于上部填土较厚的不良地基，就不适合采用换填、排水固结、强夯等一般的处治措施。在处治方法的选择上不但要达到治理地基的沉降和破坏的目的，还应尽量减小对路堤及上部结构的扰动，不影响交通，经济且方便施工。

在对台背地基进行处治时，需考虑路堤纵、横向的变形协调问题。在明了桥头地基地质情况的前提下，根据以下两点选用处治措施：

纵向上保证桥台沉降与路堤地基沉降的平衡过渡；

横向上维持路堤中央变形和坡脚路肩处变形的协调稳定。

在工程应用中，应综合考虑土质、经济、安全等实际情况，选择合适的处治方法，以有效地减少地基的沉降。

（一）常用地基处治方法

静压注浆法具有设备简单、施工方便、材料便宜、操作不受时间限制、在道路运营期间便于施工等特点，因此，在路桥过渡段病害地基处治中得到了广泛的应用。在地基处理中，常用的静压注浆方法按其依据的理论可分为渗透注浆法、劈裂注浆法、压密注浆法、电动化学注浆法。

另外，旋喷桩法、树根桩托换法、换填法、混凝土挤密桩法等也得到了广泛的应用。

（二）地基处治方法选择

地基处治的土体复杂多变，没有万能的处治方法，只有具体问题具体分析，对症下药，才能达到治理病害的目的。

1. 软土地基

软土地基是第四纪后期形成的海相、潟湖相、三角洲相、湖泊相等黏性土沉积物或河流冲积物，其中最为软弱的是淤泥和淤泥质土。这类土的特点是天然含水量高、孔隙比大、抗剪强度低、压缩系数高、渗透系数小、黏粒含量高，土体颗粒之间的联结力主要是范德华力，且以水化膜联结为主。在荷载作用下，软黏土地基承载能力低，地基沉降变形大，不均匀沉降也大，而且沉降稳定时间比较长。在比较深厚的软黏土层上，结构物基础的沉降往往持续数年乃至数十年之久。

由于软土地基没有相对较大的孔隙，因此，可以利用劈裂注浆使得其可灌性增强，并沿垂直于小主应力平面上发生劈裂，浆液充填劈裂面，同时引起土体固结及挤出，提高土体的固结度，从而提高土体的抗压强度。如有排水通道，也可以用压密注浆通过钻孔向土层中压入浓浆。在压浆点周围形成泡形空间，使浆液对地基土起到挤压密实作用。另外也可以使用电动化学注浆法。对于含水量较高且没有排水条件的软基，还可以采用置换法，如旋喷桩法、混凝土挤密桩法等。

2. 湿陷性黄土地基

在上覆土的自重应力或与附加应力共同作用下，受水浸湿后结构迅速破坏而发生显著附加下沉的天然黄土称为湿陷性黄土。发生显著下沉的现象是湿陷性黄土地基的特性，然而这种特性会给结构物带来不同程度的危害，如使路基大幅度沉降、路基纵向开裂，甚至还会引起路基边坡的滑坡和坍塌。黄土和黄土状土在我国特别发育，且地层多、厚度大，广泛分布在辽宁、内蒙古、山东、河北、河南、山西、陕西、甘肃、宁夏等地区。

当以湿陷性黄土作为地基时，完全防水做不到，而且受水浸湿后土的结构迅速破坏，因此，在处治上应提高土体的密实度和改善土体的抗水能力为主。所以通常在采用劈裂注浆、压密注浆、旋喷桩来提高土体的密实度、改善土体的物理性能的同时，还应加强地面排水设施并做好坡面防护。

3. 冲填土地基

冲填土是由水力冲填而形成的，其性质与所冲填泥沙的来源及淤填时的水力条件有密切关系。含黏土颗粒较多的冲填土往往是欠固结的，其强度和压缩性指标都比同类天然沉积土差。冲填土地基一般要经过人工处理才能作为建筑物地基。以粉细砂含量为主的冲填土，其性质基本上和粉细砂相同或类似。因此，在病害处理时可选用提高地基强度的方法，对于上部路堤填土较厚的冲填土可选用劈裂注浆法，压密注浆使浆液对地基土起到挤压密实作用。对于上部路堤填土较薄的冲填土，可开挖路堤后按一般的方法处理，如换填等。

4. 卵砾和块石地基

卵砾和块石地基多位于山区的河谷地段和断层破碎带，具有大孔隙结构。随着上部振动荷载的重复作用以及地下水位的不断变化，卵砾及块石有可能发生重新排列从而引起地基的不均匀沉降。因其具有大孔隙性，可以采用渗透注浆法，通过浆液的填充和胶结作用来提高地基的承载力。

5. 膨胀土地基

膨胀土是一种吸水膨胀、失水收缩，具有较大胀缩变形性能，且变形往复的高塑性黏土。利用膨胀土作为结构物地基时，如果没有采取必要措施进行人工处理，常会给结构物造成危害。在病害处治时应以完善防排水设施和加强土质改良为主，可采用的方法有灰土换填、劈裂注浆、生石灰桩等。

二、路堤处治技术

路堤是承受并传递上部结构及汽车荷载的载体。路堤的沉降和变形直接关系到道路的正常运营，一旦发生破坏后维修比较困难。而且，在施工中受构造物的影响，大型的压实机械由于工作面较小难以展开压实工作，即使有足够的工作面，由于压实过程中大吨位机械振动力太大，出于对桥台的安全考虑，一般也不允许在桥台背部位使用大型的压实机械进行压实。因此，台背部位回填土的压实质量难以保证，加之该部位路堤施工又晚于其他正常路段路堤施工时间，相比之下没有足够的时间完成固结沉降，因而在其自重的作用下，路堤的压缩沉降一般也就比较大，这是引起路桥过渡段不均匀沉降的主要原因之一。相关资料显示，多数台背路堤在回填过程中都经过处理，但路基病害仍然普遍存在，只是破坏程度不同而已。

路桥过渡段处病害处治的目的就是使路基与桥台间实现平稳过渡。由于考虑到道路的通行和地段的特殊性，在处治方法的选择上就会有一定的限制。路桥过渡段处病害处治总的原则是减少对周围稳定结构的破坏，工期要短，尤其是对于高填路堤一般不会采用大开大挖，但小规模填补又不能从根本上解决问题。

因此，减少路桥过渡段不均匀沉降，台背路堤处治可从以下几方面入手：

合理安排施工工序和时间，尽早对路桥过渡段路堤进行施工，保证有足够的时间完成沉降；

提高台背回填区路堤的压实度，减少因填料自重和车辆荷载作用下压实度增加而产生的沉降；

在考虑经济性的前提下，合理选择填料，减少路桥过渡段路堤的自重作用，避免因自重而产生过大的压缩沉降；

利用土工格栅予以加筋等方法提高台背路堤自身承载能力，增加路堤填土的整体性，减少不均匀沉降的梯度。

（一）施工工序的合理安排

为使桥台台背填土尽早开始，在立柱、桩基础施工中应先安排桥台，再做其他桥墩。为保证桥台盖梁下填土的压实质量，要求必须先将台背填土至盖梁地面高程，再浇筑桥台盖梁。为避免桥梁、伸缩缝、路堤三者高程不一致而形成错台，要求铺筑路面时、先将伸缩缝预留槽，并临时用沥青填筑，待路面铺筑完毕，再对预留槽进行切缝，安装伸缩缝。

另外，当台背路堤高度小于 4 m 以下时，也可先填筑路堤预压，让路基排水固结，待路堤沉降基本完成以后，在涵洞或桥台位置再开挖合适的工作面，进行基础及桥台等施工。可用易于压实的二灰或三灰等材料对工作面进行回填，从而减少桥涵两端路堤的工后沉降，使桥涵两端路堤与桥台构造物的相对沉降尽量小一些。

（二）优化台背填方碾压方法

施工过程中尽可能扩大施工场地，以便充分发挥一般大型填方压实机械的作用，当受场地限制时，可采用横向碾压法，以能使压路机尽量靠近台背进行碾压。对于大型压路机不能靠近台背时，可采用小型压路机配合人工夯实进行碾压。同时，可减薄碾压层厚度（15 cm ~ 20 cm），提高压实度，最终使压实度满足设计要求。

在涵洞的翼墙周围特别容易产生因压实不足而引起的沉陷，给养护工作带来麻烦，应注意压实。扶壁式桥台在施工时很可能使用大型压实机械，这种情况下应与小型振动压路机配套使用，给以充分压实。

（三）强化台背回填材料

回填材料的性质对工程质量起决定作用。台背填料应在现场择优选用。填料应选择强度高、渗水性好、塑性小、压实快、透水性好的材料。同时，为了改善填土的密实性、应设计好相应的级配，且台后须设置横向泄水管或盲沟，以利排水，减少病害。

此外，应采用粗颗粒材料填筑桥涵两端路堤，或者设置一定厚度的稳定土，用粗颗粒材料作为路基的填料，不仅改善压实性能，使其易达到要求的密实度，而且对北方地区特别有利于减缓冻融的危害。设置稳定土的改善层能够使路基、路面的整体刚度有所提高，从而减少沉陷。

国外台后填方采用轻质填料，其目的也是减轻填方土体对地基的压力，提高地基的承载力和抗变形的能力。在桥头路堤任一高度的平面内不应采用不同填料填筑（不同层次可用不同填料），不准采用高塑性黏土填筑桥头路堤。

在挖方地段的台背回填部位，因场地特别窄小，应选择当地的石碴、砂砾等优质填料（在湿陷性黄土地区宜用水泥、白灰稳定土）。填料的施工层厚度，以压实后小于 20 cm 为宜。无论填方或挖方地段的台背填料，最好不要采用容易产生崩解的风化岩碎屑，以免因填料风化崩解而产生下陷，这一点在土方调配时应予以重视。

在高填方的拱涵及涵洞与侧墙的相接部位，应尽量使用内摩擦角大的填料进行填筑，而且，施工时应注意填料土压的平衡，不得发生偏压，以免造成工程事故。

受施工条件的限制，一般土方的内摩擦角较小，加之压实质量难以保证，因此，桥台背通常选用如岩渣、砾石、砂砾等摩擦角人、强度高、压实快、透水性好的填料。这类回填料不但有利于从台背缝隙中渗入的雨水沿盲沟或泄水管顺利排到路基外，减缓雨水的危害，而且也有利于改善压实性能，使路基容易达到设计要求的密实度。

粉煤灰在碱性环境下，比如掺加一定量的石灰或水泥，粉煤灰将发生水化、硬化反应。随着龄期的增长，混合料的强度也随之增大，表现出具有强度高、板体性好、水稳定性和温度稳定性优良等特点。粉煤灰的干密度小，用其回填台背可大大降低路堤下地基的附加荷载，有利于减少地基沉降及路堤对桥台的侧压力。但是，由于透水性大、稳定性差以及无黏结性等特点，粉煤灰不宜直接用于台背回填，石灰粉煤灰混合料作为台背路堤填料，经压实后形成轻质整体性路堤。

（四）土工格栅处治台背填土

随行加筋土技术的日趋成熟，土工格栅也逐渐被用于桥台台背，以处治桥头跳车问题。

1. 土工格栅处治桥头跳车机理

土工格栅处治桥头跳车的原理是：在填土中沿路线方向分层平铺土工格栅，格栅层的一端固定于桥台，另一段与台背连接，利用土工格栅变形的连续性及其高强度、高弹性、大变形特性，将车辆荷载及上部土体的自重荷载部分地传递到桥台，在台背局部范围内，分层阻止填料沿台背沉降；与此同时，通过格栅与土体的相互作用，改善局部荷载作用下土体内部的受力状态，将荷载扩散到一个较大的范围内，从而减少外部荷载对土体的压缩沉降，延长沉降特征长度，使台背与填土交界部位的阶梯状沉降变为连续渐变沉降。

2. 土工格栅处治桥头跳车方法

采用土工格栅处治，减少台背路堤不均匀沉降，通常将土工格栅一端锚固于桥台背，另一端向压实后的路基上水平展铺，最下一层铺设在构造物基础的顶面，最上一层铺设在路基的顶面，以使得桥台借助于土工格栅和台背的路基压实土成为一体。

土工格栅处治施工时，沿路线的纵向进行摊铺，将成捆格栅自桥台背部向外展开，按设计长度截断。若桥台与线路斜交，应将格栅靠桥台一端的端部裁成与斜交角相同的角度，保证格栅铺向与路线走向平行。先将土工格栅靠桥台一端用膨胀螺钉或预埋螺杆锚固在台背（膨胀螺钉间距为 60 cm），然后用一带钩横梁将土工格栅张紧，使之产生 2% ~ 4% 的伸长率，后用 U 形钉定位（U 形钉的布设间距不大于 2 cm，其长度宜为 15 cm 左右），再将土工格栅用膨胀螺钉锚固于桥台两侧的翼墙上（膨胀螺钉间距不大于 1.0 m）。对于每层的土工格栅，应采用连接棒将相邻的两幅连为一体。

土工格栅铺好后，可在填料与台背交界部位填筑 20 cm 厚的级配碎石，以便于台背排水。填料颗粒粒径小于 3 cm，每层松铺厚度小于等于 20 cm，整平后用 12 t 以上压路机静压数遍后再起振碾压直至压实度符合规范的要求，压实后的厚度约为 15 cm。

碾压时应严格控制填料的含水量，在达到最佳含水量 +2% 以内的含水量时，方可进行碾压，否则应进行翻晒。在桥台和翼墙附近等大型压路机碾压不到的部位，还应采用电动打夯机夯实，以确保其压实度。在施工过程中，对回填质量应进行检测，内容包括填料常规的物理指标和压实度等。

3. 土工格栅处治桥头跳车注意事项

砌筑桥台台背和翼墙时，其内侧表面应保证平整、规则，便于膨胀螺钉的安装和土工格栅的锚固，待圬工砌体达到规定的强度后再进行台背填筑。

台背填筑禁止在雨天进行。台背填筑时，底层土工格栅下的级配碎石应分层摊铺并用振动式压路机振动压实。当土工格栅摊铺在碎石层上时，应先在碎石层上撒铺 2 cm 厚的粗砂，以免格栅直接与碎石接触而被压断。

土工格栅应储存在不被阳光直接照射和被雨水淋泡处，根据工程进度和日用量按日取用。

运料车应设法避免在已摊铺并张紧定位好的土工格栅上直接行走,以免对格栅产生推移作用。

三、路面处治技术

（一）设置桥头搭板

为了避免不均匀沉降对行车造成的不良影响，目前我国道路建设中常用的方法是在桥台上设置桥头搭板。桥头搭板一端支撑于桥台，另一端通过枕梁或直接与路基相连。设置桥头搭板，可把集中的不均匀沉降量分散在搭板长度范围内，使柔性路堤产生的较大沉降逐渐过渡至刚性桥台上，从而起匀顺纵坡的目的，使车辆通过时跳跃现象大为减少。合理设置的桥头搭板可有效地解决前述的局部沉陷和横坡变化的状况，但不能解决纵坡变化情况。因为当桥台和过渡段土体之间发生不均匀沉降后，搭板两端分别随两者下沉，即桥头搭板绕简支端转动，纵坡变化仍然存在。

由于回填区一般压实比较困难，压实度也很难到达要求，所以称之为欠压实区。而回填区之外的路堤，在大型压实机械碾压作用下，压实度很容易满足要求，在此称之为压实区。由于压实区施工较早，路堤填土及地基有一定的沉降固结时间，相对台背回填区来讲，可以认为这部分路堤沉降已经趋于稳定。因此，搭板的末端应该设置在这段稳定的路基上，即搭板至少应该设置在欠压实区与压实区交界部位处。搭板长度与桥台高度成正比，桥台越高，搭板也就越长、反之亦然。对于桥台由于基础稳固，沉降较小，而搭板末端的路基由于应力集中而通常会发生局部沉降，从而再次引发二次跳车。为控制搭板末端与路堤间的不均匀沉降值，工程中一般在搭板末端设置枕梁，将搭板传下来的荷载分布到较大面积的路基上，同时还可增加搭板的横向抗弯刚度。

为了改善搭板末端的受力状态，在搭板末端宜设置枕梁，但枕梁的设置却对搭板的弯拉应力带来了不利影响。据研究，枕梁设置可使板底弯拉应力增大约 1/3。从而增大搭板断裂的可能性。

搭板断裂不仅没能消除跳车现象，而且导致路面开裂，雨水下渗使土基受到破坏，加剧该部位的沉降。为减少板底部弯拉应力，采取在板底设置一层或二层水泥稳定碎石层。水泥稳定碎石层可改善板底的局部沉降，为搭板提供均匀支承，使搭板的受力更加均匀一致；同时，水泥稳定碎石层也改善了枕梁处应力集中的现象，进一步避免搭板和路堤衔接处出现局部沉陷，从而消除因设置搭板而引起的二次跳车。

（二）采用过渡性路面

根据桥涵的长度和路基的容许工后沉降值，在桥头一定长度范围内铺设过渡性路面，待路堤沉降基本完成（一般为 3 ～ 5 年）后，再改铺原设计永久性路面。过渡性路面可采用预制水泥混凝土六棱块、条石铺砌、半刚性过渡层或沥青表处过渡层等类型。其中，水泥混凝土六棱块和条石铺砌仅适应于水泥混凝土路面，最大优点是翻修处理速度快但不易铺砌平整，行车仍有抖动感觉，且其砌缝应采用防水材料，以防渗入雨水损害路基。值得推广的简便有效方法是铺设沥青表处过渡层，其优点是当出现较大沉降时，可及时补充铺设一层沥青混凝土或沥青砂，便能确保行车畅顺，有效避免跳车现象。

（三）设置纵向反坡

所谓的纵向反坡就是在可能产生沉降的范围内，根据沉降的经验值设置一定的纵向路面超高，以抵消在运营过程中的路基沉降，从而达到消除桥头跳车的目的。通常有设置搭板和不设搭板两种

（四）采用 HD 掺胶混凝土修补处治

水泥混凝土路面结构与沥青混合料路面结构相比，有显著不同的特点。水泥混凝土强度高，强度形成的龄期长（一般需 28 天），弹性模最大等，导致处治水泥混凝土路面桥头跳车变得复杂，如果用同种水泥混凝土材料修复，不仅存在最小厚度要求，而且由于强度形成的龄期长，在已通车的道路上，必须要封闭较长一段时间的区间交通。

采用 HD 掺胶混凝土快速修补水泥混凝土路面具有黏结强度高、早期强度好、抗折强度及模最大、抗冷热交变性好、路面视觉效果好、通车时间短等优点，在道路水泥混凝土路面处治桥头跳车施工中具有很好的应用前景。

（五）采用可起吊的活动搭板

对部分桥头路基填土高、路桥过渡段施工进度快等特殊情况，考虑通车后剩余沉降量较大，很有可能出现跳车现象的路段，将桥头搭板设计为可起吊的活动搭板，通车一段时间后若出现跳车现象，可将搭板吊起，调整基层及枕梁高程，再将搭板放回原位即可通车。其施工工艺简单、方便，是一种快捷、有效地处治桥头跳车的方法。

四、综合处治对策

路面、路堤、地基是道路的重要组成部分。它们之间相互影响相互作用，是一个密不可分的整体。在对桥头跳车处治时，往往是对破坏段路基、路面同时进行综合处治，而且在处治过程中

往往是多种方法相结合。

（一）路基整体滑移或纵向开裂的综合处治

路基整体滑移造成的路桥过渡段病害虽然并不多见，但是其后果比较严重。路基整体滑移包括路基整体侧向和向桥台方向的滑移或开裂，其实质是路基的滑移破坏或边坡的坍塌。

从外因方面考虑，要加强边坡防护，阻止雨水渗入，把边坡和已形成的裂缝全部封闭起来；从内因方面考虑，不仅要改变填土的性质，同时还须增加其强度，提高抗滑移的能力。

因此，对其治理可以采用类似治理滑坡的方法，由于路基的特殊性，通常采用桩体与其他方式相结合的综合处治措施。抗滑桩是治理滑坡和路基纵向开裂隙的一种最常用方法，其作用原理是借助桩与周围岩土共同作用，把滑坡推力传递到稳定地层的一种抗滑结构。

1.“抗滑桩 + 注浆”法

在路桥过渡段病害处治时可采用抗滑桩法，利用抗滑桩可阻止路基侧向变形发展，并提高抗滑移的能力；而注浆既可以改善滑移面的力学性能，还可以防止地表水的下渗，从而达到治理的目的。

2.“密集弧形高旋喷注浆 + 抗滑桩 + 注浆”法

当路基的下卧软弱层较厚、埋深较大时，可以采用密集弧形高压旋喷注浆 + 抗滑桩 + 注浆的处理措施。采用此方法可以达到以下目的：高压旋喷注浆水泥浆置换地基中软弱层部分土体，可以使其固结稳定，提高其承载力和抗剪能力抗滑桩可以阻止路基侧向变形的发展，提高抗滑移的能力注浆可以增加滑动面土体的整体性和防止地表水渗入

3.“高压旋喷桩 + 注浆”法

高压旋喷注浆是在填土中形成高强度的水泥与填土混合的固结体，以阻止路基侧向变形的发展，提高抗滑移的能力。注浆则是将路面下已破裂的土体通过注浆联结起来，改变填土的性质，增加土体的强度和整体性，同时阻止雨水通过路面下渗。

该方法主要适用于地基较好的高填土质路基开裂或滑移。高压旋喷桩可以是一排或多排，注浆按其充填范围进行合理布置，待路基处理完毕后再根据具体情况做路面。

4.“挡土墙 + 注浆”法

低路堤段路面纵向开裂产生的原因，主要是由于存在切过地基的滑动面，缓慢蠕滑所致。其最初可造成路面架空，进而使路面形成纵向裂缝。雨水沿滑动面下渗，起到润滑剂的作用，促使滑动速度加快，裂缝渐渐变宽。如果路面纵向裂缝治理不及时，便会形成浅层滑坡。治理目的主要是阻止滑体蠕滑，阻止雨水沿滑面下渗。对于地基较好的低路堤，设置挡土墙可对滑动土体产生抗滑力；同时，对滑移面进行注浆不但可以有效增加滑动面土体的整体性和强度，还可以防止地表水沿裂缝入渗

5.“反压护道 + 注浆”法

当在较薄软土地基上填筑低路堤时，由于地基承载力不足，常常会出现堤脚外面隆起，路基

剪切破坏或引起路堤滑塌现象，因此，需要对路堤边坡进行加固处理。其中，反压护道和注浆综合处理是一种经济有效的方法之一。所谓反压护道，是在堤坝两侧一定距离内堆土石以防地基土被挤出，达到稳定堤坝的作用，亦称镇压法。该法的优点是施工简单方便，不需要特殊的施工机具；填料可就地取材，经济实用。反压护道法虽然是一种较成熟的方法，但若与注浆相结合效果会更好，施工也比较方便。

6. 土工格室（栅）法

对于基础较好的矮路基，也可将滑移体开挖后，采用土工格室（栅）加土分层按台阶状回填，这里主要利用土工织物的加筋作用。埋置于稳定路堤上的土工织物可以限制滑体的侧向位移，增加土体的抗剪能力，从而改善土体的力学性能，减小或消除差异沉降。

（二）路基沉降有关的桥头跳车的综合处治

同路基沉降有关的路桥过渡段病害主要包括台背差异沉降、路面凹陷、搭板断裂、搭板末端产生差异沉降或裂缝。实际中往往是路基、路堤、路面或搭板均发生破坏而产生桥头跳车。因此，治理时应从地基、路堤、路面方面综合治理。

对于路基发生了不均匀沉降的未设搭板或者搭板已发生断裂的路桥过渡段，可采用路基处治与设置搭板相结合的方法，常用的有钻孔桩 + 搭板、树根桩托换 + 搭板、旋喷桩 + 搭板、压力注浆 + 搭板等。

路基处治后生成的复合路基不但可以增加路基的强度和整体性，还可以有效阻止地基的后续沉降与变形而设置搭板可以扩大路基（桩顶）的受力面积，最大限度地减少路面的不均匀沉降。

1.“钻孔桩、旋喷桩 + 搭板”法

钻孔桩、旋喷桩+搭板主要适用于未设搭板或搭板已破坏，而且沉降范围较大的路基。钻孔桩、旋喷桩既可以在一定程度上改善土的性质又可以起支撑上部荷载的作用；而搭板可以起到防止桩体刺入路面和扩散车轮荷载的作用。

2.“树根桩托换 + 搭板”法

树根桩主要适用于路基的局部不均匀沉降或局部加固。通过在路基局部沉降处设置树根桩，可以使该处的荷载扩散到强度较高的路基，从而起到改善此处的受力情况，达到减小不均匀沉降的目的。

3.“劈裂（压密）注浆 + 搭板”法

劈裂和压密注浆均属于压力注浆，其中压密注浆主要利用的是其形成浆泡对土体的压密和抬升功能；劈裂不但有压密功能还可以通过掺入不同化学物质来改善土体的物理、化学性能。

五、排水措施改进技术

在桥涵与路堤的连接部位，由于存在缝隙，雨水会沿缝隙渗入，从而对路面结构层和土基产生冲刷和侵蚀，增加路面各结构层和路基土的含水量，降低路面强度和路基整体稳定性。随着路基和各结构层的破坏，在外部车辆荷载冲击作用下，必然造成桥头路堤沉陷，产生跳车现象。因此，路桥过渡段应该设置完善的排水系统，尽可能减少桥头路堤不均匀沉降。

台背排水措施以往通常的做法是在台后填筑之前，在处治后的地基上设置泄水管或盲沟。首先，在横坡为3% ~ 4% 均匀夯实的黏土土拱上，挖一条双向排水的地沟，其尺寸一般为宽40 cm ~ 60 cm，深30 cm ~ 50 cm。然后，在台背后全宽范围内铺一层油毡或尼龙薄膜下垫层、上盖油毡的隔水材料；在地沟内铺设直径为10 cm硬塑料泄水管，在管壁上开设小孔，其孔径为5 mm，小孔间距控制在10 cm以内并布置成梅花形，且其出口应伸出路基或桥头锥坡外。最后，在硬塑料管四周再填筑粒径较大的透水性好的材料，由台背分层填筑至路基顶面。横向盲沟的设置与泄水管的相同，应采用合适的材料（如大粒径碎石）填筑地沟。用土工布包裹盲沟出水口处，并对其做必要的处理。

对于这种排水措施，首先，要求台背采用透水性填料，这在缺石地区难以实现，且相应的成本也较高；其次，即使台背采用透水性填料，渗入路堤内的水会造成填料中细料土的流失，从而在荷载和自重作用下导致沉降；最后，渗入路基内的水难以保证全部汇集于泄水管或盲沟内，可能会有部分水沿着水平方向浸湿正常路堤的填料，从而影响两种不同填料界面附近的正常路堤的强度和稳定性，同样在车辆荷载和自重作用下导致该部位的路基沉降。鉴于此，宜对台后排水措施加以改进。

改进排水措施从路基顶部向下依次设置透水层、隔离层和黏土层。黏土层和隔离层起隔水作用，防止渗入路面内的水进一步下渗到路基内，从而影响路基的强度和稳定性。隔离层首先可以用油毡或其他防水材料直接铺筑在黏土层上，然后在隔离层上铺设2 cm ~ 5 cm中砂，以免透水层材料直接与隔离层材料挤压而损伤隔离层材料。铺设隔离层之前，最好在台背处涂设一层沥青，防止水沿台背渗入下部。在隔离层上最后铺设透水层，透水层可采用级配碎石填筑，厚度宜取20 cm左右。盲沟可以采用大粒径碎石。除了与透水层接触的进水口处设置土工织物反滤层之外，盲沟周围均采用双层隔水层，一方面是隔离水渗入正常路堤，另一方面是防止水继续下渗。此外，为了排水流畅，各结构层层底宜有3%左右的纵坡，这样就克服传统台后排水措施的缺点，且台背填料不一定采用透水性材料（如粉煤灰轻质填料），可经济有效地解决过渡段排水问题，从而起到减少桥头路堤不均匀沉降的目的。

第五节 路基边坡病害整治

由于边坡失稳将导致交通中断，造成巨大的经济损失和不良的社会影响，路基边坡的防治越来越成为工程建设和后期养护的工作重点。

土质路基边坡的主要地质灾害表现为滑坡。按其破坏的规模，滑坡可分为整体滑坡和局部滑坡。边坡整体滑动的破坏类型主要为圆弧形；边坡局部滑动的破坏类型主要为土体流动。

一、边坡治理原则

坚持以工程地质条件为依据。重视滑坡定性评价，辅以定量评价。定量评价一定要满足定性评价。

安全性根据防治对象的重要程度，设计使用年限。根据地震条件、地下水条件合理地拟定滑坡推力计算的安全系数。

技术经济合理性充分利用一切地形、地质条件，因地制宜地采取有效工程措施，加强滑坡的整体稳定性。

充分考虑施工过程和顺序，以保证滑体逐步趋于稳定，并确保施工人员安全。

制定工程措施和施工顺序时，应注意协调施工与当地居民生活的关系，尽量不影响当地居民正常生活。

重视环保绿化。

另外，对于性质复杂的大型滑坡，可以绕避时应尽量绕避。当绕避有困难或在经济上显著不合理时，应视滑坡规模、公路与滑坡的相互影响程度、防治与治理费用等条件，设计几种方案比选。

对于可能突然发生急剧变形的滑坡，应采取迅速有效的工程措施；对于滑坡缓慢的大型滑坡，应全面规划和整治，仔细观察每期工程的效果，以采取相应的治理措施；对于施工及运营中产生的大型滑坡，应慎重做出绕避、治理方案或局部改移与防治措施相结合的方案等，经全面综合比较后决定取舍，应采取预防措施，避免其复活或产生新的滑坡。

对于性质简单的中小型滑坡，一般情况下可进行整治，路线不必绕避。但应注意调整路线平、纵面位置，以求整治简单、工程量小、施工方便、经济合理。

路线通过滑坡的位置，一般滑坡上缘或下缘比滑坡中部好。滑坡下缘的路基易设成路堤形式、以减轻滑体自重对于窄长而陡峭的滑坡，可用旱桥通过。

整治滑坡之前，一般应先做好临时排水系统，以减缓滑坡的发展，然后针对引起滑坡滑动的主要因素，采取相应的措施。

滑坡整治工程宜在旱季进行，并注意施工方法和程序，避免引起滑坡的发展。

二、边坡深层治理技术

（一）排除深层地下水技术

水是造成路基边坡及其构造物破坏的主要原因。危害路基的水可分为地面水和地下水两大类。下面主要阐述深层地下水的排除措施。

排除深层地下水的主要措施有：渗沟排水、渗水隧洞排水、平孔排水和集水井排水四种。

1. 渗沟排水

按其作用的不同可分为支撑渗沟、边坡渗沟及截水渗沟三种。

（1）支撑渗沟

支撑渗沟使用深度（高度）一般小于 10 m，宽度一般采用 2 m ～ 4 m，用以支撑不稳定的边坡，兼起排除和疏干坡体内地下水的作用。支撑渗沟形式分为主干和分支两种：主干平行于可能滑动的方向，布置在地下水露头处或由土中水形成坍塌的地方；支沟应根据汇水情况合理布置，可与滑动方向成 30° ~ 45° 交角，并可伸展到滑动范围以外，以拦截地下水。如果滑坡推力大，范围广，可采用抗滑挡土墙与支撑渗沟相结合的结构形式，以支撑滑坡体。

（2）边坡渗沟

边坡渗沟疏干潮湿的边坡和引排边坡上局部出露的泉水或上层滞水，支撑边坡，减轻坡面冲刷。边坡渗沟垂直嵌入坡体，其底埋入潮湿土层以下较干燥而稳定的土层内，做成有 2% ~ 4% 泄水坡的阶梯式。边坡渗沟的基底一般都要铺砌防渗层。边坡渗沟的间距取决于地下水的分布、流量和边坡土质等因素，一般采用 6 m ~ 10 m。边坡渗沟的宽度为 1.2 m ~ 1.5 m，其深度视边坡潮湿土层的厚度而定。

（3）截水渗沟

当有丰富的深层地下水进入滑坡体时，可在垂直于地下水流的方向设置截水渗沟以拦截地下水，并将其排出滑坡体。截水渗沟一般深而长。为便于维修与疏通孔道，在截水渗沟直线段每隔 30 m ~ 50 m 或渗沟的转弯、边坡处应设置检查井，其井壁应设泄水孔，以排除附近的地下水。

2. 渗水隧洞排水

渗水隧洞主要用于截排或引排集中于滑动附近埋藏较深的一层地下水。隧洞断面不受地下水流量控制，主要决定于施工和养护维修的方便，并考虑节约投资。

3. 平孔排水

用平孔排除滑坡地下水，具有施工方便、工期较短、节约材料和劳动力的特点，是一种经济有效的措施。平孔的设置位置和数量应视地下水分布的情况及地质条件而定。平孔的孔径大小一般不受流量控制，可由数十毫米至一百毫米以上。平孔的坡度应不小于 10%。

4. 集水井排水

集水井排水最适用于集中汇集基岩面上及其附近的地下水。集水井深度一般为 15 m ~ 30 m。在滑坡区内进行集水井施工时，集水井深度达到滑动面时即可停止，并尽量缩短工程工期；在暂没滑动的滑坡区内或滑坡区外，集水井应深入基岩 2 m ~ 3 m。

（二）土钉支护技术

土钉的特点是以群体起作用，与周围土体形成一个组合体，在土体发生变形的条件下，通过与土体接触面上的黏结力或摩擦力使土钉被动受拉，并主要通过受拉工作以约束加固或使其稳定。边坡采用土钉支护结构可以加固坡体、防护边坡，也可以提高边坡的整体稳定性。

（三）岩土锚固技术

岩土锚固是一种把受力拉杆埋入地层的技术，能充分发挥岩土能量，调用和提高岩土自身强度和自稳能力，减轻结构自重，节约工程材料，并确保施工安全和工程稳定，具有明显的经济和社会效益，因而广泛用于岩土工程加固，锚固技术按是否施加预应力分为预应力锚杆（索）和非预应力锚杆（索）。预应力锚杆（索）由锚头、杆体和锚固体三部分组成。预应力锚杆（索）在边坡工程中的应用主要包括：边坡加固、斜坡挡土、锚固挡墙及滑坡防治。

三、边坡浅层治理技术

（一）地面排水

地面排水设施包括设置边沟、截水沟（天沟）、排水沟（泄水沟）和跌水与急流槽（吊沟）。

沟渠加固的加固措施有：土沟表面夯实、三合土或四合土加固层加固、单层干砌片石加固、单层栽砌卵石加固、浆砌片石加固、浆砌片石矩形排水槽。这些加固措施一般用于沟内水流速度较大且防渗要求较高的地方。在有地下水（或常年流水）及冻害地段，沟壁沟底外侧应加设反滤层（或垫层），并在沟壁上预留泄水孔，沟内平均流速大于 4 m/s 时，沟渠纵坡不加限制，可考虑用急流槽形式。沟渠加固施工时，沟渠开挖后应平整夯拍，选用 MS 水泥砂浆，随拌随用砌筑后应注意养护。

（二）截水沟设计

1. 截水沟设计一般要求

当路基挖方上侧山坡汇水面积较大时，应设置截水沟。

截水沟应能保证迅速排除地面水，沟底纵坡一般不应小于 0.5%，以免水流停滞。对土质地段的截水沟，必要时应采取加固措施，以免水流冲刷或渗漏。

截水沟应结合地形合理布置，直接舒顺。在转折处应以曲线联结，必要时应采取加固措施。

2. 截水沟断面形式

截水沟断面一般为梯形；底宽不小于 0.5 m；深度按设计流量确定，亦不应小于 0.5 m；边坡坡度视土质而定。

截水沟沟壁最低边缘开挖深度不能满足断面设计要求时，可在沟壁较低一侧培筑土壤，土填顶宽为 1 m ~ 2 m；背水面坡度设置为 1 ∶ 1 ~ 1 ∶ 1.5；迎水面坡则按设计水流速度、漫水高度所确定的加固类型而定。

截水沟出水口设置原则：①截水沟内的水流一般避免排入边沟，且通常应尽量利用地形，将截水沟中的水流排入其所在山坡一侧的自然沟中或直接引到桥涵进口处，以免在山坡上任其自流，造成冲刷。②截水沟的出水口，应与其他排水设备平顺地衔接，必要时应设跌水或急流槽。

（三）坡面防护

坡面防护包括种草、铺草皮、抹面与捶面等。

种草防护注意事项如下：①选用草籽应注意当地的土壤和气候条件，通常应以容易生长、根部发达、叶茎低矮、枝叶茂密的多年生草种为宜。最好采用几种草籽混合播种，使之生成一个良好的覆盖层。②种植时草籽宜掺砂或土粒拌和，使之播种均匀，播种时间以气候温暖、湿度较大的季节为宜。

（四）冲刷防护

为防止道路两边边坡的冲刷，多采用的防护形式是护面墙。其多用于各种软质岩土层和较破碎的岩石的挖方边坡，使边坡免受大气因素影响，并防止继续风化。不过，护面墙除自重外，不担负其他荷载，亦不承受墙后的压力，因此护面墙所防护的挖方边坡陡度应符合极限稳定边坡的要求。

四、边坡深层和浅层相结合的综合治理技术

（一）挡土墙

挡土墙是一种能够抵抗侧向土压力，防止墙后土体坍塌和增加其稳定性的建筑物，用以支撑路堤或路堑边坡、隧道洞口、防止水流冲刷路基，同时也常被用于处理路基边坡滑坡崩坍等路基病害。

挡土墙按其设置位置可分为路肩墙、路堤墙、路堑墙和山坡墙。其他常用的挡土墙有：锚杆（索）式挡土墙、悬臂式挡土墙、扶壁式挡土墙和加筋土挡土墙。

（二）抗滑桩

抗滑桩是承受侧向荷载、整治滑坡的支撑建筑物，可穿过滑体在滑床的一定深度处锚固，具有抵抗滑坡推力的作用。工程实践表明，抗滑桩能迅速、安全、经济地解决一些比较困难的工程，因此它发展较快。

第六节 软土地基路基病害防治

一、浅层处理技术

软土地基处治的方法很多，具体工程的地质条件千变万化，对地基处理的要求不尽一致，而且施工机具、材料都会不同，因此必须从地基条件、处理要求、处理范围、工程进度、材料机具等方面进行综合考虑，以确定合适的处治方法。

（一）换填垫层法

当软土地基的承载力和变形不能满足设计要求，而软土层的厚度又不是很大时，将路基底面下处理范围内的软弱土层部分或全部挖去，然后分层换填强度较大的砂（碎石、素土、灰土、二灰土等）或其他强度较高、性能稳定、无侵蚀性的材料，并用人工或机械方法压（夯、振）实至要求的密实度为止，这种地基处理的方法称为换填垫层法。

换填垫层法按回填材料的不同，命名为不同的垫层，如砂垫层、碎石垫层、素土垫层、灰土垫层、二灰土垫层等。不同材料垫层的特点基本相似，故可以近似按砂垫层的计算方法进行计算。但对湿陷性黄土、膨胀土、季节性冻土等某些特殊土采用换填垫层法处理时，因其主要是为了消除或部分消除地基土的湿陷性、胀缩性和冻胀性，设计时应区别对待。

换填垫层法的处理深度通常宜控制在 3 m 以内，也不宜小于 0.5 m，因为垫层太薄，则换土垫层的作用不显著。

（二）抛石挤淤法

抛石挤淤法是借助换填材料的自重或利用其他外力，如压载、振动、爆炸、强夯等，使软弱层遭受破坏后被强制挤出而进行的换填处理。采用这种施工方法，不用抽水、挖淤、施工简单，一般用于厚度小于 3.0 m、其软层位于水下、表层无硬壳、软土液性指数大、呈流动状态的泥沼及软土。一般来说，抛石挤淤比较经济，但技术上缺少把握，当淤泥较厚时须慎重使用。

抛石挤淤应采用不易风化的石料，片石大小随软土稠度而定。对于容易流动的泥炭或淤泥，片石宜稍小些，但颗粒大小不宜小于 30 cm，且小于 30 cm 的粒料含量不得超过 20%。

抛石时应自路堤中部开始，逐次向两旁展开，使淤泥向两旁挤出。在片石露出水面后，应用较小石块填塞垫平，用重型机械碾压紧密，然后在其上铺设反滤层再进行填土。

（三）反压护道法

反压护道法是指在路堤两侧填筑一定宽度和高度的护道，使路堤下的淤泥或泥炭向两侧隆起的趋势得到平衡，从而保证路堤的稳定性。采用反压护道加固地基，不需特殊的机具设备和材料，施工简单，但占地多，用土量大，后期沉降大，养护工作量大。反压护道法适用于非耕作区和取土不困难的地区和路堤高度不大于 1.7 ~ 2 倍极限高度的情况。

二、排水固结法

排水固结法处理软基是在路基施工前，对天然路基或已设置竖向排水体的路基加载预压，使土体固结沉降基本完成或大部分完成，从而提高地基土强度，减少地基工后沉降的一种地基加固方法。

排水固结系统由排水系统和加压系统两部分共同组成。①排水系统由竖向排水体和水平排水体构成，主要作用是改变地基的排水边界条件，缩短排水距离和增加孔隙水排出的途径，当软土层靠近地表且较薄、或土的渗透性好且施工周期较长时，可在地面铺设一定厚度的砂垫层，不设竖向排水通道。土中的孔隙水在外荷载作用下排至砂垫层，从而产生固结。若软土层较厚时，为加快排水固结，应在地基中设置砂井等竖向排水体，与水平砂垫层一起构成排水系统。②加压系统是指对地基施加荷载的布置。

排水系统与加压系统总是联合使用的。如果只设置排水系统，不施加固结压力，土中的孔隙水没有压差，不会发生渗透固结，强度不会提高。如果只施加固结压力，不设置排水体，孔隙水就很难排出来，地基土的固结沉降就需要较长的时间。因此，要保证排水固结法的加固效果，从施工角度考虑，主要做好以下三个环节：铺设水平垫层、设置竖向排水体和施加固结压力。

排水固结法一般适用于饱和软黏土、吹填土、松散粉土、新近沉积土、有机质土及泥炭土地基。

（一）水平排水垫层施工

水平排水垫层的作用是使在预压过程中，从土体进入垫层的渗流水迅速地排出，使土层的固结作用能正常进行，防止土颗粒堵塞排水系统。因此，垫层的质量将直接关系到加固效果和预压时间长短。

（二）竖向排水体施工

竖向排水体在工程中的应用有普通砂井、袋装砂井、塑料排水带三种。

砂井直径一般为 20 cm ~ 30 cm，水下砂井直径为 0 cm ~ 40 cm。井径比为 8 ~ 10。砂料要求为：粗砂，含泥量小于 2%，颗粒级配良好。袋装砂井直径一般为 7 cm ~ 10 cm，井径比为 15 ~ 30。

1. 普通砂井的施工

普通砂井的施工应当满足以下要求：保持砂井连续和密实，并且不出现缩颈现象；尽量减小对周围土的扰动；砂井的长度、直径和间距应满足设计要求。

普通砂井施工一般先在地基中成孔，再在孔内灌砂形成砂井。施工时应尽量选用对周围土扰动小且施工效率高的方法。

普通砂井施工成孔的典型方法有套管法、射水法、螺旋钻成孔法和爆破法四种。

2. 袋装砂井的施工

袋装砂井是用具有一定伸缩性和抗拉强度很高的聚丙烯或聚乙烯编织袋配合套管填满砂子形成的砂井。它基本上解决了大直径砂井中所存在的问题，使砂井的设计和施工更加科学化，保证了砂井的连续性；施工设备实现了轻型化，比较适合在软弱地基上施工；用砂量少，施工速度加快，工程造价降低；是一种比较理想的竖向排水体。

3. 塑料排水带的施工

塑料排水带法是将带状塑料排水带用插带机将其插入软土中作为竖向排水体，然后在地基面上加载预压（或采用真空预压），使土中孔隙水沿塑料带的通道溢出，从而使地基土得到加固的方法。

（三）预压荷载施工

预压荷载的施工一般分为三类：利用建筑物自重加压；施加外部荷载（堆载顶压施工）；减少地基土的孔隙水（真空预压施工）。

1. 利用建筑物自重加压

利用路基填土本身的自重加压就是在未经预压的天然软土路基上直接填土压实。此法适用于以地基的稳定性为控制条件，能适应较大变形的建筑物。

这一方法要注意加荷速率与地基土强度的适应性，工程上应严格控制加荷速率，采用逐层填筑的方法以确保路基的稳定性。在每级荷载作用下，待地基土强度提高后才能进行下一步填土压实，分阶段依次进行。

2. 堆载预压施工

堆载预压的材料一般以砂石料和砖等不污染环境的散体材料为主。大面积施工时，通常采用自卸汽车与推土机联合作业。对超软土地基的堆载施工，第一级荷载宜用轻型机械或人工作业。

3. 真空预压施工

（1）施工设备和材料

施工设备包括真空泵和一套膜内、外管路。真空设备要求具有效率高，能持续运转，重量轻，结构简单，便于维修等特点。密封材料一般采用聚氯乙烯薄膜或线性聚乙烯薄膜等。

（2）施工工艺

真空预压施工顺序如下：①置排水通道。在软基表面铺设砂垫层和在土体中埋设袋装砂井或塑料排水板。②铺设膜下管道。将真空滤管埋入软基表面的砂垫层中。③铺设封闭薄膜。在加固区四周开挖深0.8 m ~ 0.9 m的沟槽，铺上塑料薄膜，薄膜四周放入沟槽，将挖出的黏性土填回沟槽，封闭薄膜。④连接膜上管道及抽真空装置。膜上管道的一端与出膜装置相连，另一端连接真空装置。主管与薄膜连接处必须处理好，保证密封，以保持其气密性。⑤打开真空泵正式抽气，施加真空荷载，测读真空度和沉降值，进行加载预压。⑥沉降记录达到设计值时，即可停止抽气，加载预压结束。

三、深层密实法处理技术

深层密实法是指采用爆破、夯击、挤压和振动等方法，对松软地基土进行振密和挤密的方法。它可使地基土在较大深度范围内得以密实。

爆破法是将炸药放在地面深处，引爆后在地基土内产生了高速压力波，在爆炸源附近的区域内，冲击波使土的疏松结构液化，形成密实的结构，以达到地基土加固的目的。如果在水下土面以上较小高度处设置炸药起爆，则对水下土层亦能起到加固作用。爆破法独特的优点是：①除了一般钻进或水冲机械外，不需要重大设备；②在小范围内处理比较经济；③处理深度可达 20 m，相对密实度可达 70% ~ 80%。

强夯法是一种将几十吨的重锤，从几十米的高处自由落下，对土进行强力夯击，使其达到密实的方法。它是一种地基处理的新方法。

挤密法是以振动、冲击或沉管等方法成孔，然后向孔中填入砂石、碎石或其他材料，再加以振实而成为直径较大桩体的方法。按填入材料的不同，挤密法可分为砂桩、碎石桩等。①挤密桩属于柔性桩，主要靠桩管打入地基时对地基土的横向挤密作用，使土粒彼此移动，小颗粒填入大颗粒的空隙，颗粒间彼此紧靠，孔隙减小，此时土的骨架作用随之增强，从而使土的压缩性减小和抗剪强度提高。由于桩身本身具有较高的承载能力和较大的变形模量，且桩体断面较大，占松软土加固面积的 20% ~ 30%，故在黏性土地基加固时，桩体与桩周土组成复合地基，可共同承担上部荷载。②水泥粉煤灰碎石桩（简称 CFG 桩），是在碎石桩的基础上掺入适量的石屑、粉煤灰和少量的水泥加水拌和后制成的一种具有一定胶结强度的桩体。由于碎石桩是由松散的碎石组成，在荷载作用下将会产生膨胀变形，当桩周土为强度较低的软黏土时，桩体易产生膨胀破坏。碎石桩加固软土地基仅可提高地基承载力一倍左右；而 CFG 桩是一种低强度混凝土桩、因而它可较大幅度地提高地基承载力。

深层振密法是以振动杆（振动翼）作为振动器加固土的一种方法。该方法是以静压、振动等方法先将带振动翼的钢杆下到所需深度的土层中，然后产生垂直或水平振动并慢慢拔出，使土得到加密。该方法在砂土中应用效果较好。

（一）强夯法

强夯法，国外称之为动力固结法，以区别于静力固结法。它一般是通过 10 t ~ 40 t 的重锤采用 10 t ~ 20 m 的落距（最高可达 40 m）夯击地基，对地基土施加强大的冲击能，在地基土中形成冲击波和动应力，使地基土压密和振密，以加固地基土，达到提高地基土强度、降低地基土压缩性、改善砂土的抗液化条件、消除湿陷性黄土的湿陷性的目的。强夯法主要适用于加固砂土和碎石土、低饱和度粉土与黏性土、湿陷性黄土、杂填土和素填土等地基。

对于饱和黏性土地基，近年来发展了强夯置换法。它是利用夯击能将碎石、矿渣等材料强力挤入地基，在地基中形成碎石墩，并与墩间土形成碎石墩复合地基，以提高地基承载力和减小地基土沉降。

强夯法的施工顺序应该是先深后浅，即先加固深层土，再加固中层土，最后加固表层土。

（二）砂桩和碎石桩

砂桩和碎石桩又称粗颗粒土桩，是指用振动、冲击或水冲等方式在软弱地基中成孔后，再将碎石或砂挤压入桩孔中，形成大直径的碎（砂）石所构成的密实桩体。

1. 砂桩

砂桩适用于松散砂土、人工填土、粉土或杂填土等地基，可以提高地基的强度，减少地基的压缩性，或提高地基的抗震能力，防止饱和软弱土地基液化。

目前国内外砂桩常用的成桩方法有振动沉管法和锤击成桩法。振动沉管法是使用振动打桩机将桩管沉入土层中，并振动挤密砂填料。锤击成桩法是使用蒸汽或柴油打桩机将桩管引入土层中，并用内管夯击密实砂填料，实际上这也就是碎石桩的沉管法。

2. 碎石桩

碎石桩适用于挤密松散的砂土、粉土、素填土和杂填土地基。在复合地基的各类桩体中，碎石桩与砂桩同属散体材料桩，其加固机理相似。随被加固土质不同，碎石桩加固机理有所差别：对砂土、粉土和碎石土，具有置换和挤密作用；对黏性土和填土，以置换作用为主，兼有不同程度的挤密和促进排水固结作用。碎石桩在工程中主要应用于软弱地基加固、堤坝边坡加固、消除可液化砂土的液化性、消除湿陷性黄土的湿陷性等方面。

碎石桩按其制桩工艺分为振冲（湿法）碎石桩和干法碎石桩两大类。利用振动水冲法施工的碎石桩称为湿法碎石桩。干振碎石桩和锤击碎石桩统称为干法碎石桩。

（三）CFG 桩

CFG 桩是水泥粉煤灰碎石桩的简称，由碎石、石屑、粉煤灰掺加适量水泥加水拌和，用振动沉管打桩机或其他成桩机具制成的一种具有一定黏结强度的桩。桩体主体材料碎石、石屑为中等粒径骨料，可改善级配；粉煤灰作为细骨料，可以和低强度水泥作用。

CFG桩由于桩身具有一定的黏结性，故可在全长范围内受力，能充分发挥桩周摩阻力和端承力；桩土应力比一般为10～40；复合地基承载力的提高幅度较大；有沉降小、稳定快的特点。

CFG桩可用于加固填土、饱和及非饱和黏性土、松散的砂土、粉土等。CFG桩使用在塑性指数高的饱和软黏土上应慎重。

四、化学加固法

化学加固法是指利用水泥浆液、黏土浆液或其他化学浆液，通过灌注压入、高压喷射和机械搅拌，使浆液与土颗粒胶结起来，以改善地基土的物理力学性质的地基处理方法。

目前根据化学加固法中常用的浆液类型可划分为：①水泥浆液，即由高标号的硅酸盐水泥和速凝剂等组成的常用胶结浆液；②以水玻璃为主的浆液，这类浆液有较多的配方形式，较常用的是将水玻璃浆液与氯化钙浆液配合使用，该类浆液价格较贵，较少用；③以丙烯酰胺为主的浆液，是一种类似有机化合物为主的浆液，其价格昂贵，难于广泛应用；④以纸浆液为主的浆液，如重铬酸盐类，其加固效果较好，但有毒性，易污染地下水源，故使用上受到限制。因此，目前使用最广泛的是水泥浆液。

根据施工工艺，化学加固法可划分为灌浆法（注浆法）、高压喷射注浆法和水泥土搅拌法。

（一）灌浆法

灌浆法是指利用液压、气压或电化学原理，通过注浆管把浆液均匀地注入地层中，浆液以填充、渗透和挤密等方式，赶走土颗粒间或岩石裂隙中的水分和空气后占据其位置，经一定时间后，浆液将原来松散的土粒或裂隙胶结成一个整体，形成一个结构新、强度高、防水性能好和化学稳定性良好的“结石体”。灌浆法按加固原理可分为渗透灌浆、挤密灌浆、劈裂灌浆和电动化学灌浆。

（二）高压喷射注浆法

高压喷射注浆法是用工程钻机钻至预定深度后，用高压泥浆泵等发生装置，通过安装在钻杆机端的特殊喷嘴，向周围土体喷射化学浆液（常用水泥浆液），同时钻杆以一定的速度徐徐提升，高压射流破坏了附近的土体结构，并强制与化学浆液混合，在地基中硬化成直径均匀的圆柱体。可根据工程需要调整提升速度，变化喷射压力，或变换喷嘴的直径，从而改变流量，使固结体成为所需要的设计形状。固结体的形态和喷射流移动方向有关，一般分为旋转喷射（旋喷）、定向喷射（定喷）和摆动喷射（摆喷）三种。

旋喷法施工时，喷嘴一面喷射一面旋转并提升，固结体呈圆柱状。主要用于加固地基、提高地基的抗剪强度，改善土的变形性质；也可组成闭合的帷幕，用于截阻地下水流和治理流沙。旋喷法施工后，在地基中形成的圆柱体，称为旋喷桩。定喷法施工时，喷嘴一面喷射一面提升，喷射的方向固定不变，固结体形如板状或壁状，通常用于基坑防渗，改善地基土的水流性质和稳定边坡等工程。摆喷法施工时喷嘴一面喷射一面提升，喷射的方向呈较小角度来回摆动，固结体形如较厚的墙体。定喷及摆喷两种方法通常用于基坑防溜、改善地基土的水流性质和稳定边坡等工程。

高压喷射注浆法适用于砂土、粉土、黏性土、淤泥、淤泥质土、黄土、湿陷性黄土和人工填土地基。它既可用于工程修建前加固地基，又可用于工程使用期中的基础托换。对于砾石直径过大，含量过大及纤维质的腐殖土，高压喷射法的施工质量则难以保证，有时甚至达不到静压灌浆法的效果。当地下水流速过大时，喷射浆液无法在注浆管周围凝固。无充填物的岩溶地段，永冻土地基及对水泥有严重腐蚀的地基，均不适宜选用高压喷射注浆法。

（三）水泥土搅拌法

水泥土搅拌法是用于加固饱和黏性土地基的一种方法。它是利用水泥（或石灰）等材料作为固化剂，通过特制的搅拌机械，在地基深处就地将软土和固化剂（浆液或粉体）强制搅拌，由固化剂和软土间所产生的一系列物理和化学反应，使软土硬结成具有整体性、水稳定性和一定强度的水泥加固土，从而提高地基强度和增大变形模量。

根据施工方法的不同，水泥土搅拌法分为水泥浆搅拌法（国内俗称深层搅拌法，又称为湿法）和粉体喷射搅拌法（又称为干法）两种。前者是用水泥浆（有时添加减水剂如木质素等和速凝剂）和地基土搅拌，后者是用水泥粉或石灰粉和地基土搅拌。两种方法各有相应的适应性和利弊。从概念方面看，前者搅拌较均匀，易于复搅，但加固体硬化时间长，天然含水量过高时，桩间土多余的孔隙水需较长时间才能排除。对后者来说，虽搅拌均匀性欠佳，难于全程复搅，但水泥硬化时间短，且在一定程度上降低了桩间土的含水量，在一定范围内提高了桩间土的强度。

由于粉体喷射搅拌法采用粉体作为固化剂，不再向地基中注入附加水分，反而能充分吸收周围软土中的水分，因此加固后地基的初期强度高，对含水量高的软土加固效果尤为显著。它为软土地基加固技术开拓了一种新的方法。

1. 深层搅拌法（湿法）的施工

深层搅拌法的机械设备包括深层搅拌机和配套设备两部分。

深层搅拌机是进行深层搅拌施工的关键机械。目前，国内外有中心管喷浆方式和叶片喷浆方式。后者是使水泥浆从叶片上若干个小孔喷出，使水泥浆与土体混合较均匀。对于大直径叶片和连续搅拌是合适的。但因喷浆孔小，易被浆液堵塞，它只能使用纯水泥浆而不能采用其他固化剂，且加工制造较复杂。中心管输浆方式中的水泥浆是从两根搅拌轴之间的另二根管子输出，这对于叶片直径在 1.0 m 以下时，并不影响搅拌均匀度，而且它还可适用多种固化剂、纯水泥浆、水泥砂浆，至可掺入工业废料等粗粒固化剂。

2. 粉体喷射搅拌法（简称粉喷法，又称干法）

粉体喷射搅拌法是利用压缩空气向软土输送和喷射干粉（生石灰粉、水泥干粉等），利用于粉与土拌和发生化学反应，改善土质，提高地基的强度，它属于化学加固方法。加固后，可增加路基的稳定，减少路基的沉降。这种技术使得施工能在解决了干粉连续输送、压缩空气与干粉在土中分离以及土中空气排除等技术问题后得以进行。压缩空气将粉体加固料以雾状喷入地基深部，凭借钻头叶片的旋转，使粉体加固料与原位软土搅拌并得到充分混合，形成桩体或墙体，与路基下软土形成复合路基，从而使软土硬结。

水泥干粉与软土被搅拌后形成水泥加固土。它与混凝土的硬化机理有所不同。水泥加固土，水泥掺量很小（仅是被加固土的 7% ~ 15%），水泥的水解和水化反应完全是在具有一定的活性介质——软土内进行，硬化速度缓慢且作用复杂。水泥颗粒表面的矿物质能与软土中的水发生水解和水化反应，生成多种化合物，有的自身继续硬化，有的则与其周围具有一定活性的黏土颗粒发生反应。这些新生的化合物在水中和空气中越均匀，则水泥土的结构强度的离散性越小，总体强度越高。

粉体喷射搅拌法适合于加固各种成因的饱和软黏土，目前国内常用于加固淤泥、淤泥质土、粉土、杂填土等含水量较高的黏性土。以干粉作为加固料、不需向地基注入附加水分，反而能充分吸收周围软上中水分，因而初期强度高。可以事先合理选择加固料及配合比，针对不同的地质情况灵活设计桩径、桩长及桩距，可大大减少地基沉降额。

粉体喷射搅拌法与旋喷法（CCPI 法）不同。粉体喷射搅拌法是以机械强制搅拌，气粉混合体只需克服喷灰口处土及地下水的阻力而喷入土中，通过搅拌叶片的机械搅拌作用，使灰、土混合，形成加固柱体；旋喷法则是依靠高压脉冲泵所喷射的高压水来破坏土层。因此，粉体喷射搅拌法所用空气压缩机的压力不需要很高。此外，空气压缩机的风量也不宜太大。

第七节 黄土路基、膨胀土边坡综合治理

一、黄土路基

黄土地区路基病害的主要表现形式为路基沉陷或陷穴、路堤或基底沉陷、坡面滑溜、路堤局部滑坍或整体滑坡、土桥病害等。黄土特殊的工程特性导致了黄土地区道路病害的产生，其中黄土的湿陷性是引起路基破坏的主要因素，而黄土湿陷性与水（地表、地下水）的潜蚀作用导致的路基湿陷，对道路危害极大。设置完善的防、排水系统，最大限度地降低地基受水浸湿的可能性是防止黄土湿陷破坏的首选措施，也是最经济的技术措施。在黄土路基中加入土工合成材料，其目的就是要防水和减载。利用土工合成材料所产生的剪应力及拉力以改变路基的受力状态，使路基能够均匀承受荷载，减少路基的局部沉降及侧向位移，提高路基的承载力。利用土工合成材料防治路基病害，不仅要改变其受力状态，还要解决地表水及地下水的排导、隔离、防渗等，并进行必要的加固，使路基免受水的侵害。

防治黄土在不利条件下造成的危害的方法，由早期的大开挖到后来的垫层（灰土或砂石）、强身（表面强夯、深孔强夯、置换强夯）、挤密（灰土桩、饱和土时的振冲碎石柱）、沉桩（预制打入桩、钻孔灌注桩、扩底灌注桩、水泥搅拌桩）、化学加固（碱液法、加气硅化法）和防水（基本防水、检测防水、严格防水及施工防水）等，在工程实践中发挥了重要作用，

目前，处治湿陷性黄土路基通常采用的有密实法、置换法、复合地基法等，再配合排水措施，

形成一个体系。这些方法的特点是技术可靠、经济适用、施工简单、有较好的处理效果，便于掌握及推广应用。

二、膨胀土边坡

（一）概述

膨胀土边坡具有“逢堑必滑、无堤不塌”的极端特殊性与严重性，防治膨胀土滑坡必须贯彻“先发治坡、以防为主”的总原则。实践证明，必须针对边坡的特性（膨胀土的胀缩性，裂隙发育情况，软弱结构层面，坡高坡长，坡率等）、环境的影响（大气降雨量与蒸发量，地下水下地表径流方式等），结合边坡各部位可能产生的应力种类和大小，采取相应的处理、预防措施，进行综合治理。

（二）膨胀土滑坡预防

1. 膨胀土滑坡的防治原则

（1）防水

水不仅是滑坡的直接诱发因素，而且是胀缩循环的直接因素，在膨胀土滑坡中具有双重危害作用。因此，防治膨胀土滑坡必须本着“治坡先治水，防滑先防水”的原则，一是防止地表水和大气降水渗入边坡土体，二是及时疏导地下水。

（2）防风化

膨胀土的抗风化能力很低，尤其是地表浅层土体在大气风化应力作用下，容易形成风化软弱层，常是产生滑坡的危险结构面。

（3）防反复胀缩循环

膨胀土反复吸水失水产生胀缩循环效应，常在地表浅层形成胀缩变动带，使土体结构破坏，强度降低，导致滑坡的产生。

（4）防强度衰减

土体抗剪强度衰减，是造成边坡渐进破坏，产生滑坡的直接原因。

2. 膨胀土滑坡预防

预防膨胀土的滑坡的产生，必须立足于“先发治坡”的原则基础上，从勘察选线与选址开始，通过设计、施工和养护维护等各个阶段，层层设防，最终实现预防目的。

（1）勘察阶段

详细查明线路位置和建筑场地的工程地质条件，对勘察区内膨胀土边坡的整体稳定性作出正确的分析判断，如果预测有发生大型滑坡的严重危害，或有可能出现滑坡群时，应详细做好工程地质选线和选址（场）工作，采取坚决绕避方案。

（2）设计阶段

充分应用工程地质资料，结合已有工程或滑坡的稳定性情况进行设计，尽量减少滑坡发生的可能性。一是正确选择设计方案，做出深挖长路堑与隧道的比较、高填长路堤与桥的比较；二是选择适合于膨胀土特性的合理边坡形式、陡度、高度；三是选择必要的有效工程措施等。

边坡应按工程地质条件和稳定性分类分级，原则上均应一律采取必要的防护措施，那种单纯指望放缓边坡坡率即能稳定边坡的做法，对膨胀土地区路基设计是十分有害的。

（3）施工阶段

在膨胀土地区，由于施工方法不当引起的滑坡屡见不鲜。因此，施工中必须充分掌握膨胀土所具有的卸荷膨胀、风化膨胀和遇水膨胀等重要工程地质特性与规律，选择适合于膨胀土特性的正确施工方法与季节。

膨胀土地区的一般工点应尽量做到在旱季施工，并集中力量一气呵成。其施工顺序应严格遵循：先排水，后主体；快速开挖，及时支挡；自上而下，分层逐级施工的原则。对于支挡建筑物，施工时应从两端开始，跳槽开挖基坑，采取边挖边砌基础边修建的方法，及时恢复力的平衡状态，增强坡脚支撑。

（4）养护维修

由于膨胀土滑坡的发生，大多有一个从量变到质变的发育过程。边坡一旦出现变形，排水沟产生破坏等，如不及时治理与维修，则有进一步使变形扩大的可能。因此，应经常注意边坡与防护工程设施的工作状态。发现问题及时采取措施进行养护维修，是防止滑坡不可忽视的经常性工作。

（5）观测预报

对于危害性大的滑坡，应建立观测系统，监视滑坡的活动，进行紧急预报，以防止突然灾害的发生。

滑坡预报包括空间预报和时间预报两个方面。空间预报可根据膨胀土滑坡分布的空间规律，土体结构和边坡变形形迹等，基本上可以判断滑坡发生的地点和规模等。但滑坡发生的时间预报则较困难，目前，在一般滑坡时间预报中，主要是根据位移速度的观测进行预报。

（三）膨胀土边坡工程防护与加固

膨胀土路堑边坡防护与加固措施，可以分为表水防护、坡面防护和支挡防护三类，工程中大多是三种结合使用。

1. 表水防护

设置各种排水沟，建立地表排水网系，截排坡面水流，使表水不致渗入土体和冲蚀坡面。排水包括地表排水与地下水两个方面，地表排水以防渗和拦截滑体以外地表水、及时旁引为原则，地下排水以尽快汇集、及时疏导引出为原则。

由于膨胀土的水文地质特征，决定膨胀土中的地下水多为浅层裂隙水性质，而且具有极不均一性，在膨胀土滑坡整治中，一般采用综合排水的措施，可以收到好的效果。

归纳膨胀土滑坡整治中采用的各种设施，有包括防渗和截水的天沟、吊沟、侧沟、排水沟；有疏导相结合的支撑渗沟、渗水井、渗水暗沟，挡墙后盲沟和排水隧洞等。

（1）地表排水网

加强地表排水措施，建立地表网系，对于整治膨胀土滑坡具有特殊重要意义。以往成功的经验是：天沟、侧沟、排水沟紧密相连，三沟汇水齐归涵，同时，要求所有排水系统，应一律浆砌，随时检查维修，防止积水或淤塞，保证排水畅通。

（2）支撑渗沟

支撑渗沟整治膨胀土滑坡，用于疏导滑坡体内地下水，效果显著，是一种使用较普遍的排水措施。支撑渗沟一方面疏导地下水，同时又对边坡土体起到支撑作用，以增加其稳定性，一般常同抗滑挡墙联合使用。

支撑渗沟的平面布置和深度，应视滑体内地下水系的分布、埋藏条件等，结合地形合理布置。一般将渗沟按主沟和支沟布置成地下水排水网系，将滑体内的地下水由支沟引入主沟后，排出滑坡体外。

（3）渗水井、渗水暗沟和泄水隧洞

一般施工和养护维修都较困难，在整治膨胀土滑坡中，只用于少数几处地下水量大，埋藏较深的滑坡。

2. 坡面防护加固

膨胀土边坡因开挖而产生的施工效应特别明显，挖方使原来处于稳定的膨胀土裸露在边坡表面或降低了上覆压力。由于膨胀土边坡比其他土质边坡更易风化、易胀缩变形，由此引起的边坡变形危害就更加普遍而严重。因此，对膨胀土坡面的防护加固显得特别重要，坡面防护的类型很多，主要应根据边坡膨胀土类别及风化程度等特性合理选择。

（1）骨架护坡

主要是用以防止坡面表土风化，同时加强风化层土体的支撑稳固作用，实际上这是一种将长大坡面分割为由若干骨架支撑的小块土坡，进行分而治之的有效措施。在膨胀土边坡防护加固中，常用的骨架护坡形式主要有方格架护坡和拱形骨架护坡，此外还有人字形骨架护坡等。

（2）片石护坡

主要用于整治边坡膨胀土体已产生局部溜塌等变形的措施。片石护坡可分为：干砌片石护坡和浆砌片石护坡两类。

①干砌片石护坡

主要用于边坡产生局部溜塌变形后，可以及时清除溜塌体，用片石嵌补，以迅速恢复原有坡面的完整，同时，对受溜塌牵动影响的局部土体，可以起到一定支护作用；对于调整坡面表土胀缩作用、承受变形，均有一定效果。

②浆砌片石护坡

大多用于边坡土体产生局部塌滑后的整治。由于浆砌片石护坡整体强度较高，自重较大，对于边坡土体可以起到反压和部分支挡作用。同时，可以及时封闭坡面，防止土体继续风化。因此，采用浆砌片石护坡可以增加边坡稳定性，在路堑与路堤边坡加固中均有使用。

（3）植被护坡

常见有种草、撒草籽、铺草皮和种树等。植被防护的意义为：

膨胀土表面生长植被后，能够保证土壤温度、湿度的相对稳定，避免水分的大幅度变化，从而大大减少膨胀土干缩湿胀的发生，增强路堤、路堑的稳定性。

（4）土质边坡轻型防护——水泥土护坡

水泥土是用无机土按比例掺入硅酸盐水泥和水，均匀搅拌，捶实成形，经过适当养护，硬化而成的一种新型建筑材料。

它的机理是：无机颗粒与土粒间发生化学反应，产生新的化合物，其凝结与硬化有三种成因：①水泥的水解和水化反应；②离子交换和团粒作用；③硬凝反应。

水泥土的凝结，是大量硅酸盐水泥与水化合生成的硅酸钙、硅铝酸钙水化物，以纤维状微粒构成的凝胶而结合，与混凝土的凝结机理相似。

工程实践证明，水泥土的变形和强度、耐久性、抗干湿循环、抗渗性、抗冲耐磨性等都达到工程要求。

（四）支挡结构

支挡结构是为了防止边坡的坍塌失稳，确保边坡稳定的构筑物。对于开挖的强膨胀土或中等膨胀土的边坡采取的预防支挡措施，以便防止滑坡的发生；对于已发生滑动的边坡进行治理支挡措施，使工程运行正常。按照地形地貌、土层结构与性质、边坡高度、滑体的大小与厚度，以及受力条件和危害程度而采取相应的形式进行治理措施。

1. 挡土墙

挡土墙的设计是否符合膨胀土边坡客观的情况，关系到边坡治理费用和安全问题。因此，对挡土墙类型、土压力核算及作用，滑动破坏形状等方面的研究具有十分重要的意义。

挡土墙分为坡脚墙、坡腰墙、坡肩墙和坡顶墙。

（1）坡脚墙

用在路堑和路堤坡脚，起稳定坡脚土体的作用。其中，路堑坡脚墙宜与边沟同时构筑，浑然一体，可以起到增加基底摩阻和侧向支衬作用。

（2）坡腰墙

对于坡面过长（堤高、堑深大于 8 m）或坡体在开挖、填筑过程中，坡面土层产生过滑移或有滑移可能的坡体，常在坡面的中部增设一级或多级挡土墙，也称坡腰墙。其作用在于压缩坡长、减缓坡率，分而治之。

（3）坡肩墙

挖方路基称作坡顶墙，填方路基则称路肩墙。填方路堤因边部压实度不够，往往引起纵裂缝的产生，水分的进入导致肩部土体湿软，抗剪强度降低，引起坍肩现象。路肩墙常作为补救措施之一。

（4）坡顶墙

在挖方坡顶修筑坡顶墙其目的不仅在于治，更在于防。挖方边坡变形量大的、危害也较大，顶部因路堑开挖，土体超固结应力的释放和反弹，侧向应力的减弱或消失，导致顶部土体松弛，变形加剧，多形成张拉裂隙，浸水后自重增加，土体膨胀导致滑坍或滑坡之可能。设置坡顶挡墙之后，增加了土体的侧向约束，避免或减轻纵裂的发生或发展，阻止了坡顶大的变形破坏的产生。

坡顶墙应在坡顶处未发生大的裂缝或滑动面未形成之前及时修建，只有这样才能发挥其抑制变形的作用，若已有裂缝产生（特别是倾向坡内的水平和斜交裂缝）则需将基础置于裂缝下约1m。坡体完好地段，墙身与基础厚度在 1.5 m ~ 2.0 m 之间即可。地面表层一般胀缩性能较弱，因此，墙身断面可适当放窄。若土质膨胀性能较强，则需考虑膨胀力的影响。

2. 加筋挡土墙

加筋挡土墙由填料、加筋、面板三部分组成。

3. 土钉墙

土钉是一种加固原位土体的方法，用以形成挡土墙结构物和边坡加固。

4. 抗滑桩

若路堑边坡已经产生滑动，采用多级抗滑挡墙无法阻止，或因施工困难，如挖基很深，边挖边塌，并能造成更大的滑动趋势者，应酌情考虑改用抗滑桩。

用抗滑桩来阻抗边坡土体下滑和治理滑坡，具有破坏滑体少、施工方便、工期短、省工省料等优点，是治理深层滑坡的有效方法。抗滑桩一般采用钢筋混凝土钻孔桩或人工挖孔桩、断面直径 500 mm ~ 1 000 mm，桩的间距一般为桩直径的 3 ~ 5 倍，桩深入滑动面以下深度为桩长的1/2。抗滑桩一般布置 2 ~ 3 排，为梅花形布置，以免滑体从桩间滑出。在重要边坡，抗滑桩间可以横向连接构成一个护坡的空间结构，这种抗滑桩系统稳固性较好

5. 锚杆、钢筋网、喷射混凝土护坡

对于强膨胀土边坡，可采用锚杆、钢筋网、喷射混凝土护坡。

（五）膨胀土边坡植被建植技术

植被防护包括播草籽、植草皮、植生带和种树等几项内容。实践证明，植被防护不仅仅是绿化美观的问题，重要的是可以通过植被，储蓄和蒸发水分，调节坡中土的湿度，减少和降低干湿循环作用效应，增加坡面的防冲刷、防变形能力。通过对膨胀土边坡上植被的观察，也可以判定其边坡是否达到了稳定或初步稳定。植被防护是整个综合治理中的一个环节。

（六）植被与膨胀土边坡综合防护

1. 膨胀土边坡不宜采取单一的防护措施

由于膨胀土干缩湿胀的特殊性，单一地采用刚性防护措施如浆砌片石护坡，在雨水的作用下，坡面上的保护层会发生鼓肚、开裂、变形、外挤等现象。

植被防护是膨胀土边坡防护的重要措施之一，植被生长能够保持土壤温度和水分的相对稳定，减少膨胀土干缩湿胀现象的发生。植被还能缓和雨滴的冲击，减少径流量和流速，根系等能够束缚土壤颗粒，使土壤不易流失。植被的生长能够促进微生物的活动，改变膨胀土的性质。植物的生长使得边坡表面土壤成为一个整体，是一种柔性结构，能承受膨胀土干缩湿胀引起的较小位移。

但是，植被防护的作用也有其局限性，由于植物根系一般较浅，只能防止坡面冲蚀和表面溜塌、在边坡本身不稳定或存在集中水流的情况下，仍可能发生塌滑和水毁现象。

所以，植被防护必须在边坡稳定的基础上使用，需要与工程防护相结合。对于膨胀土边坡防护需要采取综合治理措施。

对于路堤来说，强膨胀土最好不作为填土材料，膨胀土路基的填土施工应按规范逐层压实，严格控制含水量。对于膨胀土路堤边坡，除了植草防护，还应辅以护肩与支撑，在路堤较高或土质较差的地段还应设置支撑骨架，土路肩予以封闭，这样既可防止雨水浸入基层，又可防止路肩被冲蚀或边坡的滑塌。

2. 植被防护与工程防护相结合防护效果好

如果坡比合理，采取工程防护（矮挡墙、封闭式平台、骨架护坡、表层土壤添加石灰等）措施，加上植被防护（在拱内建立草皮），刚柔相济（工程措施为刚性结构，植被为柔性结构），能够有效地防护膨胀土路堑边坡。

第六章 交通要素特性

第一节 人的交通特性

一、驾驶员的交通特性

道路交通系统中的人包括（机动车和非机动车）驾驶员、乘客和行人，他们都是道路的使用者。其中，机动车驾驶员交通特性是研究的主要对象。道路交通系统中的各种要素都是围绕着这个“特殊的”要素进行设计和运作的。随着科学技术的发展，学科的交叉渗透，以及对交通系统中这一最复杂因素的深入研究，改变了交通工程纯技术学科的性质。

（一）驾驶员的任务

驾驶员是道路交通系统中“会思考”的部分，其主要任务：①沿着选定的路线驾驶车辆，完成从起点到终点的运输过程，以实现人员和货物在空间上的转移。②遵守交通法规，正确理解信号、标志、标线的含义，服从交通警察的指挥，自觉维护交通秩序以保证交通的安全和通畅。③遇到不利情况及时调整车速或改变车辆的位置和方向，甚至停车，以避免交通事故的发生。

以上三项任务中，后两项任务决定着车辆运行的可靠性和安全程度。

（二）驾驶员的信息处理过程

人的感觉器官可以接收各种各样的刺激，如驾驶员的眼睛可以看见车内的仪表，车外的道路、车辆、行人、交通信号和标志，耳朵可以听见发动机和扬声器的声音，鼻子可以闻到异常气味，手脚可以感觉到振动等。所有这些可以被人直接或间接感知到的各种刺激，就是这里所说的信息。

车辆在行驶过程中，驾驶员通过视、听、触觉器官从交通环境中获取信息，经过大脑进行处理，做出判断和反应，再支配手脚（运动器官）操纵汽车，使其按驾驶员的意志在道路上行进，这就是信息处理过程。在这一过程中，驾驶员要受到自身一系列生理、心理因素的制约和外部条件的影响，如果在信息的采集、判断和处理的任何一个环节上发生差错，都会危及交通的安全和通畅。因此，有必要对信息处理和各个环节（阶段），以及它们之间的联系作简要的介绍。

1. 信息感知阶段

信息感知阶段也就是收集并理解信息的阶段。所谓感知就是感觉器官获取的信息在头脑中的反映。其具体过程：信息先由感觉器官接收，再经传入神经传到大脑皮层，产生相应的映像。一般来说，这一过程的速度是极快的。如果因某种原因使这一过程变慢，就会造成感知迟缓；如果在大脑中产生的映像出现错误，就会造成感知错误。由于感知方面的原因造成的事故约占驾驶员责任事故的一半以上。在信息感知阶段，最重要的是要敏捷而准确。

发生感知迟缓或感知错误的原因，除了刺激方面的原因（如有些信息过于突然、过于隐蔽、刺激强度过于微弱等）以外，主要是驾驶员心理和生理方面的原因。心理方面的原因主要是注意力不集中、注意的范围过小、注意力转移和分配能力差等。生理方面的原因主要是感觉器官和大脑机能不健全或不正常，如有视觉障碍（色盲、近视），酒精中毒，驾驶疲劳等。这两方面的原因都会造成感官和大脑迟钝，使感知缓慢甚至错误。尤其酒后感知能力比正常时明显降低，此时驾车极易造成重大事故，所以要绝对禁止酒后开车。

2. 分析判断阶段

信息被感知以后，驾驶员把感知到的情况与自己的知识经验进行对照、分析，判断出道路的宽窄、软硬，前后车的速度、意图，行人的年龄、动向等，并根据自驾车辆的技术情况、本人的健康状况及心理机能等，决定采取相应的措施。这些判断项目中，任何一项判断不准，都容易导致行车事故。

在驾驶员的判断中，对距离的判断非常重要。在驾驶过程中，经常进行超车、会车。会车时要判断两车侧向间隙的大小，超车时要判断前车的车速、本车与前车的距离。当对面有来车时，还要判断与对面来车的距离及来车的车速等。如果低估了车速和距离，就会给行车安全带来危险。

3. 操作反应阶段

驾驶员处理信息的最后阶段，是肢体的操作反应阶段，即手脚按大脑决策后的指令进行具体操作，并产生效果。尽管由于操作错误造成的事故不多，但常常是一些比较严重的事故。因此，要求驾驶员的操作技能必须熟练，以保证在紧急情况下不致出现失误。

以上介绍了驾驶员信息处理过程的各个阶段。在实际驾驶过程中，感知、判断、操作是有机地结合在一起的。感知是判断的前提，为判断提供材料，是分析判断的源泉。分析判断又为操作反应提供指令。操作是感知、判断的结果，同时操作的结果又反馈到感觉器官，对操作进行修正、调整。如果没有这一反馈，就不知道操作的结果，好像蒙上眼睛转动转向盘，不知道角度转了多少一样，难以保证动作的准确性。感知、判断、操作三位一体，构成了驾驶员的信息处理过程，其中任何一项错误，都将导致整个信息处理过程的失败。这一信息处理过程通过反馈，进行循环往复。所以，整个驾驶过程实质上就是不断地进行信息处理的循环过程。

（三）视觉特性

在行车过程中，驾驶员需要及时感知各种交通信息。根据统计分析，各种感觉器官给驾驶员提供交通信息的比例如下：视觉 80%、听觉 10%、触觉 4%、味觉 4%、嗅觉 2%。可见，视觉是驾驶员信息输入最重要的感觉器官。因此，对视觉机能的考核和研究是驾驶员特性研究的重要内容。

人的眼睛注视目标时，由目标反射来的信息经过眼中晶状体的屈折，投射到眼睛的黄斑中心凹，结成物像，再由视神经经过视路传至大脑的枕叶视中枢，激起心理反应，形成视觉。也就是说，所谓视觉，就是外界光线经过刺激视觉器官在大脑中所引起的生理反应。视觉在辨别外界物体的明暗、颜色、形状等物理特性，以及区分物体的大小、远近等空间属性上都起着重要的作用。

（四）反应特性

反应特性是驾驶员重要的特性之一。

从实验心理学的定义来分析，反应特性的含义是从表露于外的事物引起反应到开始动作所需的时间，它不是反应的延续时间，而是从刺激到反应动作之间的时距。反应时间又称反应潜伏期，包括感觉器官感知的时间、大脑加工的时间、神经传导的时间，以及肌肉反应的时间。

就驾驶车辆而言，对一个特定刺激产生感知并对它做出反应，应包括以下四个性质截然不同的心理活动。

感知：对需要做出反应的刺激的再认识和了解。

识别：对刺激的辨别和解释。

判断：对刺激做出反应的决策。

反应：由决策引起的肢体反应。

这一系列连续活动所用的总时间称为感知反应时间，它实际上是信息处理过程的灵敏程度。

在实验室里将反应时间分为简单反应时间与复杂反应时间。前者是以预先知道可能要出现的信号为条件（如红灯一亮就按电钮），视觉刺激为0.25 ~ 0.3 s，听觉刺激为0.2 s，触觉刺激为0.2 s，时间都比较短。后者是从几种刺激中选择出一种刺激做出反应（如在红、黄、绿三色灯中，当红灯亮时按电钮，其他灯亮时不按），条件越复杂，反应时间越长，刺激的数目越多，反应时间也越长。

（五）疲劳与饮酒

1. 疲劳的原因和种类

驾驶员在连续驾驶车辆后，产生生理、心理机能下降和驾驶员操作效能下降的现象称为驾驶疲劳。

驾驶员长时间坐在固定的座位上，要从复杂的环境中不断获取交通信息并迅速处理，这种紧张状况时刻都在增加驾驶员的心理负担。驾驶工作具体连续性，且在行车中常常因遇到交通阻塞或红灯信号而停车，以致驾驶员心情烦躁，加重其心理负担，因而容易疲劳。另外，在一些景物单调的道路上长距离行车，也易产生疲劳。

疲劳不是病态，而是一种正常的生理状态。多数专家认为：一般性疲劳，休息一天便可解除，驾驶员的体力和工作能力可以完全复原。过度疲劳则由多次疲劳的影响积聚而成，可能突然以某种病态表现出来。如果说疲劳是劳动过程中的产物，那么过度疲劳则是疲劳得不到休息补偿的结果。

疲劳一般可以分为身体疲劳和精神疲劳两种。前者由于体力劳动所致，表现在身体方面；后者由于脑力劳动所致，表现在精神方面。因为汽车驾驶作业是脑力劳动与体力劳动的结合，所以驾驶员的疲劳是这两种疲劳的综合体现。

从疲劳恢复的时间来看，可以把疲劳分为一次性疲劳、积蓄疲劳和慢性疲劳。一次性疲劳是经过短期的休息，如睡一觉就可以恢复的疲劳。这是一种日常劳动所引起的疲劳，正常驾驶疲劳就是属于这一种。积蓄疲劳不能用短时间的睡眠来恢复，其是长时间积累起来的疲劳。要恢复这种疲劳必须长时间修养和保持十分充足的睡眠。否则，这种积蓄疲劳会发展成为慢性疲劳。慢性疲劳是一种病态疲劳，一般来说是由于长时期处于疲劳状态而引起的，这种疲劳使劳动质量下降，影响身心健康。积蓄疲劳严重者和慢性疲劳者相似，都不宜驾驶车辆。

2. 疲劳对安全行车的影响

疲劳会使驾驶员的驾驶机能失调、下降，对安全行车带来不利的影响。

3. 饮酒对行车安全的影响

饮酒后不宜驾驶车辆。酒的主要成分是酒精（化学名称为乙醇），酒的烈性程度是指所含酒精浓度的大小。人饮酒后，酒精被胃肠黏膜迅速吸收，溶解于血液中，通过血液循环流遍全身，渗透到各组织内部。由于酒精与水有融合性，因此体内含水量高的组织和器官，如大脑和肝脏等，酒精含量也高。

酒精具有麻醉作用。它作用于高级神经中枢，最初使人有些轻松，减弱了对运动神经的约束，四肢活动敏捷。随着脑与其他神经组织内酒精浓度的增高，中枢神经活动逐渐迟钝，先使人的判断力发生障碍，而后四肢活动也变得迟缓。

饮酒对精神和心理的影响比身体的影响更大，其表现：①情绪不稳定；②理性被麻痹，对各种事物的注意力下降；③意识面变窄；④信息处理能力下降，影响其选择面；⑤预测的正确度和自制能力下降；⑥危机感被麻痹，脾气变大，喜欢超速和超车等，安全程度显著变坏；⑦记忆力下降等。

由于饮酒可以对人的生理和心理产生上述影响，因此饮酒后驾驶员的驾驶机能会不同程度地下降。

（六）注意

注意是心理活动对一定事物的指向和集中。由于这种指向和集中，人才能清晰地反映周围现实中的特定事物，而离开其他事物，如驾驶员在行车过程中只盯着与行车安全有关的车辆、行人、信号及路面状况等。这些集中注意的对象便是注意的中心。注意是心理活动的一种积极状态，使心理活动具有一定的方向。该心理过程是感觉、知觉、思维等心理过程的综合，是比较复杂的，人在注意的时候，也在感知、记忆、思考。例如，有的驾驶员对自己经常行驶的路线特别熟悉，对在不同路段采取驾驶操作已了然于心，保证了多年行车无事故，这就是长期注意的结果。

人的注意可分为无意注意和有意注意。一般情况下，人在注意某一事物的时候是随意的，既无自觉的注意也未加任何努力，这种注意是无意注意。例如，驾驶员在行车过程中，突然听到汽笛声所引起的注意，即属于此类。有意注意是自觉的，有预定目的的注意。例如，报考驾驶员的人，在考试前要注意阅读和记忆车辆结构及性能的有关知识。有意注意往往需要一定的努力，人要积极主动地去观察某种事物或完成某种任务。引起有意注意的事物并不一定是强烈而富有刺激性的。有意注意是人所特有的一种心理现象，是由于所承担的任务而确定的对某些事物的指向和集中。

注意的范围又称注意的广度，是指在同一时间内所能清楚掌握的对象的数量。驾驶员的注意范围是有限的，对于范围以外的事物会感到模糊。某些交通中的危险因素，往往处于注意范围之外，因此驾驶员应从如下方面提高注意的广度，以防事故的发生：①不断学习驾驶知识，积累经验，扩大注意的广度。②研究注意对象的特征，提高自己感知事物的能力。

注意的稳定性是指注意长时间地保持在感受某种事物或从事某种活动上。注意的集中是间歇地加强和减弱的，不能长时间保持固定状态，这种周期性的变化是注意的一种基本规律，称为注意的起伏现象。注意的稳定性的好坏与人的主体状态有关，当身体健康、精力充沛时，注意的稳定性好，反之注意的稳定性差。注意的分散与注意的稳定性相反，是由其他刺激物的干扰或由单调的刺激引起的。例如，长时间在高速公路上行车的驾驶员感到幻影，就是由于单调环境所引起的注意分散。

在同时进行两种或多种活动时，把注意指向不同的对象，称为注意的分配。例如，驾驶员在行车过程中既要注意前方路面的情况，又要转动转向盘等。注意转移是根据新的任务，主动地把注意从一个对象转移到另一个对象，每一次注意转移都必然带来注意的重新分配，使原来的注意中心及注意图景发生变化，呈现新的注意分配情况。例如，汽车驾驶员在行车中，注意前方的交通状况，当发现路侧有标志时，就会立刻把注意转移到交通标志上，辨认标志内容。若是限速标志，则立即把注意转移到调整车速的驾驶操作上。注意转移和分配能力，对于驾驶员行车是尤为重要的。

（七）动态判断

动态条件下对距离和速度的知觉，随经验增加而逐渐提高。正确估计超车的距离、被超车的速度和对面来车速度，可提高超车效率。时间和距离知觉对驾驶汽车很重要。为了防止撞到前导车上，尾随车的驾驶员应能正确估计两车之间的距离和前导车速度的变化。

判断距离的能力使驾驶员可以正确估计道路宽度、超车距离、选择可插间隙等。空间知觉在很大程度上取决于驾驶员的经验。新驾驶员通过狭窄的通道或门时，会怀疑自己的汽车不能通过。一些有经验的驾驶员，当由驾驶小汽车换为驾驶公共汽车或大型货车时，开始也会遇到同样情况。经过一段时间以后，他们才能达到以前判断距离的能力。

一般有经验的驾驶员不看速度表，即能相当准确地判断汽车的速度。但是，持续高速度行车之后，驾驶员对速度的适时降低会估计不足。例如，在从城外干道驶入城市入口的道路上，很多驾驶员不能及时根据变化了的交通条件改变速度，从而造成交通事故。

此外，周围条件对判断速度也有影响。例如，有经验的驾驶员在四车道的道路上行车，车速为 100 ~ 110km/h，其感受却与在路边有树的双车道道路上行车，车速为 60 ~ 70 km/h 时的感觉相同。

对运动速度和方向的知觉是动态目测的基本功。动态目测可以帮助驾驶员正确估计驶向交叉口的其他汽车的行进速度、距交叉口的距离。基于这种估计，驾驶员或让横向车通过，或为自己优先安全地通过交叉口选择正确速度。

（八）驾驶员的差异

在拟定道路设计标准、汽车结构尺寸时，以及在对事故进行分析并采取安全措施时，要考虑驾驶员的各种特点，如性别、年龄、气质、知识水平、驾驶技术熟练程度、精神状态等。

（九）外界因素对驾驶员的影响

驾驶员的上述有关交通特性除受自身生理－心理素质、婚姻状况、精神状态等条件的影响外，还受道路条件、车辆状况、交通环境等外界因素的影响。现简要叙述如下：①道路线形设计欠妥，可能使视线失去诱导，使驾驶员产生错觉，增加驾驶员的心理紧张程度和驾驶疲劳。②车辆的结构尺寸、仪表位置、操纵系统、安全设备等都对驾驶有影响。③环境的影响：交通标志的布设会约束驾驶员的行为；道路周围若有吸引人注意的干扰点，驾驶员的注意会分散；若沿途播放轻音乐，可加快车速；路上行人过多，会增加驾驶员的心理紧张程度等。

（十）驾驶员应具备的职业特点

综上所述，汽车驾驶员应具备下述职业特点：身体健康，能从危险之中选择最危险的情况，正确、冷静、迅速而恒定地做出反应，在黄昏时有必要的视力，对眩光不敏感，有判断速度、距离的能力，对转向盘和踏板能施加不同力，能辨别不同颜色，准确行车，技术机敏，对工作有兴趣，对同志态度和蔼，遵守交通法规等。

二、行人的交通特性

行人的交通特性表现在行人的速度、对个人空间的要求、步行注意力等方面。其与行人的年龄、性别、出行目的、文化素养、心境、体制等因素有关，也与行人生活的区域、周围环境、街景、交通状况等有关。

三、乘客的交通特性

乘客交通特性的共同要求是安全、迅速、舒适。因此，线形设计、交通工具配备、交通设施布设都应考虑这些要求。

当汽车在曲线上行驶，横向力系数大于 0.2 时，乘客有不稳定感；横向力系数大于 0.4 时，乘客站立不住，有倾倒的危险。所以，在线形设计标准中对平曲线的最小半径有相关规定。

汽车由直线经缓和曲线进入圆曲线时，其离心力逐渐增加，当离心力增加很快时，乘客感到不舒服，为了使乘客感觉不到转弯，所以要限制离心加速度这样，便对缓和曲线的长度提出了要求。

在山区道路上或在陡边坡高填土道路上行车，乘客看不到坡脚，会产生害怕心理。如果在这种路段的路肩上设置护栏或放缓边坡，会消除乘客的不安心理。

道路美学与交通安全之间存在着微妙的关系。采用顺畅连续的线形、宽阔的带弧形的边沟、平缓的边坡等都有助于道路美化和增加交通安全。这样，道路本身比较安全，驾驶员和乘客看起来也比较安全。无论道路多么优美，如果没有安全感就不能认为在美学上是令人满意的。

乘客都希望缩短出行时间，尽快到达目的地。人们经常见到的挤车现象，就是这种心理状态的具体表现。对于已在车上的乘客，希望中途不停车，直达目的地。对于要乘车的旅客，希望出门就有车站，每辆车都停靠，来车即可上车。一般来说，乘车时间越长，越容易产生疲劳，从而使劳动效率降低。

乘客的舒适对减轻疲劳有重大作用。调查表明，工人乘坐电力列车到郊区上班时，坐着乘行 60 min 以上，与在市里上班，需要换乘，站着乘行小于 60 min 相比，前者生产指标好。为了减轻乘客疲劳可采取一些有效的措施，具体如下：

市内公共交通规划应明确规定职工上下班出行时间，配备适量的交通工具，规定车辆满员率。一般而言，市内工作出行时间不宜超过 45 min；郊区工作出行时间不宜大于 70 min。

乘客长时间保持一个坐姿容易疲劳，所以车辆的座位设计应考虑如何减轻疲劳，如用软垫，座位靠背可改变倾斜角度。同时，应注意调节车厢内的温度、湿度、空气并防尘。

坐车时间过长，容易产生烦躁情绪。为此，路线的布设应考虑美学要求，尽量利用名胜古迹、自然景物组成优美的道路交通环境，使乘客在旅途中能观赏风光，感到心旷神怡。同时，沿线布设一些休息场地，使需要停驻的车辆稍停片刻，以便乘客下车活动、伸展肌肉、减轻疲劳。

乘客在长途旅行中会产生了解沿途情况的心情。例如，沿途经过哪些地方，各有什么特点，前方到达哪个车站，已走了旅途的多少里程，距目的地还有多远等。因此，沿路应设一些指示标志和里程碑，以解乘客的疑惑。

第二节　车辆的交通特性

一、机动车的分类

车辆是道路交通的基本要素之一，车辆是指机动车和非机动车。

机动车是指以动力装置驱动或牵引，在道路上行驶的供人员乘用或用于运送物品，以及进行工程专项作业的轮式车辆。

非机动车是指人力或畜力驱动，在道路上行驶的交通工具，以及虽有动力装置驱动但设计最高时速、空车质量、外形尺寸符合有关国家标准的残疾人机动轮椅车、电动自行车等交通工具。

在机动车的管理中常按下述类型进行分类统计：

座位数≤ 9 的载客汽车；

其他总质量≤ 4.5t 的汽车；

其他汽车、汽车列车及无轨电车；

四轮农用运输车；

三轮农用运输车；

两轮摩托车；

边三轮摩托车；

正三轮摩托车；

轻便摩托车；

轮式拖拉机车组；

手扶变型运输机。

由于汽车在机动车中占有支配地位，下面将主要介绍它们的分类知识。

根据相关国家标准，可将汽车分为八类，即载货汽车、越野汽车、自卸汽车、牵引汽车、专用汽车、客车、轿车和半挂车及专用半挂车。通常按所担负的运输任务将汽车划分为三大类。

（一）轿车

轿车乘坐 2 ~ 9 人（包括驾驶员），主要供个人使用。轿车按发动机排量分为以下几种：

微型轿车：发动机排量在 1L 以下。

普通轿车：发动机排量为 1.0L ~ 1.6L。

中级轿车：发动机排量为 1.6L ~ 2.5 L。

中高级轿车：发动机排量为 2.5L ~ 4.0L。

高级轿车：发动机排量在 4 L 以上。

（二）客车

客车乘坐 9 人以上，主要供公共服务用。按车身长度，客车分为以下几级：

微型客车：车身长度在 3.5 m 以下。

轻型客车：车身长度在 3.5 m ~ 7.0 m。

中型客车：车身长度在 7 m ~ 10 m。

大型客车：车身长度为 10 m ~ 12 m。

特大型客车：包括铰链式客车（车身长度大于 12m）和双层客车（车身长 10 ~ 12 m）两种。

（三）载货汽车

载货汽车主要用于载运各种货物，其驾驶室内可容纳 2 ~ 6 名乘员。货车按其总质量分级：

微型货车：总质量小于 1.8 t。

轻型货车：总质量为 1.8t ~ 6t。

中型货车：总质量为 6t ~ 14t。

重型货车：总质量大于 14t。

汽车列车：由专门的牵引车牵引的为半挂列车，由普通货车牵引的为全挂列车。

此外，还有根据特殊的使用要求设计或改装的车辆，主要执行运输任务以外的特种作业，如公安消防车、市政工程作业车、环卫环保作业车、医疗救护车、商业售货车等。

二、机动车的主要特性

在现代交通系统中，道路的修筑、桥梁的架设、交通事故的分析无不与车辆的性能有关。因此，在设计和分析交通设施时必须充分地考虑机动车的主要特性。

（一）动力性能

简单地看牵引力的大小并不能说明两辆车之间动力性能的好坏，为了对动力性能做进一步探讨，特引进动力因数的概念。

（二）制动性能

在车辆的安全设计中，最重要的操纵特性是制动和减速，而在实际交通系统的设计和运行中，制动时间和制动距离是首先要考虑的两个因素，在实验室中可以通过测定制动减速度和制定力来反映制动性能的优劣。

制动性能与许多因素有关，包括车辆制动系统、轮胎系统和状况、路面种类和状况等。

现代交通对制动性能的稳定性提出了更高的要求。所谓稳定性是指制动性能不因制动器摩擦条件的改变而恶化的性能，可分为热稳定性和水稳定性。

热稳定性（抗热衰退性）是指因连续制动使制动器温度升高后仍能保持冷态制动效应的能力。它主要由制动器的容量、结构和摩擦衬片的材质决定。制动热稳定性在车辆下长坡和高速紧急制动时显得尤为重要。

水稳定性是指不因制动器浸水而使制动效能减退的能力。较差的水稳定性是雨天交通事故的重要诱发因素之一。

制动性能还表现在制动时车辆的方向稳定上，即制动时车辆保持按给定轨迹行驶的能力。各车轮上的制动力大小分配不均匀、比例不当将导致制动跑偏、侧滑，使车辆失去控制，从而破坏其方向稳定性。

（三）通过性

通过性是指机动车不用其他辅助措施能以足够高的平均速度通过各种路面（潮湿、冰、雪），无路地段和越过各种自然障碍的能力。通过性主要取决于车辆的支承－牵引参数及几何参数，也与动力性、平顺性、稳定性、视野等密切相关。车辆通过性可分轮廓通过性和支承通过性。

1. 轮廓通过性

通常把机动车的最小离地间隙、接近角和离去角、纵向和横向通过半径、车辆所能通过的最大横坡作为车辆轮廓通过性的评价指标。

（1）最小离地间隙

最小离地间隙是车辆的最低点（除车轮外）与路面间的距离。它可用来表征机动车无碰撞越过障碍物的能力。该间隙不足，会使车辆被地面托住而无法通过时，称为间隙失效。由于车辆底部零件碰到地面而被顶住时，称为顶住失效。

（2）接近角和离去角

接近角和离去角是指从车身前、后突出点向前、后轮引切线，该切线与路面间的夹角。接近角或离去角过小，将发生车辆前端或尾部触及地面而不能通过，则分别称为触头失效或托尾失效。

（3）纵向通过半径

纵向通过半径是在机动车侧视图上所作的与前、后车轮及两轴间轮廓线最低点相切的圆的半径。它可以表征汽车无碰撞通过弧形凸起障碍（小丘、拱桥等）的能力。

（4）横向通过半径

横向通过半径是在机动车正视图上所作的与驱动桥两车轮及桥壳最低点相切的圆的半径。

（5）车辆所能通过的最大横坡

车辆所能通过的最大横坡是指车辆重力通过一侧车轮中心，而另一侧车轮的地面法向反作用力等于零时路面的横向坡度。此时，车辆即将发生侧翻。

（四）机动性

机动性是指车辆在最小面积内转向和转弯的能力。

（五）稳定性

行驶稳定性是指机动车根据驾驶员的意愿按照规定的方向行驶，且不产生侧滑或倾翻的能力。影响汽车稳定性的主要因素有：

轴距和轮距；

质心位置；

汽车绕过质心垂线的转动惯量；

轮胎特性；

转向系的结构与性能；

车身的空气动力学性能。

此外，机动车的性能还包括汽车的燃油经济性、舒适性、可靠性及排放污染、噪声污染、辐射污染等。

四、自行车的交通特性

自行车交通是我国城市交通的一大特点，除个别城市自行车不多外，大、中、小不同规格城市的出行方式构成中，自行车出行均占有很大比例。因此，研究自行车的交通特性，对于治理城市交通，保障交通安全具有重要的意义。

自行车有如下基本特性：

（一）短程性

自行车靠骑车人用自己的体力转动车轮，因此其行驶速度直接受骑车人的体力、心情和意志的控制，行、止、减速与制动亦取决于骑车人的操纵。同时，其也受路线纵坡度、平面线形、车道宽度、车道划分、气候条件与交通状况的直接影响。个人的体力虽有强、弱之分，但总是很有限的。因此，只适应于短距离出行，一般在 5km ~ 6km（或 20 min 左右）。

（二）行进稳定性

自行车静态时直立不稳，当以一定速度前进时，可保持行进的稳定性，只要不受突然出现的过大横向力的干扰，是可以稳定向前而不致侧向倾倒的。

（三）动态平衡

自行车骑行过程中重心较高，因此，存在如何保持平衡的问题，特别是在自行车转向或通过小半径弯道时，必须借助于人体的变位或重心倾斜以维持运行中的动态平衡。

（四）动力递减性

自行车前进的原动力是人的体力，即两脚蹬踏之力，一般成年男子，10min 以上可能产生的功率约为 220.6 W，成年女子约为 147.7 W，儿童更小，约为 73.5 W。持续时间越长，可能产生的功率越小，车速亦随之减小。这就是动力递减的结果，一般自行车出行不宜超过 10 km。

（五）爬坡性能

由于自行车的动力递减，因此对于普通无变速装置的自行车，不能爬升大坡、长坡，也不宜爬陡坡，否则易酿成危险。通常规定短坡道的坡度不大于 5%，长坡道的坡度不大于 3%；对于纵坡 3%、4% 与 5% 的坡道，其坡长限制为 500 m、200 m 和 100 m。当然，对于北方冰雪地区，其坡度与坡长更应减小，否则冬天无法骑车。

（六）制动性能

自动车的制动性能对于行车安全与通行能力具有重要意义，它与反应时间一起决定纵向安全间距，即纵向动态净空。

第三节 道路的交通特性

道路是供行人步行和车辆行驶的设施的统称。道路按照其所处的地区不同可以分为公路、城市道路、厂矿道路、林区道路、乡村道路等。通常把位于城市及其郊区以外的道路称为公路；把位于城市范围以内的道路称为城市道路。

一、路网密度

要完成一定的客、货运输任务，必须有足够的道路设施。路网密度是衡量道路设施数量的一个基本指标。一个区域的路网密度等于该区域内道路总长与该区域的总面积之比。一般来讲，路网密度越高，路网总的容量、服务能力越大。但是，路网的密度也不是越大越好，道路网密度的大小应与经济发展水平相适应，与所在区域内的交通需求相适应，应使道路建设的经济性和服务水平及道路系统的社会效益、经济效益、环境效益得到兼顾和平衡，既要适当超前，也要节约投资。

二、路网布局

道路的规划、设计不能仅仅局限于一个点、一条线，而应着眼于整个路网系统。路网布局的好坏对整个运输系统的效率有很大影响，良好的路网布局可以大大提高运输系统的效率，增加路网的可达性，节约大量的投资，节省运输时间和运输费用，取得良好的经济效益、社会效益与环境效益。

对于不同的区域、不同的城市，不存在统一的路网布局模式。路网布局必须根据所在区域的自然、社会、经济情况等来选取。

三、公路主线的几何特征

公路是建筑在大地表面上供各种车辆行驶的空间线状结构物。它的组成包括几何线形、路基路面、桥梁隧道、排水系统、防护工程、附属设施等。

除交叉口以外的公路路段（又称主线）的几何线形分为平面线形、纵断面线形、横断面线形三方面进行设计。

（一）平面线形

将公路的中心线投影在大地水平面上所得线形称为平面线形，它由直线和曲线组成，其中，曲线包括圆曲线及缓和曲线。

（二）纵断面线形

沿公路中线作竖直剖面，并将此空间曲面展成平面，便得到公路的纵断面。纵断面由直线和曲线（称为竖曲线）组成。

（三）横断面线形

公路横断面由车行道、路肩、中间分隔带、边坡、边沟等组成。对于高速公路和一级公路，还设有变速车道、爬坡车道、紧急停车带及路上设施等。二级、三级公路只有双车道，不能分道单向行驶，中间不设分隔带。四级公路为单车道，当路基宽度只有 4.5m 时需要设置错车道。

（四）行车视距

行车视距包括停车视距、会车视距及超车视距，其中主要的是停车视距。

（五）平面视距的保证

车辆在平曲线或交叉口上转弯时，曲线内侧的树木、建筑物及路堑边坡等可能会妨碍驾驶员所需要的视距。

四、城市道路的特性

（一）城市道路的功能和特点

道路在城市生活中具有它独特的重要作用。城市中不同功能的组成部分，例如，市中心区、工业区、居住区、机场、港口、码头、车站、仓库、公园、体育场等，都必须通过道路来连接，城市的四大活动（工作、学习、生活、旅游）也都离不开道路交通运输。实践证明，没有良好的城市道路和完善的城市道路网，将在很大程度上影响城市的建设和发展。所以，在制定城市总体规划时，必须妥善考虑道路网的规划布局和建设问题。

城市用地紧凑、居民集中、建筑鳞次栉比，它要求既要有合理的空间结合，又要有一定的空间距离，以保证良好的城市环境，公共卫生（适当的日照、空气的流畅、气温和温度的调节等）和防火安全。城市道路应该广泛地与城市的绿化结合起来，成为城市各个分区的区界和卫生与防护空间，并利用这个空间作为城市排水和布置地上、地下管线的通道。

城市的各个功能组成部分，通过道路的连接构成统一的有机体，并配合道路表现城市建筑各个方位的立面，以及建筑群体之间组合的艺术。因为人在道路上的视点是移动的，并随道路的转向而转移视点方位，由此可以使人获得丰富而生动的环境景象。因此，城市道路在承担最基本的交通运输任务的同时，还成为反映城市面貌与建筑风格的手段之一。

与公路相比较，城市道路具有如下特点：①功能多样性；②组成复杂；③行人交通量大；④车辆多、类型杂、车速差异大；⑤交叉口多；⑥沿路两侧建筑密集；⑦道路交通量分布不均衡；⑧政策性强。

（二）城市道路系统及其组成

道路系统是由城市辖区范围内各种不同功能的道路（包括附属设施）有机组成的道路体系。城市道路网通常是指城市中各种道路在城市的总平面图中的布局。城市道路系统的功能不仅是把城市中各个组成部分有机地连接起来，使城市各部分之间有便捷、安全、经济的交通联系，同时它也是城市总平面的骨架，对城市建设发展是否经济合理起着重要作用。

城市道路系统一般包括城市各个组成部分之间相互联系、贯通的交通干道系统和各分区内部的生活服务性道路系统。城市道路系统还应包括道路网结构形式、组成及路幅宽度和停车场等。凡属不为过境交通服务的小区内部道路，如居住小区内的街坊连通道路，以及位于街坊内供居民出入的道路均不计入城市道路网。

城市道路系统，特别是干道网的规划合理与否，直接影响城市交通运输、生产与生活，同时也影响建筑布置和战备工作。由于城市干道走向一旦确定，路网一经形成，所有地上、地下管线都将沿着道路用地敷设，沿街建筑均将沿道路用地控制线两侧兴建，事后很难改变。因此，城市道路系统规划是城市建设的百年大计。规划中必须结合城市的性质与规模、用地功能的分区布置、交通运输、自然地形、城市现状，以及工程地质、水文条件、城市环境保护和建筑布局要求等进行综合分析，反复比较来确定，使不同功能的干道、支路组成一个系统完整、功能明确、线形平顺、交通便捷通畅、布局经济合理的城市道路网。

在城市中，沿街两侧建筑红线之间的空间范围为城市道路用地，该用地由以下各个不同功能部分组成：

供各种车辆行驶的车行道；

专供行人步行用的人行道；

起卫生、防护与美化作用的绿带；

用于排除地面水的排水系统，如街沟或边沟、雨水口、客井、雨水管等；

为组织交通、保证交通安全的辅助性交通设备，如交通信号灯、交通标志、交通岛、防护栏等；

交叉口和交通广场；

停车场和公共汽车停靠站台；

沿街的地上设备，如照明灯柱、架空电线杆、给水栓、邮筒、清洁箱、接线柜等；

地下的各种管线，如电缆、煤气管、给水管、污水管等；

在交通高度发达的现代城市，还建有高架高速路、人行过街天桥、地下通道、地下人行道、轻轨交通和地下铁道等。

五、道路交叉

道路与道路相交的部位称为道路交叉口。根据相交道路的主线标高是否相等，首先可以把交叉口分为平面交叉和立体交叉两大类。

第七章 城市交通网络的构建和运行

第一节 城市交通网络的层次结构

交通工程的一个重要研究对象是城市交通网络，交通规划、交通管理和交通服务实际上所面对的交通网络并非一致，且相互之间存在着复杂的关联和制约。明确地表征其构成关系，将有助于梳理城市交通综合对策各个环节间的衔接与协调任务。

城市交通网络是一个有机整体，在保障交通流需求的同时，其结构与空间分布对于城市交通模式及城市形态产生重要的影响；城市交通网络并非单纯的交通基础设施网络，从所提供的服务角度审视，服务对象、服务频次、服务时间覆盖等均是重要的网络属性；城市交通网络并非不同类型交通网络的简单叠加，枢纽衔接、互通运行、服务整合等方面的差异对网络整体效应产生巨大的影响；城市交通网络并非单纯的技术设计成果，管理体制、运营主体和政策环境都对网络生长产生不可忽视的作用。

从可持续发展理念出发，城市交通网络建设的任务并非仅是单纯提供交通基础设施，而是提供一种可以尽可能少消耗资源，降低对自然生态环境影响，能够满足城市经济和社会活动所引发的空间移动需求的服务。这种服务将有助于引导城市交通模式向正确方向演化，并促进城市形成健康的空间结构。

作为城市交通服务对象，由于多方面原因，造成其日常使用的依赖性交通方式有所不同。对于具有不同依赖性交通方式的服务对象来说，所能够使用的交通网络是存在差异的。这种差异表现在空间覆盖范围和连接关系、服务时间覆盖范围和服务频次约束等。这种差异化网络，是在相同的交通基础设施网络基础上，通过管理调控和服务企业运营行为而形成。在这个网络系统中，交通基础设施网络属于慢变量，管理过程中的路权分配，以及公交运营服务网络等快变量均受制于此。为此，尽管在交通基础设施网络规划时。对于路权分配网络和公交服务网络的诸多影响因素尚无法完全确定，也必须尽可能避免对后期对策形成不利制约。

底层的交通基础设施网络构成整个网络系统的基础，其拥有的空间资源和设施条件，对其上的各个网络层次均产生重要的影响；第二层则是路权分配网络，道路网络上的公交专用、限制（某种类型车辆）通行路段等，构建了面向不同类型车辆的通行条件，而轨道基础设施拥有和使用之间的关系，限制了运营商所提供的服务范围和服务水平，两者均从政策和管理角度重新构建了面向不同类型用户的网络资源；第三层是公交服务网络，在这个层次中一个新的重要角色开始登台，这就是交通服务供应商（公交公司、轨道运营公司、出租车公司，乃至共享单车、分时租赁等企业），由于交通服务运营主体的加入，交通网络演化成为面向不同服务对象、具有不同服务水平、享有不同使用自由度的具象服务网络。

一、城市交通基础设施网络

由于存在空间技术要求和功能布局的差异，在包含地面道路网络、快速道路网络、轨道系统网络的城市交通基础设施网络中，需要进一步区分地面道路网络中的道路与街道，以及轨道网络中的通道与线路。

道路与街道虽然都表现为一种带状空间通道空间，二者的功能和结构却有很大的差别。

现代的道路系统，通过各种分离设施，将道路空间分割为一条条“管道”。各种交通工具在各自的“管道”中各行其道，从而达到提升通行效率和安全性的目的。但是在保障两端交通通行效率的同时，也在相当程度上破坏了道路两侧联系的便利性。

街道则更加突出以人为本的功能，希望街道两侧的交流不被割裂（如同我们在步行街所见），以及提供驻留沟通的条件。以国际上流行的完整街道概念为例，设计目标上强调：

安全街道：机动化是一种手段，而不是结果，不能因为机动化影响步行、自行车交通的安全；确保行人、自行车和汽车各行其道，提高街道的安全性。

绿色街道：减少硬化路面面积；减少能源消耗；减少温室气体排放和空气污染；最大限度地让雨水渗透和雨水再利用；鼓励人们步行、骑自行车和乘坐公共交通出行，少开车，改善人们的健康。

活力街道：创建宜居社区；增加公共活动空间，增进人与人之间的交流；增强街道的吸引力，提高街道两侧土地的价值。

历史上街道曾经是关联城市空间的最古老形式，它连接了各个地点，有效地解决了城市的空间分离。现代工业和机动化所带来的快速运动，促使街道转变成了道路，城市被大规模改造以适应机动车交通的要求。历史总是呈现螺旋式上升，随着时间的推移，“人”重新成为城市规划和交通规划关注的主体，街道在现代城市中的地位重新得到重视。

对于“以人为本”的城市来说，街道不是“奢侈品”而是“必需品”，因而也要考虑空间网络的合理分布问题。与道路网络空间布局围绕系统容量和交通流流动效率的考虑不同，街道的空间分布是根据人群、活动和场所之间的关联，基于公共服务获取和设施的可达性来进行分析的。

城市轨道网络的相互衔接并非单纯的枢纽换乘，而且包含线路互通和网络互通运行等多种方式，因此城市轨道基础设施网络也并非简单的线路相互连接，其中的通道就是适应多样化的交通需求，采用了多车种运行组织模式的复合路段。

二、城市交通路权分配网络

路权分配主要是在交通基础设施网络基础上，根据城市总体交通战略需要，通过路权管控调整公共交通与个体交通、客运交通与货运交通，以及不同权属设施的运行使用关系。在公交优先、产城融合、互通互联等空间战略指导下，路权分配不再是局部措施，而成为一种全局性网络对策。

三、公交服务网络

提到公交系统的网络，一般想到的是由不同公交线路连接而成的网络。但是这并非乘客真正作为选择依据的网络。当我们站在使用者角度，考虑公交可达性、运行可靠性、服务频率等因素情况下所看到的公交网络，与一般公交线网图有着显著的区别。

通常意义上的一条“公交线路”，代表在公交网络中按某一方向运行的，从始发站点前往终到站点的一组公交车辆。其上的车辆容量、所提供的服务和所经过的站点是一致的，当同一线路上存在大站快车和站站停车辆时，在技术上则视它们属于不同的公交线路。

为了表达使用者角度所看到的公交线网，定义“公交线路段”为连接两个站点的一段公交线路，而这两个站点并不一定连续，代表某条线路为这两个站点所提供的服务。并定义一条“公交路径”代表公交乘客从起点到终点所选择的出行路径，它可以表示为包括起节点、中途换乘点以及终节点的点序列，公交路径上连接两个连续节点的部分为一个公交路径段，一个公交路径段可能由连接两个换乘站点之间的一组直达公交线路组成，在无拥堵情况下公交乘客通常会选择这组线路中最先到来的车辆。

第二节 城市交通网络的技术构建

一、城市交通网络的构成要素

具体来看，城市交通网络的构成要素包括地面道路系统、快速路系统、公共交通系统、停车系统、物（货）流系统、交通秩序管理系统六大部分，在其基础上完成的机动车、自行车、行人的交通组织，实现了城市内部以及与外部区域之间的客货运输。

（一）地面道路系统

地面道路系统在城市交通中所扮演角色的重要性，不仅在于空间交通联系中无可替代的地位，还表现在提供安排绿化、排水及城市其他工程基础设施（地上、地下管线）的主要空间，以及提供慢行交通、街道空间的基础性保障。更为重要的是，地面道路网络是城市公交系统赖以运行的基础。由于地面道路系统所承担功能的多样性，在规划、设计、建设过程中需要力求避免片面性思维。在过去的道路建设过程中，过于追求大尺度、宽马路的交通基础设施，由于割裂城市空间延续性导致对城市生活与交流环境的破坏；片面强调机动化需求进行的城市空间改造，挤压了人行道和慢行系统；房地产开发模式和强调治安社会封闭式管理要求，导致支路组成的街区微循环路网消失等，均是需要认真总结的教训。在强调“以人为本”发展理念的今天，应该重新思考地面道路系统的功能构成、空间安排与网络布局。

（二）快速路系统

快速路是城市中为联系城市各组团的中、长距离快速机动车交通服务的机动车专用道路，属于全市性的交通主要干线道路。快速路系统一般是特大城市适应于汽车时代特点从城市干路基础上发展而来，由于实现了与地面道路的分离，从而降低了车辆运行所受到的干扰，提高了城市道路系统中小汽车的交通效率。与此同时，快速路所形成的空间切割，高架快速道路对城市景观的破坏，以及过度刺激小汽车使用规模膨胀等问题，也促使研究者和规划师开始思考快速路在整个交通网络中的合理规模与布局。

（三）公共交通系统

公共交通系统包括公共汽（电）车、轨道交通、出租汽车、其他公共交通方式（水上巴士、公共自行车、居住小区公交、定制公交、单位班车/校车）等。城市公共交通系统的功能特征取决于其要素构成、线网布局和服务方式，系统运行效果受到资源配置、路权分配、票价政策等诸多方面的影响。公交发展模式健康与否，一方面取决于适应市场机制、政府调控监管的、符合当地经济社会发展阶段、由多种类型企业等经营机构提供均等和高效的公共服务的公共交通体系，另一方面也受制于城市交通需求管理政策、土地开发集约化程度，以及现代化交通意识的形成。

（四）停车系统

停车应当从基本停车需求、公共单位停车安排和社会停车管理三方面统筹考虑。停车系统在复合网络中的关键，在于通过对不同类型停车需求的供给和管理来调节小汽车的拥有和使用，从而为公共交通优先发展以及慢行交通的发展创造条件，对网络实现以静制动的作用。

（五）物（货）流系统

城市的物（货）流分为三类：一是生产原材料供应的运输，其特点是用不同运输方式，从不同地点将原材料运送到生产企业，运输规模、品种差异大；二是产品的运输，具有高度集约化的特点；三是生活服务业的商品流动，具有集中配送、分送到户的特点。

（六）交通秩序管理系统

交通秩序管理系统包括交通标识标线、交通信号控制等设施，以及各种交通流运行组织方式等，是维护交通秩序、实现交通通达和安全的基本保障。交通秩序管理系统和交通需求管理相辅相成，交通秩序系统管理重在最大限度地发挥道路应有的交通功能，也是有效减少机动车对环境污染（废气、噪声等）的重要方面。

（七）自行车和人行的组织

地面道路系统应有自行车道和人行道，这是城市道路必备的要素，应当注重自行车和人行的组织协调发挥城市交通网络的总体运行效益。机动化时代自行车交通的地位不同于以往。自行车交通在中小城市有可能作为一种交通方式存在，但在大城市主要作为公共交通的辅助形式。在不同需求导向下。步行交通也有相应的适应距离及空间要求，同时步行系统要与公共交通、商业网点等结合，统筹规划，科学组织。

为了有效构建城市交通网络，需要遵循如下原则：

1. 要因地制宜

并非每个城市都必须建立所有城市交通网络的子系统。各城市应当因地制宜，体现自身特点，与城市规模和形态协调、与城市功能和布局协调、与旧城历史格局协调，并处理好长远规划与近期建设关系，注重资源环境条件的约束。应区别大中小城市建立符合自身特点的城市交通网络，特大城市要注重都市圈交通的研究。

2. 要与城市规划形成互动

城市规划中的综合交通体系规划既有城市交通网络，也包括城市对外交通的布局等。编制城市综合交通体系规划，应了解城镇化进程中城市和城市规划的历史脉络，加强城市交通与城市规划的互动。

3. 要突出整体性和目的性

城市交通网络是一个整体的大系统，整体性的体现是以城市行政区域内部交通组织为主要着眼点，关注各子系统的相互衔接，并处理好新型城镇化发展过程中围绕中心城市形成的都市圈交通。从系统论的角度处理好城市交通，重点是各个子系统之间以及子系统各要素之间的相关性，不同的子系统间相互配合、补充协调才能够提高城市总的运行效益。

4. 要与交通需求管理理念相衔接

实现城市的可持续运行目标，一定要坚持实施交通需求管理的理念和方法，促进城市交通网络的构建和运行互动、互补。交通需求管理重在调控交通需求的总量和结构，以交通资源约束条件下的交通供需基本平衡为目标。具体而言：一是突出网络结构，系统衔接，注重开放性的路网格局，有利于交通运行组织；二是应强调点线面结合，地上地下结合，中心区交通流运行组织建议先出后进，减少人活动密集地区的交通压力；三是以静制动，用停车位来引导区域交通流均衡；四是鼓励合理拥有和使用小汽车；五是倡导绿色出行，鼓励步行和自行车出行等；六是工程措施与政策、经济、法律等统筹融合。

二、地面道路系统

由地面道路所构成的网络空间是城市综合交通网中最基本的网络，其他网络或是依附于道路网而存在，例如公交网、货运网等；或是与道路网络具有紧密关联，例如轨道交通网。因此，道路网络的空间布局相当程度上影响到其他网络的敷设。

地面道路系统联系城市的各个组成部分（城市中心、城市的各种用地、对外交通设施），既是城市生产、生活的动脉，又是组织城市布局结构的骨架，同时还是安排绿化、排水及城市其他工程基础设施（地上、地下管线）的主要空间。

地面道路空间又是城市基本空间环境的主要构成要素，道路空间的组织直接影响城市的空间形态和城市景观。地面道路既是城市街道景观的重要组成部分，又在一定程度上成为表现城市面貌和建筑风格的媒介。

从结构要素看，道路的基本组成部分主要包括路基和路面。路基是在地表按照道路路线位置和一定技术要求开挖或堆填而成的岩土结构物。路面是在路基顶面用各种筑路材料铺设的层状结构物。路基既为车辆在道路上行驶提供基本条件，也是道路的支撑结构物，对路面的使用性能有重要影响。路面直接承受行车的作用。设置路面结构可以改善汽车的行驶条件，提高道路服务水平（包括舒适性和经济性），以满足汽车运输的要求。

从交通要素上看，道路系统所涉及的基本要素是人（包括驾驶人、行人、乘客等）、车（包括机动车和非机动车等）、路（包括公路、城市道路、出入口道路及其相关设施）和环境（路外的景观、管理设施和气候条件等）。四要素协调运动才能实现道路交通系统的安全性和顺畅性要求。

道路系统的功能是根据现代交通的需要，将城市中的各个组成部分有机地连接起来，组成完善的道路交通系统，使城市各部分之间有便捷、安全、经济的交通联系。尽管城市道路的功能随着时代变化、城市规模、城市性质而发生变化，但其功能主要体现在以下四个方面：

（一）交通设施功能

地面道路的交通功能指由于城市活动产生的交通需求中，对应于道路交通需求的交通功能。交通功能又可分为长距离输送功能和沿路进、出入集散功能。

（二）公用空间功能

表现在除采光、日照、通风及景观作用外，还为城市其他设施如电力、电信、自来水、热力、燃气、排水等管线提供布设空间。

（三）平面结构功能

城市建设和发展离不开道路规划，道路是城市规划不可缺少的重要组成部分。形成城市平面结构功能中起重要作用的是城市道路网。通常干线道路形成城市骨架，支路则形成街区、邻里街坊，城市的发展是以干道为骨架，然后以骨架为中心向四周延伸。

（四）防灾救灾功能

道路的防灾救灾功能包括起避难场地作用、防火带作用、消防和救援通道作用等。

地面道路网络是由不同等级的道路所构成，具体道路的等级划分取决于在城市道路系统中的地位和交通功能，主要分为主干路、次干路和支路三个等级。主干路在城市道路网中起骨架作用，主要为相邻组团间和与市中心区的中距离交通服务，也是联系城市各组团及与城市对外交通枢纽联系的主要通道；次干路是城市各组团内的干线道路，联系主干路，并与主干路组成城市干路网，在交通上主要起集散交通的作用，兼具服务性功能；支路是城市一般街坊道路，在交通上起汇集性作用，是直接为用地服务和以生活性服务功能为主的道路（包括商务区步行街等）。

从地面道路系统的规划设计流程来看，作为城市总体布局规划的重要组成部分，地面道路系统不是一项单独的工程技术设计，而是受到很多因素的影响和制约，在已建成区域、新建区域的道路系统规划具有一定的差异。

新建区域的地面道路系统规划是针对“骨架”与“功能”两方面考虑而确定的，需要综合考虑土地使用功能、空间布局和交通需求，在城市综合交通规划的基础上完成的。城市总体规划确定的土地使用功能，以及空间布局构想，产生的空间网络结构，提供了地面道路网络规划的基础；依据城市综合交通规划，可以确定对于道路网络的控制性要求；依据交通需求分析，将进一步确定网络等级结构并优化网络空间形态。

已建成区域的地面道路系统规划，则是在问题导向的原则下进行。通过网络交通状态评估和交通流分析，能够确定目前网络所存在的交通瓶颈和产生原因；城市综合交通规划则给予总体架构和布局上的指导；针对下一步外部需求变化和内部交通产生吸引变化，确定具体的地面道路网络改造方案。

改建更新地区的地面道路系统规划则重点研究所引发的交通需求空间分布的变化，以及原有系统所存在的问题，通过网络更新赋予地区新的活力，并应对新的需求。

道路交通组织与管理，是指道路交通管理部门根据国家有关法律、法规，综合运用交通工程规划、法规限制、行政管理、经济杠杆等措施，对道路上运行的交通流实施疏导、指挥和控制等工作的总称。道路交通组织与管理的目的，在于充分发挥现有道路网的效能，合理地协调局部利益和整体利益之间的关系，提供适宜的运行条件，解决整个道路系统中交通流分布不均衡、流量和流向不合理等问题，最大限度地消除交通事故的隐患，改善交通秩序，组织优化交通流，实现道路的安全与畅通。城市道路交通运行组织与管理的主要措施可分为工程措施、规划措施和管理措施三大类。

1. 工程措施

主要是通过修建新的道路工程来改善道路系统的不足，满足日益增长的道路交通需求。例如，建造环线道路引导跨越城市中心区的交通流绕行通过，建设立体交叉口改善瓶颈路口的交通通行能力等。新建道路项目改造路网条件是必不可少的，但并不是任何新建道路都能够发挥好的作用，有时反而会带来负面影响。例如，新的高速公路直接把交通流引向城市内部，而不是通过环线道路将其分散引入城市内部，有可能会造成局部地区的交通严重阻塞而引起整个道路网络的瘫痪。为此，工程手段一定要在规划的指导下进行，并认真做好前期可行性研究。同时工程手段往往需要高额的工程费用，并可能对城市景观或自然条件造成破坏，所以使用中往往受到多方面的制约。

2. 规划措施

主要是通过合理协调土地开发与交通网络之间的关系，从源头上减少交通量的产生，从而降低道路网络的交通负荷。例如，采用公共交通引导土地利用（TOD）的开发模式，将商业、住宅、办公楼、公园和公共建筑设置在步行可达的公交（轨道）站点的范围内，提高公共交通的吸引力，减少居民出行对小汽车的依赖，降低城市道路的小汽车使用强度，减轻地面道路系统的交通压力。

3. 管理措施

主要包括交通运行管理、交通需求管理等。交通运行管理的目标是充分提高现有道路的使用效率，采取的手段主要有道路信号控制、交通组织（例如交叉口划分直行、左转专用车道，规定禁止停车路段、建立单行道系统、建立自行车专用道路系统）等，某些措施具有保障交通总体战略得以实现的作用，例如，建立公共汽车专用道路或专用车道系统，禁止其他车辆使用该车道，从而使得公共汽车少受交通拥挤的影响，获得较高的行驶车速，取得相对小汽车的车速行驶优势，以争取旅客转向公共交通。交通需求管理主要是通过行政、经济、法律等手段对交通需求进行适当的调控，以抑制需求的无节制增长，其直接目标是对机动车使用加以合理调控。例如，通过大幅度提高城市中心地区的停车费用和严格该地区的违章停车管理，控制车辆向该地区的流入量；提高与小汽车使用有关的税收，促使使用者转向公共交通；执行车辆牌照管理和控制，有效调节汽车的增长速度等。

三、快速路系统

适应于汽车时代特点从城市干道基础上发展起来的快速路系统，采用与高速公路相同的封闭且分离的方式组织汽车的运行，但设置更多的出入口以适应城市地区的用地特点。在道路网络中，快速路是联系城市各组团的中、长距离快速机动车交通服务的机动车专用道路，属于全市性的交通主要干线道路。从网络的交通效能角度来看，快速路系统需要处理好与地面道路的组织与衔接关系，以及与高速公路之间的衔接关系。

快速路一般布置有双向四条以上的行车道，全部采用立体交叉（或布置出入匝道）控制车辆出入。快速路常见有三种形式：地面快速路、高架快速路、路堑式（地道）快速路。快速路具有重要的交通组织功能，包括：联络城市各个功能分区，满足中长距离交通快速连接需求；分离快慢交通和长短距离出行；增加城市路网交通容量；提高特定区域可达性等。

从国内外快速路发展的实践来看，网络布局大多为环形放射式的布局结构。这种道路系统的放射形干道有利于市中心同外围市区和郊区的联系，环形干道又有利于中心城区外的市区及郊区的相互联系，具有通达性好、非直线系数小，有利于城市扩散和过境交通分流等优点。在这种网络布局中，环线道路和射线道路都有其各自的功能。环线道路可以把射线道路联系起来，使射线道路上的车辆逐层分流，减少其对中心区带来的交通压力，同样射线道路也加强环线与环线的联系，减少了车辆的绕行距离，两者的相互作用既互相制约又互相补充。

在快速路系统规划与设计过程中，需要处理好一些基本问题：①合理设置快速路出入口，提高快速路交通流的机动性。合理设置出入口是保证城市快速路正常运行的关键。城市快速路路段出入口的位置、间距和形式，应当满足主线车流稳定、分合流交通安全迅速的要求。为确保快速路出入口处的交通顺畅、安全，出入快速路的匝道应设置为单向交通。城市快速路的主路和辅路出入口连接的两条道路，在快车路主路上必须设置变速车道；相接道路宜增设一条车道，保证快速路的进出通畅。城市快速路的出入口，在一般情况下应设置在主线行车道的右侧，且出入口位置应明显易于识别。②完善快速路周边的集疏散通道，提高路网整体运行效率。首先对快速路辅路及相交主干路分别进行通道管理，主要通过交叉口信号灯（必要时可以采用车道灯）控制、区域联动控制、区域交通组织等手段。一方面，提高区域整体运行效率、扩大对出口匝道的疏解能力；另一方面，适当控制流入入口匝道的交通总量。其次，完善交通信息提供和诱导系统，及时、广泛地发布动态拥堵信息，对出入口匝道的交通需求进行合理疏导，尽量减少无谓出行。③与城市空间协调布局，处理好交通与用地的关系。快速路是大城市交通运输的主要动脉，同时也是城市与高速公路的联系通道。在快速路两侧不宜设置吸引大量人流的公共建筑物的进出口，对两侧一般建筑物的进出口也应加以控制。快速路在城市中的布置一定要采用高架的形式，但在必须通过繁华市区时，可以采用路堑或高架的形式通过，以与其他常速城市道路实现立体分离（组合），可以更好地协调用地与交通的关系。④通过有效的运行组织和管理方式，支撑城市应急系统保障。快速路作为大城市路网体系中骨架性的道路，是重要而必需的，但其主要功能目标不是用来满足通勤性的小汽车出行需要的，而是保障大城市中长距离出行的基本机动性，满足城市对外交通及功能组团之间快速机动交通联系，特别是应急保障的需要。一个大城市不能让所有的道路服务水平都处于较低的服务水平，应该有差别化的管理方式，如在一些快速通道上采取收费措施，调节道路交通流量，提高其机动性，满足构筑城市安全应急保障系统快速通道的需要。⑤路权分配中逐步由“车本化”向“人本化”转变。快速路不仅仅是为小汽车服务的，同时也是为公交车等其他大容量交通方式服务的，在资源日益紧缺、交通拥堵日益严重的大城市尤其是特大城市，应该重新审视快速路的路权分配，给予承载更多人的公共交通方式更优先的行驶空间，由传统的“以车为本”向“以人为本”的观念转变，例如，在快速路上设置公交专用道等。

由于快速路系统具有很强的系统关联效应，设计中的一些局部具体问题处理不当，也将造成系统效率下降。

出入口设置问题：快速路的出入口布局包括出入口数量、进口匝道与出口匝道的相互关系、进 / 出口匝道与地面道路的衔接关系等。这些问题的处理虽然可以确定所需遵循的基本原则，但是没有放之四海而皆准的唯一答案。

交通标志设置不合理：例如，标志信息不连续，上一段预告的信息在下一段没有很好地体现，造成信息断链；指路标志的信息没有兼顾中、远途过境司机的需要；与放射线道路相接处标志设置不合理；交通标志的设置没有充分发挥疏导和平衡路网交通负荷的作用等。

快速路周边关联集散通道不完善：城市快速路的网络形态大致可归纳为“棋盘式”“环 + 放射线”“自由式”以及它们的组合。射线快速路往往与郊区高速公路直接相连，由于其良好的行车条件和直捷性，快速路成为车辆进、出城的首选路径。而由于城市道路网中，普遍存在主干路功能达不到标准、支路连通性不够、机非相互干扰严重等问题，限制了其对快速路匝道的疏散能力，导致快速路承担过多的机动车交通需求而导致拥堵，加之出入口设置不合理，极易形成拥堵蔓延的态势，加剧整个道路网络的交通压力。

除了上述技术问题以外，在确定城市或者城市群的快速路系统布局方案时，必须面对三个各方关注的重大决策判断问题，包括：快速路是否应该进入中心城区 / 主城区；快速路是否应该穿越城市中心区；快速路系统与城市外部高速公路应该形成一种什么样的连接关系。

城市内部是否需要以及如何设置快速路问题，特别是快速路是否应该进入城市中心城区，一直是一个存在激烈争议的问题。反对者认为快速路进入城市内部过于强调“以车为本”，在城市景观、交通环境等方面产生了很大的负面影响，应该将投资和空间向公共交通倾斜，容忍小汽车交通的适度拥堵，以换取城市整体交通模式的可持续发展；赞成者认为超过一定规模的城市如果没有快速路的支撑，将使得中心城区的可达性变得不可接受，从而大幅度降低城市活力，削弱城市竞争力。事实上，城市中心区是否应该修建快速路系统并没有简单绝对的答案，与城市规模、空间形态、功能布局等相关联，把问题简单化和绝对化并不能化解理想与现实的冲突。

对于快速路是否应该穿越城市中心区，其意见分歧没有第一个问题那么大，但是部分研究者和技术人员对于“绝对否定”仍然持保留态度。作为一般性原则，快速路应该避免穿越城市中心区，避免破坏城市中心的空间环境，以及将小汽车过于集中地引入城市中心。但是这一问题同样不能绝对化，对于空间范围的“地理中心”（而非土地功能）而言，在特定城市空间结构，以及交通需求分布结构的背景下，快速路穿越完全有可能是比“环线”更加有利的方案。

城市快速路系统建设面临的另一个决策难题是与对外高速公路的衔接关系。快速路系统是否需要与对外高速公路网络直接连通，形成一个完全一体化的系统，特别是是否将放射形高速公路与城市内环线快速路通过快速路衔接，往往引发管理者与技术人员的意见分歧。在许多人看来，高速道路与快速路之间形成无缝衔接应该是天经地义的事情。但是从系统整体上看，无论是高速道路还是快速路都不是车辆出行的最终目的地，所以问题的本质是在连续的高 / 快速路系统上行驶的车辆，在什么位置转入地面道路。由于两个系统通过能力具有显著差别，且两个系统之间是通过有限的进出匝道出入口进行衔接，尽可能地将转换流量加以分散，并避免与城市内部交通流形成激烈冲突，是系统衔接设计应该追求的目标。因此，对这个问题的回答只能建立在严谨的交通流分析基础之上，试图直接依据概念或者原则进行决策并不能保证获得科学的判断。

四、公共交通系统

公共交通系统作为城市交通的主体 / 主导，其线网布局既需要考虑到城市的空间结构、功能布局、客流分布等外部因素，也需要考虑系统内部衔接与运行组织等方面问题。

公共交通线路网络的整体结构将对公共交通系统所提供的整体服务水平产生重要的影响。

伴随城市空间的拓展，城市的职住关系往往被拉长。尽管这并非规划所期望，但在多种因素作用下成为难以扭转的趋势。

五、停车系统

作为静态交通的停车系统与道路等动态交通系统具有紧密关联，停车系统建设并非单纯满足需求，而是在以静制动等交通需求管理战略指导下实施的精明供给，即以购车和停车位调控小汽车拥有和出行需求，以社会停车价格调控小汽车使用。

（一）对停车系统的基本认识

按照停车的目的可以将停车需求分为出行停车和基本停车。为实现出行目的而进行的停车称为“出行停车”，完成出行目的后返回家或单位等的停车称为“基本停车”，而相应的需求为“出行停车需求”和“基本停车需求”。

出行停车需求是与出行目的相关联的需求，可以分为通勤停车需求和非通勤停车需求（包括休闲、购物、娱乐、商务等）。通勤停车需求往往要求有固定停车场所，而非通勤停车需求则不一定要求有固定停车场所。

基本停车需求通常又称为夜间停车需求，是车辆不使用期间的停放需求，可以分为居住停车需求和单位停车需求及其他停车需求。居住停车需求主要是居民私人小汽车不使用时在居住区的停车需求；单位停车需求是单位车辆在不使用时在单位的停车需求；其他停车需求主要指营运车辆等专业车辆，对专业的营运车辆停车场的需求。基本停车需求一般要求车辆有长期固定的停放场所。

很长一段时间内，社会上不断争论停车需求的属性，争论的焦点在于停车需求是否为基本需求，后经过广泛讨论，基本已经形成共识，即出行是人们的基本需求，但停车并非人们的基本需求。出行是保障社会交往和其他交流活动的根本途径之一，是社会发展的前提条件，因此，出行是必须进行保障的基本需求。但是出行方式有很多种，小汽车出行并非唯一选择，因此小汽车的停车需求并不是所谓的“刚性需求”。

社会是无法承担无节制需求所引发的巨大代价的，必须对停车进行必要的调控。影响停车需求的因素很多，包括停车供给、停车价格、停车管理等，这些都是交通需求管理中需要慎重决策的调控因素。

通常意义上所说的停车设施，可以从不同角度划分为不同的类型。

从不同的维度对停车设施进行分类，可以将停车设施分成不同的类别。具体的停车设施分类从以下几个方面考虑：按照停车设施建设来源分类，按照道路边界分类，按照产权分类，按照停放车辆类型分类以及按照服务对象分类。

1. 按照设施建设来源分类

按照停车设施的建设来源可以分为四类，包括配建停车场、独立建设的公共停车场和占道停车位以及挖潜停车场。配建停车场主要是指建筑物在建设的过程中配套建设的停车场，包括居住区、大中型公共建筑等，可以是地上的停车场或地下的停车场；独立建设的公共停车场是指专门开辟出来的土地建设专门用于停车的场地，服务范围最大，通常设置在城市商业活动中心、城市出入口以及公共交通换乘枢纽附近；占道停车位是指在城市道路上施划的用于临时停放车辆的车位；挖潜停车场是指近几年在政府的鼓励下，原本没有配建或者配建不足的居住区或单位在自有产权的土地施划的平面车位或建设的立体停车设施。

2. 按照道路边界进行分类

停车场按车辆停放的位置可分为路内和路外停车场两种。路内停车场指道路用地控制线（红线）内划定的供车辆停放的场地；路外停车场位于城市道路用地的控制线以外的停车场、停车库、停车楼等，通常由专用的通道与城市道路系统相联系。

3. 按照产权分类

根据产权单位可将车位分成三类：国土规划建设车位、其他建设车位、道路和桥梁等资源空间车位。其中，国土规划建设车位可分为地面车位、屋顶平台车位、首层架空车位、地下车位四类。地面车位占用的土地有小区道路、有土地证或规划许可证的场地以及其他场地三种，其中占用有规划许可证或有土地证的场地的地面车位归属开发商，而开发商可赠予或转让土地证给土地持有人。占用小区道路和其他场地的地面车位归属业主共有。屋顶平台车位归属建筑物全体业主所有。首层架空车位和地下车位均包括有独立产权和无独立产权两种，其中有独立产权的归属其所有人，无独立产权的归属全体业主。其他建设车位归属开发商，道路、桥梁等资源空间车位属于公共资源，产权归政府所有。

4. 按照停放车辆类型进行分类

停车场按停放车辆的类型可以分为机动车停车场和非机动车停车场。机动车停车场是供机动车辆停放的场地，包括机动车停放维修场地。非机动车停车场是供各类型非机动车停放的场地，主要指自行车停车场，还包括电动车停车场。

5. 按照空间位置分类

按照空间位置可以将停车设施分为居住小区停车场、公建配建停车场、路外公共停车场、立交桥下停车场、占道停车场、P+R 停车场六种类型。顾名思义，各种类型的停车场是根据不同的位置进行划分的，不再赘述。需要强调的一点是，上述各种类型的停车设施包括随建筑配建的车位，也包括后续建设或设置的立体、平面车位。

6. 按照服务的需求类型分类

对应于停车需求，按照服务对象对停车设施进行分类，可以将停车设施分为服务于基本需求的停车设施以及服务于出行需求的停车设施两大类，简称基本停车位和出行停车位。基本停车位主要包括居住小区停车位、公建配建停车位中的公车停放车位、营运车辆专用车位等；出行车位包括公建配建车位中基本车位以外的车位、占道车位、路外公共停车位、立交桥下停车位、P+R 停车位等。当然，随着共享理念日渐被接受，在实际使用过程中，基本车位与出行车位会有一些交叉，比如居住小区内的车位（基本车位）也可能服务于附近单位上班人员的停车；单位的部分车位（出行车位）也可能会在空余时服务于周边居民的停车。

对停车设施属性的认识，是讨论停车问题的前提和基础。由于上位法和规范没有对停车设施属性做出明确规定，目前人们对停车场的属性未达成共识：一种观点认为停车设施是基础设施，是为社会生产和人民生活提供公共服务的物质生产设施，具有很强的社会公益性，停车设施应列入准公共物品的范畴内，提供的服务具有非竞争性和非排他性，这就意味着停车设施的提供应是政府出资、政府负担、免费低价；另一种观点则认为停车设施是一种商品，仅是服务有车群体，同时停车设施作为一种空间资源，具有唯一性，具有效用上的可分割性、消费上的竞争性和受益上的排他性，应列入私人产品的范畴，坚持用者自付的原则。从各城市的管理实践来看，各城市逐步趋于认同停车设施的私人物品属性，不属于公共基础设施，需要采取产业化政策，依靠市场手段解决。

停车与城市综合交通具有互动关系，停车供给和管理将对城市综合交通可持续发展起到至关重要的作用。作为小汽车出行的端点，停车是小汽车出行的一个极其重要的环节。停车与城市综合交通的相互作用主要体现在以下几个方面：

（1）停车可以影响小汽车的拥有和使用

如前所述，从停车需求的角度，可以将停车分为基本停车需求和出行停车需求。基本停车需求是有车之后带来的必然的停车需求，停车设施供给主要以居住区和单位为主；出行停车需求是车辆使用带来的停车需求，停车设施的供给主要以公共建筑配建、社会公共停车场为主。如果居住区或单位车位充足，则有可能刺激小汽车的拥有，反之则会抑制小汽车的拥有；如果公共建筑配建的车位及社会公共停车场充裕，到处都很容易停车，则会刺激小汽车的使用，否则会抑制小汽车的使用。所以，停车设施的多寡，可以对车辆的拥有和使用两个方面都产生影响。

（2）停车可以影响步行和自行车的出行环境

在停车需求旺盛而管理不严或供给不足的情况下，免费的公共空间往往是停车的第一选择，车辆会“自然而然”地选择占用非机动车道、步道甚至机动车道进行停车，步行和自行车的出行环境会变得恶化，选择步行和自行车出行的人群，其出行的安全性、舒适性、体验感等都会受到极大的影响，这部分出行中的“弱势群体”就会逐渐放弃步行或自行车出行，而更倾向于买一辆车作为出行的第一交通工具，让自己或家人的出行更加安全舒适。

（3）停车可以影响城市的规模

停车供给过度必然刺激小汽车的进一步拥有和使用，小汽车的大量使用导致平均出行距离的增大，伴随而来的就是城市的不断蔓延，小汽车如同一把巨斧不断地开疆拓土，造成城市边界不断向外扩张。城市的扩张带来居住人群的分散，又会影响集约化出行方式的发展，公共交通由于客流的不足难以布设线路和站点，在成本的约束下，公共交通的服务水平无法提升。整个城市综合交通体系将会被破坏。

2. 城市停车发展的总体原则

（1）明确停车供给策略，不能过度供给

传统观点认为，经济的发展必然会伴随着小汽车交通的增长，所以城市交通规划和建设必须适应未来小汽车的发展，在道路和停车位的配置等方面为未来小汽车的发展提供足够的空间，相应的交通规划也是基于对停车需求进行满足的理念进行编制，当新的需求出现导致供不应求时，就会通过新建、扩建等手段被动地适应需求甚至任其发展。

然而，供给能够满足需求，也会创造需求，满足停车需求的供给导向政策会刺激更多需求的产生，并不具有可持续性。在西方发达国家，完全满足停放需求的理念正在受到质疑。随着在住宅区、商业贸易区供应更多汽车停放空间带来的问题日渐凸显，城市政府开始转变思路：不再提供足够的汽车停放空间来满足一切可能的未来需求，而是有意限制停放设施，将出行需求转移到公共交通上。现在美国一些地方政府给开发商补偿，要求他们不要供应汽车停放空间。

（2）重视停车政策在缓解交通拥堵、改善环境方面的功能

越来越多的交通规划师和交通工程师认识到，停车政策是促进城市可持续发展的重要政策工具，应综合考虑停车与公共交通、环境改善等的协调发展。如果把停车政策规划简单等同于根据停车需求来确定停车位供应，通过增加停车位来满足停车需求作为解决停车难问题，那么很容易割裂私人交通与公共交通、环境改善等内容之间的内在联系，导致“就停车论停车”。反过来，如果将停车政策与城市交通发展、环境的改善协调统筹考虑，则会对城市交通、环境的可持续发展起到极大的促进作用。

目前在西方一些国家采取了在市中心地区、轨道站点地区和公交可达性地区适度降低停车位配建标准的做法，有效地抑制了停车需求，缓解了交通拥堵。在新加坡，如果建设项目距离交通枢纽 200 m 以内，则最小停车泊位供给要求会降低 20%，从而鼓励人们使用公共交通工具。在伦敦，日益严重的城市交通问题已经迫使政府开始修改其停车政策来限制新开发建筑所带来的停车需求，包括对交通枢纽停车泊位供给的限制。瑞士采取更严格的措施，控制居住在轨交站点 3 km 范围内的居民采取开车到站点停车换乘的方式。

（3）发挥市场配置资源的决定性作用

停车设施需要消耗大量的土地资源，停车设施的数量和分布的统筹即是对土地资源进行分配，所以，归根结底，停车的问题就是土地资源配置的问题。

停车管理成功的城市很多都由市场进行自由定价，在这样的机制下，密度大、土地资源稀缺的城市中心区停车价格自然会很高，这是市场配置资源的必然结果。

3. 城市停车发展的具体举措

（1）停车配建指标改革

停车规划的最主要内容是停车配建指标的制定。机动化早期，对停车配建指标的要求不足，规划验收重视程度不够，是造成现在停车供需矛盾的重要原因。但是，从国际城市的经验看，很多城市逐步对停车配建指标进行了改革，采取上限管理的方式甚至废除停车配建指标。目前，我国城市大多还是采用配建指标下限管理的方式，建议对配建指标进行细化和调整，综合考虑轨道交通站点的距离、公交服务水平、城市密度等因素，逐步取消下限管理规定，采用上限管理或者取消配建指标要求，由市场自行决定。

（2）停车收费电子化

长期以来，我国很多城市和地区对停车收费的认识不足，免费停车的城市很多。即便进行停车收费，也大多采用人工收费的方式，带来了极大的寻租空间，停车费收支不透明，议价、逃费等现象普遍，占道费无法足额征收，公共资金流失，引发了社会舆论不满。停车收费电子化是消除寻租空间的重要保障，国外城市很久之前就意识到了这一点，停车收费更多倾向于电子收费。1968 年，英国实行停车改革时发现停车享有高额的隐性补贴，每年路边免费停车的补贴额度几乎相当于国防总预算，停车补贴的存在间接吸引了小汽车出行，通过安装停车咪表和实施停车收费，停车状况明显好转。

（3）严格的停车执法

停车执法是保障一切停车政策和管理措施起效的关键，国外城市在停车执法上更为严格，同时执法的手段也更加多样。主要的经验包括几个方面：首先是立法保障，执法之前先有法；其次是执法的体制机制顺畅，建立专门的队伍或发动民间力量进行执法；再次是执法手段先进，采用执法车或摄像头等非现场的执法方式提高执法效率。

（4）停车产业化发展

停车设施并非公共物品。事实上，停车是小汽车拥有和使用过程中必不可少的一环，所有者和使用者应当承担停车设施建设的费用。应充分发挥市场在资源配置上的作用，推动停车产业化，有效满足停车的基本需求。而这种理念的转变，需要在深化改革的大背景下，转变政府职能，并在土地、投资、价格等方面进行政策和制度创新，为停车产业化发展提供良好的环境，走出一条合理的停车供给之路。

由于我国城市用地开发强度高、人口密度大，城市交通应该建立以公交为主导的出行结构。因此，城市停车设施建设总体思路是立足城市交通发展战略，统筹动态交通与静态交通，将停车管理作为交通需求管理的重要手段，以增加停车位换取良好的停车秩序，最终通过建管同步，加强违法行为治理，实现停车规范有序，改善城市环境。

市场化是必由之路。为营造良好的市场化环境，充分调动社会资本积极性，坚持市场运作，通过政府规划引导、政策支持，以企业为主体加快推进停车产业化，探索多种合作模式，有效吸引社会资本；坚持集约挖潜，鼓励既有停车资源的开放共享，有效利用、充分发掘城市地上和地下空间资源，建设立体停车设施；坚持建管同步，完善路内停车泊位管理，提升停车信息化水平，加强违法行为治理。

鼓励建设立体停车设施。基于城市用地开发强度以及环境、能源等方面的考虑，停车设施的建设将坚持集约挖潜的基本原则，鼓励既有停车资源的开放共享，并有效利用、充分发掘城市地上和地下空间资源，建设立体停车设施。鼓励建设停车楼、地下停车场、机械式立体停车库等集约化的停车设施，鼓励利用公共设施地上地下空间、人防工程等地下空间建设停车设施，增强土地的复合利用。在土地方面，应充分利用土地空间资源，分层办理规划和土地手续。

第三节 城市交通网络的空间延伸

超越行政区划的城市交通网络空间延展需求，产生于城市对外形成的不同层次空间联系关系；城市与外部交通网络的衔接方式、对外交通枢纽的空间布局等，又对城市交通网络结构和布局产生重大的影响。

一、都市圈、城市群、城市网络与城市交通网络延展

随着工业化进程的快速推进，人口和经济活动不断向中心聚集与城市空间资源局限性的矛盾加剧，交通拥挤、环境恶化等“城市病”问题日益突出。与此同时，私人小汽车的出现以及铁路网络的进一步发展，提高了更大区域范围内交通的可达性，带动了人口和产业向中心城市外围的疏散，郊区化现象出现，中心城市与周边毗邻地区开始产生密切的通勤、社会、经济等联系。在此需求背景下的城市交通网络空间延展，超越了城市的行政区划，形成了都市圈交通网络。

地理上的相邻性，加之经济上的关联性，促使城市群的发育与成长。在全球、国家和地区三个空间层面上，采用企业关联网络的分析方法，可以揭示出京津冀、长三角和珠三角地区的城市体系的主要异同所在。北京、上海、广州和深圳既是全国的核心城市，也分别是三个地区的“门户城市”，发挥向外连接全球经济网络和向内辐射区域腹地的“两个扇面”作用。三个地区的门户城市、主要城市和一般城市在各个层面的关联网络中都形成明显的梯度格局。在地区层面上，珠三角地区的城市体系以两个核心和单一层级（省域）为特征，显然不同于京津冀地区和长三角地区的城市体系以单一核心和两个层级（区域和省域）为特征。

相比都市圈、城市群而言，城市网络描述了更加广泛且深刻的城市间联系。城市是人类经济活动集聚的空间场所，城市网络更是各种生产要素大规模集聚和扩散所形成的产物，因此城市网络空间组织与企业网络之间存在密切的逻辑关联。企业出于多种目的在区域、国家和全球空间尺度上进行布局，形成了复杂的企业网络。企业总部—子公司的联系构成了城市之间相互联系的重要内涵，总部集聚的城市成为网络的控制中心，具有强大的权力，在劳动空间分工过程中也能够获得更多的租金。

与城市和交通规划密切相关的基础理论研究也逐步改变了决策分析思维。经历了从区域差异、空间分析到社会理论的三次重大理论变革，空间的社会含义得到学术界更多的关注。城镇性带来的是通过阶层形成的依赖模式，而城市性带来一种城市间网络化，并将不同区域城市联系在一起的过程，形成了腹地世界，通过更加完整和复杂的城市间关系带来城市发展的新契机園。

由于全球化和信息化的快速推进，世界经济的“地点空间”被“流动空间”所代替。世界经济体系的空间结构逐渐建立在“流”、网络和节点所构成的城市网络基础之上，而控制金融、生产性服务业、交通运输等的世界城市以及具有垂直和横向产业分工、空间结构的城市群逐渐成为

全球具有核心竞争力的区域。随着“流空间”理论的发展，对空间流动连接性的关注替代了地理空间相邻性，对城市间关系的关注替代了区位论观点。城市网络被广泛应用于城市等级结构和城市群等的研究，表征城市间相互联系的关系矩阵取代城市间阻隔（如空间和时间）和城市属性指标（如人口和 GDP）等，成为评价城市网络结构的关键因素。

二、城市对外交通枢纽的布局

城市对外交通枢纽，是城市与区际交通衔接的节点；城市对外交通枢纽所产生的要素、交流和信息的集聚，是城市发展的动力；城市对外交通枢纽是城市交通网络向外部延伸的关键要素。

由于长期存在的管理体制上的“条块分割”，机场、铁路车站等对外交通枢纽布局规划与城市总体规划分属不同系统，协调好机场区域、铁路车站布局与城市总体规划之间的关系，处理好特殊技术考虑与城市空间结构的关系，协调相关专业规划与城市总体规划及综合交通规划之间的关系，仍然是一个重要的问题。

从单个城市角度来考虑的相对简单机场布局，中小机场选址首先考虑当地居民出行便利问题，再考虑其对当地经济社会发展的影响；大机场的选址除了考虑最基本的出行和技术条件等因素外，更要认真思考选址与城市规划的协调性、对区域经济的带动效应，以及对相关产业的集聚效应。

影响机场空间位置选择的因素主要有：①服务半径——大中型机场需要设定较大的服务半径（一般认为至少设定为 150 km），小型或者支线机场的服务半径也达到 30 km ~ 50 km，以满足人们对快速交通的需求。②与城市的距离——大中小机场选址均不应距离城市太远，尤其是小型机场很大程度得益于距离城市近，否则无法发挥其优势。同时需要考虑新建机场与已有机场之间的距离，以及与周边地县未来发展的关系。③综合交通运输体系——机场选址应该有利于城市综合交通运输体系的建立和网络优化，提高城市综合交通效率和效益。应充分考虑城市已有交通运输方式的优势，实现航空运输与其他运输之间的有效衔接。④特殊的民用航空要求。民航的行业特点决定自身布局具有一定的特殊性，具体包括地形地貌、地质条件、净空条件、跑道方位、长度、飞行区保护范围等。⑤统一规划协调。城市的机场规划应该被纳入城市总体发展的规划体系，在城市总体规划中将机场布局作为一个专项内容进行规划，会同民航部门共同编制专门的机场布局规划，用以确定新建机场位置、机场未来发展方向、预留用地范围等，让机场成为城市及其周边资源的有效利用者，同时成为城市及周边地区发展的有力推动者。

伴随经济社会结构的变化，这种相对简单的工程选址问题，正在转变为调整城市间流动态势，重构城市网络联系结构的问题。城市决策者期盼的已不再是一个单独的机场，而是着眼于提升机场在航线网络中地位的要求，调整综合交通系统在自身城市的衔接关系，促成城市群内部运输协作，进而从网络联系角度争取在国际竞争中的优势地位。

换句话说，城市政府所能够决定的机场建设规模，如果得不到航空公司航线决策的响应，是不可能成为广域运输网络中的枢纽节点，从而会影响到城市自身在城市网络中的能力条件。因此，机场布局规划已经不单是考虑机场与城市的关系，而转变为如何提升机场在运输组织网络中的地位问题。

航空公司的航线网络结构，决定了不同机场的地位与作用，也在相当大程度上对机场与城市空间结构关系产生影响。采用轴辐式航线网络结构，将使得航空公司的运营效率有很大程度的提升，这是站在航空公司立场上对枢纽机场的理解。航空公司所具有的网络型服务企业特征，促使其不断调整优化自身的网络结构，以获得优势地位。

城市政府推动机场地位提升的一个重要抓手，是积极创造条件促进“空铁路联运”模式的推进，利用城际铁路网络，及综合交通枢纽建设促使航线网络组织结构重组。为了进一步提升枢纽机场的辐射作用，欧洲20世纪80年代开始实施“空铁联运”模式，利用城际铁路进一步扩散服务范围。近年来国内对这一运作模式越来越关注，从而影响到依托机场的综合交通枢纽布局。

所谓“空铁联运”一般是指航空与铁路之间的一种联合运输方式，把航空运输特有的空中快速、地理条件受限少、适合远距离运输的优势与高铁/城际铁地面公交化运营、方便快捷、安全舒适等优势相结合，通过速度、区域、线路上优势互补，将高铁/城际铁网络与航空运输网实现高效衔接，形成空铁一体化的交通运输网络。

空铁联运的初级形态是“短驳模式”，也可以称作空—路—铁模式，就是在机场设立铁路客票销售点，或者开通机场与铁路车站之间的班车。目前，国内不少城市已经实现此种模式，例如，北京就开通了首都机场至北京西站、北京南站和北京站的机场巴士。

空铁联运中级形态是“共享模式”，将铁路设施包括高速动车、城际铁路等直接引进机场，在连接航站楼和机场火车站之间的通道里布设办票柜台，服务于一般通过火车进出机场的旅客。这种模式在很大程度上解决了旅客和行李的运送，可服务于市内、周边区域和高铁线路覆盖较远区域内通过火车进出机场的旅客,旅客票务和行李托运等手续都是到达机场后在连接通道内办理。

空铁联运的高级形态则被形象地称为“零高度飞行模式”，将铁路作为航空服务的一种延伸，通过代码共享的方式为旅客提供无缝隙的“空铁联运”服务，把旅客在铁路和机场间的换乘视为中转，这种模式要求机场和航空公司具备联程票务系统、旅客信息和引导系统，火车站要配备行李输送系统、飞机航班和列车班次协调系统等。最佳运营模式应该是将航站楼设置在各个联运铁路车站，旅客在车站办理登机所需手续，之后乘坐航班对应的支线列车到达机场直接登机，结束飞行后乘坐合适的支线列车到达目的区域。这种将航站楼设置在铁路车站的“分散式航站楼”模式为旅客提供了一体化程度极高的服务，旅客流程简单、运作高效，但由于航站楼分散，增加了办公成本和航站楼建设、运行等资金成本。所以，在实际运营中，根据航站楼布局，“空铁联运”还有“集中式航站楼”和“综合式航站楼”两种模式。

正因为这种运作模式的变化，促使机场与城际铁路有机衔接，从而形成在城市群中具有集聚效应的对外综合交通枢纽。

高铁车站是城市对外交通的重要枢纽节点，高铁车站选址在中心城区、城市边缘和城市远郊，哪种对于城市发展更有利，并非简单取决于城市规模，而是与借助高铁网络建立的城市网络密切相关。

在传统的布局方式中，铁路车站大城市进入城市中心多，中小城市边缘通过多。这是由于从工程角度考虑，铁路进入城市内部将造成空间分割，而采用地下和高架方式将提高工程造价。

伴随现代城市对外密切交流的发展需求，车站已不再是单纯的门户功能，而成为流动空间中的一个活动集聚节点。与此相适应，在城市网络中占据重要地位城市的车站与周边土地融合，逐步演变为一个综合性的活动集聚中心。例如日本的京都车站，囊括酒店、百货、购物中心、电影院、博物馆、展览厅、地区政府办事处、停车场等的建筑综合体，宛如一个代表国际城市的主题公园，兼收了美国购物中心式的中庭、西方城市的传统公共空间以及日本的交通中心。京都火车站的功能已经不再限于门户作用的传统火车站，而成为城市的大型开敞式露天舞台、大型活动的聚会中心、古城全景的观赏点、购物中心和空中城市。而对于大多数中小城市来说，高铁车站进入城市中心的代价往往是难以承受的，位于城市边缘而形成一个小型的对外交流中心是一个现实的选择。即使是这样，车站也应该作为一个外界了解城市的窗口，融合周边一定规模的土地开发形成一定程度的活动集聚是努力的方向。

高铁所形成的城市间联系，与中国的城镇化发展之间的关联，是一个需要高度关注，并有可能进一步改变对外交通枢纽功能的问题。

三、城市交通网络与对外交通枢纽的衔接

由于城市对外交通枢纽会集大量人流，各国均努力通过公共交通方式实现城市交通网络与对外交通枢纽之间的衔接。

第八章 道路通行能力

第一节 概述

一、道路通行能力概述

道路通行能力也称道路容量，是指道路的某一断面在单位时间内所能通过的最大车辆数。道路通行能力是道路的一种性能，是度量道路疏导车辆能力的指标。当道路上的交通量接近道路的通行能力时，就会出现交通拥挤现象。这时所有车辆按同一车速列队行进，一旦发生干扰，很容易造成交通阻塞；当道路上的交通量小于道路的通行能力时，驾驶员驱车前进就有一定的自由度，有变换车速和超车的机会。进行通行能力分析的主要目的是估算在规定的运行条件下设施的交通负荷能力，求得在不同运行质量下单位时间所能通行的最大交通量，为分析和改进现有设施并为规划和设计待建设施提供了依据。

（一）基本概念

通行能力是假定具有良好的气候条件和路面条件下的最大通过能力。交通设施的通行能力是指在一定的时段和通常的道路、交通、管制条件下，人和车辆通过车道或道路上的一点或均匀断面的最大小时交通量。通行能力一般以 veh/h（辆 / 小时）、pcu/h（当量标准小客车 / 小时）表示，基本单位是 pcu/（h ln）（当量标准小客车 / 小时 / 车道）。

1. 通行能力与交通量

通行能力与交通量存在相同之处，它们都是指单位时间内通过道路某断面的交通实体数量，表示的单位和方法相同，但是，二者之间有着本质的区别。

交通量是指单位时间内，道路上实际通过的交通实体的观测值，其数值具有动态性与随机性；通行能力是在已知的道路设施和规定的运行质量条件下，单位时间内所能适应的最大交通量，其数值具有相对的稳定性。在正常运行状况下，道路的交通量均小于通行能力。当交通量远远小于通行能力时，车流为自由流状态，车速高，驾驶自由度大，驾驶员可以随意变更车速，实现超车；随着交通量的增加，车流的运行状态逐渐恶化，当交通量接近或等于通行能力时，车流为强制流状态，车辆行驶自由度降低，将会出现交通拥挤、阻塞等现象。由此可见，在交通流状态分析中，交通量和通行能力二者缺一不可，通行能力反映了道路的容量（服务能力），交通量反映了道路的负荷量（交通需求）。因此，常用交通量与通行能力的比值来表征道路的负荷程度（或利用率、饱和度）。

2. 交通量和交通流率

对交通量而言，时间计算单位越大，交通量不均匀性越不明显，越不能很好地反映交通量与运行质量之间的关系。例如，以 1h 为单位统计的交通量变化，就不能反映 15 min 的交通量变化情况。通常，以“小时”为单位来计算通行能力和设计交通量。对通行能力的研究，通常采用“15 min”的分析时段，这样能更清楚地表达交通高峰对道路运行状况的影响。

（二）通行能力的影响因素

道路通行能力的影响因素主要有道路条件、交通条件、管制条件、环境和气候条件及规定的运行条件等。运行条件不同，要求通行质量不同，其通行能力自然不同。因此，通行能力不是一个固定的数值，而是在一定客观条件和主观要求下的一个相应范围。

（1）道路条件是指交通设施类型、车道宽度、车道数、侧向净空、附加车道、几何线形、视距、坡度和设计车速等因素。

（2）交通条件是指车流中的车辆组成、车道分布、方向分布等因素。

（3）管制条件是指交通法规、控制方式、管理措施等。对于信号控制交叉口，信号相位、绿信比、周期长短、进口车道数及车道划分等都是影响通行能力的主要因素。

（4）环境条件是指街道化程度、商业化程度、横向干扰、非交通占道、公交车站和停车位置等因素。

（5）气候条件是指风、雨、雪、雾、沙尘暴等对通行能力产生影响的天气因素。

规定的运行条件主要是指计算通行能力的限制条件，这些限制条件通常根据速度和行程时间、驾驶自由度、舒适和方便性及安全性等因素来规定。其运行标准是针对不同的交通设施用服务水平来定义的。

另外，道路周围的地形、地物、景观、驾驶员技术等对道路通行能力有一定的影响。

（三）通行能力的分类

根据道路设施和交通实体的不同，通行能力可分为机动车道路通行能力、非机动车道通行能力和人行道通行能力；按其研究对象不同，通行能力可划分为城市干道通行能力、高速公路通行能力、双车道和多车道公路干道通行能力、信号交叉口通行能力等。

根据通行能力的作用性质和使用要求的不同，通行能力可分为基本通行能力、可能通行能力和设计通行能力三种。

基本通行能力是指在一定的时段，理想的道路、交通、控制及环境条件下，道路的一条车道或一均匀段上或某一交叉点能通过人或车辆的最大小时流率。这是一种理想状态下的通行能力，实际上很难实现或不可能达到。

可能通行能力是指在一定的时段，在具体的道路、交通、控制及环境条件下，道路的一条车道或一均匀段上或某一交叉点能通过人或车辆的最大小时流率。可能通行能力根据道路和交通实际情况，对理想条件进行修正，根据这些修正系数乘以基本通行能力数值得出，是指道路所能承担的实际最大交通量。这些修正系数包括车道宽度修正系数、侧向净宽修正系数、纵坡修正系数、视距修正系数、沿途条件修正系数等。

设计通行能力是指在一定的时段，在具体的道路、交通、控制及环境条件下，一条车道或一均匀段上或某一交叉点对应服务水平的通行能力。其主要用作道路交通规划和设计的依据。

需要进行通行能力和服务水平分析的道路及其组成部分包括：

（1）高速公路的基本路段。

（2）多车道公路路段。

（3）双车道公路路段。

（4）匝道，包括匝道—主线连接部分。

（5）交织区。

（6）信号控制的平面交叉口。

（7）无信号控制的平面交叉口。

（8）城市干道及近郊干线道路。

（四）车型分类及车辆折算系数

1. 车辆折算系数（也称车辆换算系数）

我国公路混合交通现象十分常见。在一般公路上，机动车行驶受拖拉机等慢速车辆及自行车、行人等非机动车的干扰；在高速公路上，实际运行的车辆种类、交通构成也远比西方发达国家复杂。对于通行能力分析而言，车型分类的目的就是把在混有多种车型交通流中运行特征相似的车辆归为一类，以便确定各类运行车辆对标准车交通量的不同影响，让不同交通组成的交通流能够在同样的尺度下进行分析，使它们之间具有可比性。

2. 换算交通量

换算交通量也称当量交通量，是将总交通量中各类车辆交通量换算成标准车型交通量之和。

二、服务水平

道路通行能力的计算离不开交通运行质量的分析，因此，通行能力的分析计算必须与服务水平的分析计算一并进行。通行能力和服务水平是一个事物的两个方面，它们同时反映道路所提供的服务。其中，通行能力反映的是道路服务的数量或服务的能力，是道路所能提供的疏导交通能力的极限；而服务水平反映的是道路服务的质量或服务的满意程度，是在满足特定交通运行条件下的极限能力。

（一）服务水平的概念

服务水平是指道路使用者从道路状况、交通与管制条件、道路环境等方面可能得到的服务程度或服务质量，是衡量交通流运行条件及驾驶员和乘客所感受的服务质量的一项指标，反映了道路在某种交通条件下所提供运行服务的质量水平，通常根据交通量、速度、行驶时间、驾驶自由度、行车的舒适性和经济性等指标确定服务水平。在实际确定服务水平等级时，难以全面考虑和综合上述各个因素，往往仅以其中的某几项指标作为代表，常取行车速度及服务交通量与通行能力之比，作为路段评定服务等级的主要影响因素。

（二）服务水平的衡量指标

为了清楚地表述服务水平的概念，对每种道路设施，需要采用能说明其运行质量的一项或几项运行参数来确定其服务水平。为确定每种设施服务水平而选择的参数称为效率度量，表示能最好地描述该类设施运行质量的合用度量。

（三）服务水平的分级

交通量在达到基本通行能力（或可能通行能力）之前，交通量越大，交通密度越大，车速越低，运行质量也越低，即服务水平越低；当交通量达到基本通行能力（或可能通行能力）之后，交通量在减少，交通密度在增大，运行质量在降低，直至车速及交通量均下降至零为止。

（四）服务交通量

服务交通量是指在通常的道路条件、交通条件和管制条件及规定的服务水平下，道路的某一断面或均匀路段在单位时间内所能通过的最大小时交通量。

在不同的服务水平下，服务交通量是不同的，服务水平高的道路行车速度快，驾驶自由度大，舒适与安全性好，但是其相应的服务交通量小；反之，允许的服务交通量大，则服务水平低。服务交通量不是一系列连续值，而是不同的服务水平条件允许通过的最大值，反映的是在某一特定服务水平下道路所能提供的疏导交通的能力极限，是不同服务水平之间的流量界限。

第二节 高速公路通行能力

高速公路通行能力是公路网规划、公路设计、交通运行和管理、公路工程项目可行性研究及公路建设项目后评估的基本参数。高速公路的通行能力和服务水平分析在实际的交通工程工作中作用重大，如新建或改建交通设施需要确定车道宽度和车道数，评价改建后的运行特性和服务水平，进而确定道路使用者的油耗，以及受空气、噪声污染等因素影响程度的基本参数值。

通过高速公路道路通行能力的研究，可以：

（1）为高速公路规划和设计时，确定车道数和行车道宽度等公路几何要素提供依据；

（2）估算交通流的运行参数和服务水平指标，评价运行特性和服务水平分析，针对高速公路存在的问题提出改进方案；

（3）为确定高速公路使用者的费用、废气、噪声污染及对环境的影响程度提供了基本参数值。

一、高速公路的定义及其组成

高速公路是有中央分隔带、上下行每个方向至少有两车道，所有交叉口都是立体交叉，完全控制车辆出入、专供汽车行驶的公路。高速公路是彻底的连续交通流设施，在正常情况下，高速公路上的车辆可以不停顿地连续行驶。

不同于其他等级的公路，高速公路是自成系统的一种公路形式。按照交通流运行特性的差异，高速公路一般由以下三部分组成：

（1）高速公路基本路段（Basic Freeway Sections）。

（2）交织区（Weaving Areas）。

（3）匝道（Ramp Junctions），其中包括匝道—主线连接处和匝道—横交公路连接处。下面分别介绍高速公路基本路段、交织区和匝道的通行能力分析计算方法。

二、高速公路基本路段的通行能力

（一）高速公路基本路段概述

1. 高速公路基本路段的定义

高速公路基本路段是指主线上不受匝道附近车辆汇合、分离及交织运行影响的路段。

高速公路是多车道公路，和其他多车道公路一样，由于两个方向的交通运行互不干扰，且两个方向在其前进方向上的线形（主要是纵断面线形）不同。因此，两个方向车行道的通行能力和服务水平的分析计算是分别进行的。高速公路基本路段通行能力是针对单向车流单车道而言的。

2. 高速公路基本路段的理想条件

高速公路通行能力分析的基本思路是先确定理想条件下的通行能力，再按照实际道路、交通条件对理想通行能力进行适当折减，对可能通行能力进行计算。高速公路基本路段的理想条件包括：

（1）3.75 m ≤车道宽度≤ 4.50m。

（2）侧向净宽≥ 1.75m。

（3）车流中全部为小客车。

（4）驾驶员均为熟悉高速公路几何线形，且技术熟练、遵守交通法规者。

（二）高速公路基本路段服务水平

目前，高速公路基本路段的服务水平是根据交通流密度（pcu/km/ln）来划分，该指标也就是高速公路基本路段的效率指标。早期，美国《道路通行能力手册》是按照速度的大小来划分服务水平，后来发现交通流在相当大的范围内，速度保持不变，也就是说，速度对交通量的变化不敏感，因此，又选择交通流密度作为高速公路基本路段服务水平的效率指标。

三、高速公路交织区的通行能力

（一）高速公路交织区概述

1. 交织的定义

两股或多股交通流在没有交通控制设施的情况下，沿相同的方向在相当长的公路路段中运行，其中相交而过的交通流称为交织。

2. 交织区的分类

交织区分为简单交织区和多重交织区两类。

简单交织区由一个独立的汇合点接着一个独立的分离点形成，而多重交织区则由一个汇合点接着两个分离点，或由两个汇合点接着一个分离点形成。在多重交织区通行能力和服务水平分析过程中，通常将多重交织区合理地拆分为合流区、分流区和简单交织区来分别进行分析。

3. 交织区长度

交织区长度是交织区的重要几何参数，它决定了驾驶员完成所需要的全部车道变换可利用的时间和空间。若交织区长度变短，则用于车道变换可利用的空间机会减小，交通流的紊乱程度增加。

4. 简单交织区构造形式

由于交织运行中的车道变换对交织区内的交通流状况会产生极为不利的影响，因此车道变换是交织区重要的运行特征；在交织过程中，交织车辆变换车道数量的多少又与交织区的几何特征密切相关，而这些几何特征就是交织区构造形式，它涉及交织区的入口车道、出口车道的数目及相对位置。

由于我国目前高速公路网密度比较低，因此，我国高速公路中交织区存在较少，多存在于城市快速路系统。美国的高速公路由于设计标准与我国不同，且路网密度较高，因此形成多种构造形式的交织区。在 HCM 中，交织区构造形式由交织车辆在通过交织区所必须进行的最少车道变换数来区分。

5. 交织宽度

交织宽度以交织区的车道数来计量。这不仅与交织运行的车道总数有关，而且与交织车辆和非交织车辆能够使用这些车道的百分率有关。

在交织区中，交织车辆总是希望在能够进行车道变换的车道上运行，而非交织车辆则期望能够远离车道变化的影响。因此，对于不同形式的交织，其交织车辆与非交织车辆所使用的车道数量和位置有所不同。

（二）交织服务水平

HCM2000 中衡量及规划服务水平等级的关键性参数是交织区的交通流密度。我国现行的交织区服务水平用交织车辆的平均行驶速度和非交织车辆的行驶速度，其分级标准如表 8-1 所示。

表 8-1 我国高速公路交织区服务水平标准

服务水平	车流密度（puc*km⁻¹*ln⁻¹）	
	高速公路交织段	多车道公路和次干道的交织段
A	≤ 6.0	≤ 8.0
B	＞ 6.0 ～ 12.0	＞ 8.0 ～ 15.0
C	＞ 12.0 ～ 17.0	＞ 15.0 ～ 20.0
D	＞ 17.0 ～ 22.0	＞ 20.0 ～ 23.0
E	＞ 22.0 ～ 27.0	＞ 23.0 ～ 25.0
F	＞ 27.0	＞ 25.0

（三）通行能力分析方法

影响交织区通行能力的因素很多，包括交织区构造形式、车道数、高速公路或多车道公路的自由流速度、交织段长度及流量比等。

四、高速公路匝道的通行能力

（一）高速公路匝道通行能力概述

1. 高速公路匝道组成部分

高速公路的匝道由三个部分组成：

（1）匝道与高速公路连接处（或称匝道—主线连接处）。

（2）匝道车行道。

（3）匝道与相连道路的连接处。

2. 设计要求

对于匝道的设计，通常要求匝道与主线连接处的车辆能以高速汇入或与主线分离，并且使汇入或分离的交通流对匝道相连的高速公路主线交通流的干扰降至最小。

就匝道本身而言，设计要素包括匝道车道数（通常有单车道或两车道），匝道长度，设计速度，平、纵线形参数等。值得注意的是，匝道车行道通常不会引起运行方面的问题，只有在匝道上发生交通事故，才会造成交通紊乱甚至中断。

匝道与相连道路的连接处要设计成从主线驶来的车辆能顺利汇入该连接处，此类连接处一般设计成平面交叉。对于匝道与主线连接处的设计主要强调交通安全。

只有当匝道的所有部分，即匝道与主线连接处、匝道车行道及匝道与相连道路连接处都设计恰当，达到所要求的服务水平或设计通行能力后，匝道上的交通运行效率才能得到保证。如果三个组成部分中的任何一部分交通受阻，都将对整个匝道上的运行产生不利影响。更值得注意的是，匝道上受阻的交通可能延伸到高速公路主线和相连道路中去。这种情况往往会发生在城市立体交叉的匝道上。

可见，匝道与交织区一样，是高速公路上干扰较大，易发生运行问题的组成部分，并且匝道各组成部分通行能力和服务水平之间存在紧密的联系。因此，对其通行能力和服务水平的分析要谨慎处理。

3. 匝道运行特征

在汇入区中，从驶入匝道来的车辆在相邻的主线车道上寻找交通流可利用的空隙，以便汇入。由于汇入的车流会对过境车流造成影响，因此主线公路中的车辆将在驶入匝道上游位置重新考虑其行进车道，从而使交通量打破原来基本路段中的平衡状态，在主线中重新分布。

（二）匝道服务水平及其标准

各级服务水平描述如下：

一级服务水平，其交通流的运行不受约束。汇入时运行通畅，在进入过境交通流车辆间隙时仅需很小的车速调整。分离出来的车辆对主线交通流没有多大扰动，主线上的过境车辆受到的影响不大。交通流是稳定流，相当于 HCM 的 A 和 B 级服务水平。

二级服务水平，仍然是稳定流，但汇入车流有小的变化就会产生运行质量的大范围变化。车道和驶入匝道上的车辆都必须调整它们的速度以达到流畅地汇入，当驶入匝道上的交通量大时还会有小的车队形成，在分离区车速也会有所降低。驶入车辆和驶出车辆所引起的扰动扩展范围更大，并且这种扰动可能延伸到与车道相邻的主线其他车道上。高速公路总的速度和交通流密度不会有大的变化，相当于 HCM 中的 C 级服务水平。

三级服务水平，在此水平范围内难以达到流畅的汇入，无论要汇入的车辆还是车道 1 中的过境车辆都必须时时调整车速，防止车辆在汇入区内发生冲突。分离区附近的车辆车速降低得更多，汇入和分离运行所引起的扰动将影响若干主线车道。在有大交通量的驶入匝道上，匝道车队可能变成对运行造成严重影响的因素。其相当于 HCM 的 D 级服务水平。

四级服务水平，在此水平的上半段交通量达到基本通行能力，汇入行为产生较大的扰动，在主线上仍没有形成明显的车队，但在驶入匝道上则会形成较大的车队。此时，分离运行的车速大大降低，并且在分离区内会形成一些车队。所有车辆均受到扰动的影响，主线上的过境车辆则试图到靠近中央分隔带一侧的车道上行驶，以避免扰动的影响。其相当于 HCM 的 E 级服务水平。该级服务水平的下半段，所有汇入车辆基本上是走走停停，在匝道上广泛地形成车队，车道 1 上的交通运行状况被破坏。许多扰动是由于车道 1 上的车辆改变车道以避开汇入区和分离区产生的。在匝道端部附近，可能在高速公路上游若干距离内，会产生较大的交通延误。此时，交通运行情况变化范围很大，会产生不稳定交通流和强制性交通流交替运行的状态，相当于 HCM 的 F 级服务水平。

在设计过程中，检查点采用的服务水平一般与主线基本路段一致，采用二级服务水平。但在困难情况下，可采用三级服务水平。

第三节 双车道公路路段通行能力

一、双车道公路路段车流运行特性

双车道公路是有两条车行道的道路，每条车道用于一个方向的交通。车辆在双车道公路上行驶，最大的特点在于其超车过程：车辆只能在对向车道有足够的超车视距时才能有超车的可能，超车车辆在超车过程中，必须占用对向车道。因此，双车道公路中任一方向的车辆在行驶过程中，不仅受到同向车辆的制约，还受到反向车流的影响。这就是双车道公路通行能力和服务水平分析都采用双向同时分析的原因。

双车道公路是我国一般公路网中最长、最普通的一种形式，我国大多数干线及非干线公路均为双车道公路。

二、双车道公路服务水平

（一）双车道公路的理想条件

双车道公路的通行能力和服务水平分析以理想条件的双车道公路特性为基础，根据我国具体的道路、交通条件，双车道公路的理想条件如下：

（1）设计速度大于或等于 80 km/h。

（2）车道宽度大于或等于 4.00 m，但不大于 4.50 m。

（3）侧向净宽大于或等于 1.75 m。

（4）公路上无“不准超车区”。

（5）交通流中车辆全部为小客车。

（6）两个方向交通量之比为 50/50。

（7）没有过境交通横向干扰且交通秩序良好。

（8）处于平原微丘地形。

（二）服务水平等级标准

我国地形条件比较复杂，同样是二级路，也会由于地形、地物不同而存在较大的差异，因此，双车道公路有不同的路面宽度。

第四节 平面交叉口通行能力

一、平面交叉口通行能力概述

平面交叉即两条或两条以上的道路在同一平面交叉。平面交叉口的通行能力不仅与交叉口面积、形状、入口引道车道数、宽度、几何形状及物理条件有关，而且受相交车流通过交叉口的运行方式、交通管理措施等方面的影响。目前，我国城市道路系统中有 90% 以上的路口仍是平面交叉口（Intersection），直接影响道路的通行能力，因此对交叉口进行研究是道路通行能力分析的重点。

交叉口一般可分为三大类，一类为不设任何交通管制的无信号交叉口，一类为设置色灯的信号交叉口，一类为设中心岛的环形交叉口。目前，交叉口通行能力计算方法在国际上并未完全统一，即使是同一类型的交叉口，其通行能力计算方法也不一样，其中以美国的计算方法应用最广泛。我国在引进发达国家计算方法的同时，也在尝试发展符合我国国情和道路交通状况、车辆状况，具有我国特色的通行能力计算方法，使通行能力的计算更加符合实际情况。

由于道路交通组成复杂，各种车型不仅所占道路空间不同，而且其行驶性能也相差很大，相互间的干扰严重。在进行交叉口通行能力分析计算时，应进行车种换算，把车流中各种车型换算成标准车型或某一车型的当量交通量，其当量的比值称为车辆换算系数。

交叉口的车辆换算不同于路段。路段可用连续运行中车辆的临界车头时距之比进行换算，而交叉口则不同。信号交叉口往往要停车之后再次起动，所以信号交叉口的车辆换算系数通常采用停车起动时，连续车流中各类车辆通过停车断面的时间间隔之比作为换算依据；环形交叉口采用各类车辆交织或穿插所需的临界间隔时间之比作为换算依据。因此，不同类型交叉口应采用不同的换算系数。

二、无信号交叉口通行能力分析

不设信号机控制的交叉口一般可分为两大类：一是暂时停车方式，二是环形方式。本节主要讨论暂时停车方式的无信号交叉口。

暂时停车方式的交叉口又可分为两路停车和四路停车两种。两路停车通常用于主干道与次干道相交，主要道路上的车辆优先通行，通过路口不用停车；次要道路上行驶的车辆一律停车等待，让主要道路上的车辆先行，利用优先通行方向交通流的间隙通过交叉口或合流。四路停车用于同等重要的道路相交的路口，不分优先与非优先，所有车辆到达交叉口均需停车，确认安全后方可通过。

三、信号交叉口通行能力分析

当进入交叉口的车辆达到一定数量时，穿插通行有困难，需要在交叉口设置信号灯，从时间上将相交车流分开，保证交通安全。由于交叉口是控制路网通行能力的关键节点，而信号交叉口是交通系统中最为复杂的环节，对其分析要考虑诸多因素，因此，许多国家都对此进行了深入研究，形成了多种计算方法，如美国 HCM 中的方法、英国运输和道路研究实验室（Transport and Road Research Lab，TRRL）法等，我国也有多种计算方法，如停车线法和冲突点法等。

第五节 城市干道通行能力

依据道路在城市道路网中的地位和交通功能，以及道路对沿线建筑的服务功能，现行《城市道路工程设计规范》将城市道路分为快速路、主干路、次干路和支路四类。快速路完全为机动车辆交通服务，是解决城市长距离快速交通的汽车专用道路；主干路以交通功能为主，连接城市各主要分区，如工业区、住宅区、商业区等干线道路，是城市内部的交通大动脉；次干路是城市内区域性的交通干道，与城市主干道结合组成城市干道网络，起到连接城市各部分和集散交通的作用，兼有服务功能，是城市中数量较多的一般性交通道路；支路是次干路与街坊内道路的连接线，一般为生活性道路，用来解决局部地区交通，以服务功能为主，在居住区、商业区、工业区内起着广泛联系的作用。快速路、主干路和次干路称为城市干道。

在城市干道上运行的车辆主要受以下三个因素的影响。

（1）干道环境：包括道路的线性特征，沿线土地的使用性质、车道数、车道宽度、中间分隔带的类型、交叉口的间距，以及停车的有无、行人影响、速度限制等环境因素。干道环境会影响驾驶员的安全行车速度。

（2）车辆之间的相互作用：由交通密度、车种组成和转弯车辆所占的比例决定，车辆之间的相互作用对交叉口上车辆的运行影响极大。

（3）交通信号：交通信号迫使车辆停车，并且等待一定时间后以车队形式放行。由交通信号引起的车辆延误和车速的改变，大大降低了城市干道的通行能力和交通流的运行质量。

以上因素决定了干道的通行能力和服务水平。

一、基本通行能力的确定

基本通行能力是指在理想的道路与交通条件下，由技术性能相同的标准车辆，以最小的车头间距连续行驶时，在单位时间内通过道路断面的最大车辆数，也称为理论通行能力。

二、可能通行能力的确定

就某一条具体道路而言，其道路与交通条件一般不能完全处于理想状态，各个路段的车速是随着道路纵坡、弯道及车辆和行人的干扰程度不同而变化的，所以道路所能处理的实际交通量将少于该值。可能通行能力是指考虑道路和交通条件的影响，对基本通行能力进行修正后得到的通行能力，实际上是指道路所能承担的最大交通量。

第九章 城市道路交通

城市交通是城市重要的子系统。城市交通的发展变化是城市发展的投射与反映。本章在对城市交通发展演变历史、城市交通系统理论、城市与城市交通的相互关系的基础上，重点对城市道路交通的内涵与评价、城市道路交通规划与空间布局、城市道路交通系统评价和城市公共交通等内容进行探讨。最后从政策的角度上，提出了城市道路交通可持续发展的相关保障。

第一节 概述

一、城市交通系统理论

城市道路交通不单是工程技术问题，更是一个综合的社会经济问题。正如城市变化不仅是城市地理学空间研究的范畴，它还包含城市规划、城市经济以及城市社会等方面内容。因此，城市交通系统理论也包括交通运输理论、城市经济理论、城市规划理论等多个学科理论。

（一）交通运输理论

交通运输理论是研究探讨如何将人和货物安全、迅速、高效、经济地通过各种运输工具在交通运输网络上有效移动，运送到目的地。它是创造空间效用、时间效用和经济效用的科学理论。1776 年亚当 · 斯密在其著名的《国民财富的性质和原因的研究》中，论述了交通对城市和地区经济发展及开拓市场所具有的积极作用。随着交通方式和运输工具的不断进步，越来越多的学者关注交通运输经济理论进行研究。交通运输理论认为，交通运输是促进劳动分工和经济发展的重要力量，是城市和市场布局形成的重要原因。

（二）城市经济理论

1. 城市聚集理论。

城市是各种经济要素在地理上规模性集中的结果。各种经济要素向城市集中是因为城市中存在着聚集的经济利益。生产者和消费者在城市聚集，企业可以低成本地获得人力资源和进行生产投入；消费者能够从城市聚集中节约成本获取效益，方便地得到所需的消费和服务。同时消费人群的集中为产品的多样化提供了可能，也为企业生产扩张创造了市场条件。当这一聚集发展到一定规模，就会出现一定程度的扩散，直到成本和收益达到新的平衡。关于交通与聚集经济利益的关系，城市交通为城市聚集创造基础条件。巴顿的《城市经济学：理论与政策》一书中指出某些工业在地理上集中于一个特定的地区，有助于促进辅助性工业的建立，也为产品的推销与运输提供方便。因此城市聚集经济理论，重点研究城市交通与城市空间演化的相互作用。城市聚集与扩散直接形成了不同的城市空间结构，反过来又会对城市交通产生影响。

2. 城市发展阶段论

城市发展阶段理论认为城市发展分为三个阶段，分别是向心力驱动的增长阶段、离心力驱动增长阶段和网络状发展阶段。城市交通是城市三个发展阶段中不可缺少的重要内容，如向心力驱动的增长阶段，城市主要交通干线指向城市中心或指向具有潜力的开发区或新城。这些地区通过交易成本的节约、规模经济和制度因素对各种经济要素产生吸引，包括对企业、劳动力及资本的吸引，交通在这一过程中发挥了重要的支撑作用。这种支撑作用在城市发展的不同阶段会表现出不同的特征。在这方面，城市发展阶段理论主要探讨城市交通在城市各演化阶段表现出的不同特性。

3. 城市规划理论

城市规划理论是对城市规划的实践规律进行总结。凯文 · 林奇在《城市形态》一书中指出，城市规划理论系统由功能理论、规范理论和决策理论三部分组成。其中，功能理论侧重于城市的物质环境，认为城市空间结构是由不同的功能组成的，结构布局的目的是为了充分发挥功能。规范理论侧重于研究人的价值目标与城市空间形态之间的关系，包括城市规划应达到区域的整体协调、可持续发展以及公平等。决策理论则主要研究规划的决策过程，通过分析城市社会、经济、自然等因素，确定城市的发展方向及规模。在城市规划理论中，最有影响的三种理论思想是霍华德的分散城市论、柯布西耶的城市集中论和沙里宁的有机疏散理论。这些理论对城市空间的布局和演化产生了重要影响。

（三）公共治理理论

公共治理理论是指政府为确保公共项目充分有效地交付使用，达到效用和实现利益，围绕该项目一系列结构、系统和过程进行的各项战略设计和制度安排等活动。20 世纪 70 年代末，西方国家的政府管理经历了从统治到治理的变革，开始重视市场和各类公民组织在社会治理中的作用，也使公共管理研究得到了快速发展。特别是到 20 世纪 90 年代伴随现代项目管理研究范围扩展，公共治理理论研究进一步发展，集中强调网络社会各种社会组织和社会力量之间平等对话的系统合作关系，意义在于：从制度层面解决项目建设中的问题。城市交通是政府公共管理的范畴，从公共治理理论角度看城市交通关系到社会的方方面面，政府通过整合使各方资源可以在城市交通基础设施建设、交通政策制定和完善等方面促进社会共识，促进社会各方的协同参与，集各方利益和众人之力为城市交通出谋划策，使得城市交通变得更加舒适、通畅。

（四）可持续发展理论

可持续发展理论注重公平性和可持续性。公平性方面该理论认为人民对于特定的社会资源拥有同等的享用权。就好像每一个生活在城市中的人都可以享受到城市的公共交通一样。持续性发展方面，可持续发展理论认为人类对于经济和社会的发展不能超越资源和环境的承载能力，必须有所控制。如城市公共交通，若超越了环境与资源所能承受的范围，亟须社会各方共同努力，将其控制到一个合理的轨道上来。

二、城市与城市交通

（一）城市交通系统对经济的贡献

城市经济的发展与城市交通系统的建设和完善密不可分。城市各种活动通过城市交通设施有机地连接，城市交通对经济的贡献，一是城市交通系统使城市生活从静态转入动态，并通过生产要素和商品交易的有效实现，促使城市市场空间和市场容量不断扩大。二是城市交通运输体系促进了城市土地开发效率提高。由于城市交通运输体系建设改变和提升了城市各区间的可达性，促使土地利用的再调整。这种调整对提升城市整体经济发展潜力具有重要作用。三是城市交通促进了城市产业布局的优化。城市交通通过其具有引导经济发展需求的特性，对交通需求强度和时空分布进行调整，使之适应经济及产业发展布局，推动城市经济发展。

（二）城市交通运输系统对城市空间结构的影响

城市交通，特别是城市道路交通是城市空间结构的骨架，有什么样的城市交通就有什么样的城市空间结构。城市从步行时代的小街坊、马车时代纵横交错和放射状街道，以及到现代城市的快速道路系统，城市空间形态无一不与各时代的交通方式相互协调，每一次交通方式的变革都对城市空间形态的演变产生巨大影响。随着城市化的发展，城市集聚规模不断扩大，新的交通方式和交通基础设施的建设，有效解决了制约城市空间扩张的距离问题，同时，交通系统的可达性又直接影响了该区域的土地利用。土地价格和利用方式影响地域功能结构的变化，城市地域功能结构的变化导致城市地域空间结构的演变。

（三）城市交通系统对城市环境的影响

城市交通涉及城市多个领域，如经济和环境问题。随着城市化和机动化水平的不断提高，城市道路交通的供需矛盾出现，城市交通拥挤，交通运输系统服务水平的下降，交通事故频繁，能源浪费、汽车噪声、废气污染等问题严重。城市交通的环境影响不只是自然环境方面的，还包括城市社会、文化、生态、市民等方面的影响。如空气污染和交通噪声严重影响居民生活，以及学校、机关、医院正常秩序等。除此之外，城市道路交通的现行交通组织一方面造成城市的空间分离，但同时其本身也是城市的一道风景线，城市交通的艺术性和可观赏性代表着城市的形象。

第二节 城市道路交通规划与评价

一、城市交通系统与道路交通

（一）城市交通系统

城市交通从构成的物质形态归纳，其中包含交通工具、交通载体、交通服务设施和管理设施。

在这一系统中根据城市交通的服务空间又可分为一个开放型的城市内部交通运输系统和城市外部交通系统。内部交通包括城市道路、公共交通和轨道交通等。城市外部交通是以城市为中心扩展的，包括城市所辖周围区县以及与其他城市间相连接的交通高速公路、铁路、水运、航空等多种对外运输方式。本章城市道路交通重点关注城市内部交通及其城市公共交通的规划与发展。

（二）城市道路交通

根据《城市道路交通规划设计规范》，我国城市道路交通的构成是快速干道、主干道、次干道、支路四类（中小城市仅有后三类）。主干道、次干道、支路的道路等级一般是根据设计时速或道路车道划分。如主干道设计时速可为 40 ~ 60km/h，且双向机动车道数不少于 6 条。城市道路交通的划分还可根据道路的功能和性质以及道路两侧的用地性质和交通管理措施划分为交通性道路和生活性道路。表 9–1 是相关的城市道路的划分。其中快速干道和主干道属于交通性道路，次干道兼有交通性和商业性（生活性）功能，且以交通性功能为主。支路一般为商业性（生活性）道路。

表 9–1 城市道路交通划分

标准	道路类别	交通功能以及对沿线建筑物的服务功能
等级分	快速路	是为联系城市不同区域的中、长距离快速机动车交通的道路。快速路是大城市交通运输的主要动脉，同时也是城市与高速公路的联系通道。
	主干路	是连接城市各主要分区，如城市主要工业区，港口、车站等客货运中心，承担城市的主要客货运的主干道路。是城市内部的交通主动脉，连同快速路一起共同构成城市框架。
	次干路	是联系城市各部分，起“通、达”集散作用的城市基本道路。次干路配合主干路组成城市干道网，次干路兼有服务功能，允许两侧布置吸引人流的公共建筑。
	支路	支路以服务功能为主，是地区通向居住区、工业区、市中心区，市政公用设施区等内部道路，是用来解决局部地区交通，是干道路网的补充。
作用性质分	交通性道路	是以满足交通运输为主要功能的道路，承担城市主要的交通流量及与对外交通的联系。其特点为车速快，车辆多，车行道宽，道路线形符合快速行驶的要求，道路两旁要求避免布置吸引大量人流的公共建筑。快速干道、主干道属于交通性道路。
	生活性道路	生活性道路：是以满足城市生活性交通要求为主要功能的道路，主要为城市居民购物、社交，游憩等活动服务的，以步行和自行车交通为主，机动车较少，道路两旁多布置为生活服务的、人流较多的公共建筑及居住建筑，要求有较好的公共交通服务条件。次干道兼有交通性和商业性（生活性）功能，且以交通性功能为主，支路一般为商业性（生活性）道路。

二、城市道路交通的主要指标

（一）空间指标

1. 人均道路用地面积

人均道路面积指标是城市道路交通规划中的一项基本指标，通过该指标可以得到城市道路面积率等指标。不同的城市发展阶段有着不同的人口规模和交通方式，研究表明不同交通方式、不同交通结构状态下人均需要的道路面积不尽相同，其计算一般以满足交通需求下的最小道路面积为原则。根据国内现行的《城市道路交通规划设计规范》，人均占有道路面积范围为 $7m^2$~$15m^2$，其中 $6m^2$ ~ $13.5m^2$ 是满足基本动态交通需求的人均道路面积。

2. 车均车行道面积

车均车行道面积是保证未来城市机动车有一定的通行空间，通过车均车行道面积比较道路水平的一项重要指标。车均车行道面积可以以不同车辆常速行驶时占用道路面积为基础进行测算。东京、华盛顿、纽约、内伦敦的车均车行道面积分别是 28.8m²、33.1m²、28.3m²、23.7m²，从以上数值上看，国际大都市的车均车行道面积基本相近。

3. 道路网密度

道路网密度是城市道路交通规划中的一项重要技术指标。除此之外衡量道路密度的指标还有交叉口间距等。关于各城市应有道路网密度和道路交叉口间距现各国尚没有统一标准，各城市根据各城市规模和城市性质，以及兼顾交通与生活居住等各方面的要求具体判断。

（二）状态指标

1. 道路网等级结构

道路网等级结构包括快速干道、主干道、次干道、支路。根据相关研究，一般大城市快速干道、主干道、次干道、支路的里程比例可采用 1 ： 2 ： 4 ： 8。中等城市主干道、次干道、支路的里程比例可采用 1 ： 2 ： 4. 小城市干道、支路的里程比例可采用 1 ： 2。从各等级道路的功能看，服务于长距离机动车出行的道路为快速干道，主干道以服务中长距离运输为主，快速干道和主干道是城市中主要交通性道路。次干道是城市内部主要的交通集散道路，支路是在交通上起汇集性作用的道路。在道路网等级结构中从快速干道到支路，对通过性的要求逐步降低，但对可达性的要求逐步提高。合理的道路网等级结构能够保障城市交通流由高一级道路向低一级道路有序疏散，同时从低一级道路向高一级道路有序汇集。

2. 道路连接度

道路网连接度由城市地区路网节点、节点邻接边数，以及网络总边数（路段数）等作为参数推算而成。道路连接度反映了城市道路交通网络的成熟程度。道路连接度值越高，表明路网中断头路越少，成网率越高。反之则成网率越低。一般来讲中小城市的道路网连接度应在 3.2 ~ 3.5 之间，大城市道路网连结度应在 3.6 ~ 3.9 之间。

（三）质量指标

表示城市道路交通质量的指标主要包括道路网可达性、道路网平均饱和度、平均车速、平均延误等。

1. 可达性

可达性是判断交通系统性能，评价城市道路交通网完善程度的重要标准。可达性可以用出行时间和出行距离计算，它反映城市道路系统能否充分、高效、平衡、协调地满足人们出行活动要求，是交通系统功能优劣的直接体现。

2. 出行时耗

城市人口出行有通勤、购物、游憩等内容，其出行的耗用时间由于主观和客观的原因，存在着理想出行时间、可接受出行时间和不能接受耗用时间等。居民可接受的最大出行时耗与城市人口、建成区面积相关，还与城市地形、城市布局形态、交通方式结构等因素相关。一般通过城市人口和建成区面积计算出不同城市的居民可接受最大出行时耗。

3. 道路交通服务水平

道路交通服务水平是衡量道路为驾驶员、乘客所提供服务质量的指标。相关指标根据路网中各路段饱和度加权计算的道路平均饱和度、主干道平均车速、平均行车延误和交叉口 E、F 级服务水平比重等表示。一般来讲道路平均饱和度在 0.5 ~ 0.7 之间比较合适，车辆行驶较为通畅，不会造成资源浪费。主干道平均车速根据城市规模不同，一般应在每小时 28 ~ 34 千米以上。平均行车延误根据城市规模的不同，大城市和中、小城市应分别低于 50 ~ 60 秒 / 千米及 30 ~ 40 秒 / 千米。对交叉口服务水平虽然《城市道路交通规划设计规范》没有明确要求，但从发挥道路网整体效率的角度考虑，交叉口 E、F 级服务水平比重可控制在 5% 以下。

三、城市道路交通系统评价

（一）城市道路交通综合效果

在直接和间接效果中又有可计量的效果和不可计量的效果，可计量是指能够通过物理的或数学的方法进行衡量的效果，不可计量效果与可计量效果有所不同，属于社会范畴，如由于道路建设使通达地区居民产生满足感等。图 9–2 显示，可计量的直接效果包括出行费用的减少、交通工具燃料的节省、出行时间的短缩、生活时间的延长等等。间接效果的可计量效果包括：生产力的扩大效果、税收增加、加大就业、降低物价等方面，不可计量的直接效果内容有：定时性保障、减轻驾驶员疲劳、提高驾驶的舒适度、减少货物损伤以及节约包装费用、减少交通事故等。不可计量的间接效果内容有引发地区开发、促进土地利用、扩大生活圈、改善生活环境、增加人口集聚、提高行政效率等。此外，间接效果还包括与空间功能相对应效果，如为提高作为空间效果的地区景观，提高地区生活福利设施水准，提高城市安全保障、提升地区活动设施效果等。空间功能对应效果属不可计量效果，是存在性的效果。以上效果从时间角度观察，与直接效果相比可计量效果，不可计量效果的潜在期较长。

图 9–2 道路建设综合效果

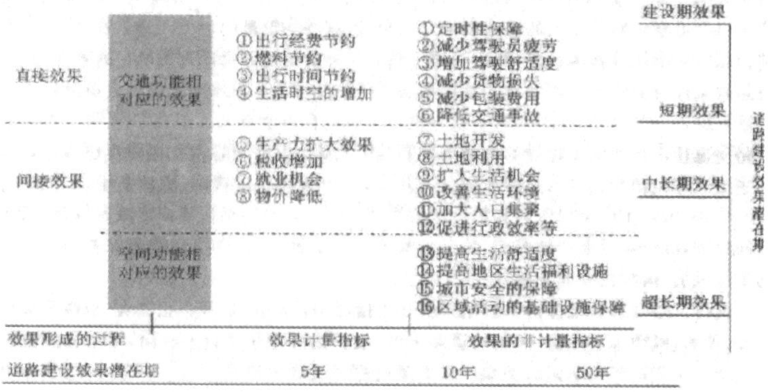

（二）道路交通效果评价在决策中的定位

作为现行的城市道路交通规划建设，道路交通建设经济效益和综合效果评价在相关调查预测和方案设计基础上，依据道路建设的直接和间接效果，分析道路建设对经济社会产生的影响，发挥道路建设效果评价在道路建设中的作用，为决策者把握道路建设效果，确定城市与地区发展方向提供可参考的理论数据。

（三）城市道路交通建设及现行道路交通效果评价

各城市道路建设是在所在城市及地区总体规划的基础上，结合城市发展实际由政府相关职能部门编制项目申请，由上级主管部门审批通过实施。不同级别道路交通的审批根据道路级别由相关的政府职能部门负责，这些职能部门包括交通主管部门、道路建设部门和市区县各级政府，其中道路交通效果评价是道路交通方案确定的重要参考。道路效果评价分反映经济效益的直接效益评价和反映地区发展需求的综合道路建设可行性评价，不同评价角度不同对于指导地区发展具有重要意义。

现行道路交通效果评价主要采用的是直接经济效益评价，即以投资者、道路设施利用者（乘客、机动车驾驶员、运输物资业主等）为主体的费用与效益评价，主要分析投入费用和效益所得之间的比值关系。从上节道路建设效果形成过程可以知道，道路建设效果是综合性和多方面的，影响主体包括道路设施的利用者还有非直接利用者。因此，除对直接效果进行评价外，道路交通效果评价还需对道路建设的社会效果，道路建设的间接效果进行评价，这对于把握道路建设对地区社会影响，完善现行道路交通效果评价，分析制定地区的中长期发展目标意义重大。

第三节 城市道路交通规划与布局

一、城市交通发展战略

在城市总体规划框架下，指导城市交通发展的战略包括定位城市交通发展长远目标的城市交通发展战略，着眼城市交通网络布局的城市交通中长期规划，以及城市交通近期建设规划。

（一）城市交通发展战略规划

城市交通发展战略是城市交通系统 20 ~ 50 年间的长远发展的方向性规划。该战略规划结合城市总体规划根据未来土地利用规划、生态环境容量、人口发展与分布和经济发展规划，预测未来城市客货运交通需求，确定保证城市交通可持续发展下的交通系统供应量。城市交通发展战略规划主要解决远景交通发展目标及发展水平，着重提出城市长远的交通发展战略，其内容包括城市交通方式结构、城市道路交通综合网络主骨架布局、对外交通布局、交通发展政策等问题。

（二）城市交通中长期规划

城市交通中长期规划也称为城市交通综合网络规划。城市交通中长期规划着眼于中长期城市交通方式及结构、道路网布局、公共交通专项规划，以及具体的项目建设顺序等问题。城市交通中长期规划是城市交通系统战略规划的深化与细化，该规划年限为 5 ~ 20 年，规划目标追求城市环境质量的改善、满足交通需求、优化资源利用等。与城市交通发展战略规划相比中长期规划更多体现在内容的定量化。

（三）城市交通近期规划

城市交通近期规划即城市交通建设计划。该规划以城市交通系统战略规划和中长期规划为基础，重点是对具体建设方案进行设计与评价，结合城市交通现状提出近期 1 ~ 5 年中城市交通需要建设和完善的措施。

二、城市道路交通规划

城市道路交通规划主要程序包括 6 个部分，分别是总体设计、交通调查、交通需求预测、方案制订和方案评价，以及信息反馈与方案调整。

（一）总体设计

作为城市交通规划下的专项规划，城市道路交通规划的总体设计包括成立规划工作组织机构，编制规划工作大纲，确定规划目标、指导思想，以及规划年限和规划范围。

（二）交通调查

交通调查的目的是了解现状网络交通信息、判断发展状况及存在问题。调查的主要内容包括城市社会经济与土地利用状况调查、城市人口出行调查、机动车出行调查、道路交通特性调查、交通网络基础信息调查、交通管理状况调查、货物源流调查、道路交通环境调查、道路交通燃油消耗调查以及交通发展政策调查等。根据调查对城市交通系统各构成现状进行分析，发现问题及原因，提出解决问题的对策思路。为长远规划和近期治理提供依据。由于规划层次和要求不同，调查内容根据具体情况具体确定。

（三）交通需求预测

交通需求预测包括客运、货运交通需求预测，以及静态交通预测等。交通需求的预测方法采用 OD 矩阵方式。预测之前须对社会经济发展指标、城市人口及分布等相关影响因素预测。

（四）方案制订

根据交通需求预测结果，方案制订包括城市道路网络系统规划方案、公共交通规划方案。以上规划方案须与城市轻轨、地铁交通网规划方案、自行车交通规划方案、行人交通规划方案、公共停车场规划方案、城市对外出入道路布局等方案统筹。除此之外，还要对保障规划实施的政策与措施进行研究。

（五）方案评价

对照事先拟订的规划目标和指导思想，对城市交通系统设计方案进行评价。在城市交通系统可持续发展规划中，评价包括三个方面，分别是满足交通需求、优化资源利用、改善环境质量。评价同时要判断规划方案是否符合可持续发展原则以及符合程度如何，并指出不符合可持续发展的因素。

（六）信息反馈与方案调整

信息反馈与方案调整是指根据方案评价，对照规划目标对不符合发展的部分及问题进行必要的调整。方案调整包括交通网络和交通方式的结构调整、土地利用调整、交叉口方案调整、局部路段调整，以及交通发展政策调整。

三、城市道路交通布局

（一）城市道路交通规划布局的基本原则

1. 框架原则

即城市道路交通布局要满足组织城市各部分用地布局的框架要求。各等级道路既是各类城市用地和城市各分区、组团的分界线，又是联系各类城市用地和分区的通道。城市道路的布局要与城市绿地系统和主体建筑相配合，形成体现城市特点的功能与景观格局。

2. 效率原则

城市道路交通布局要提高交通运输效率。如以交通功能为主的干道要求控制两侧用地的直接开口，以集散功能为主的道路允许两侧用地直接开口等。根据不同的用地性质布局不同功能的道路，通过道路网与毗邻用地的性质整合发挥道路的交通功能或生活功能。

3. “以人为本”原则

道路网以实现人的移动为根本目标，城市道路交通规划布局应满足不同功能交通的需要。如满足快速与常速、交通性与生活性、机动车与非机动车、车与人等对城市各种交通的需求。

4. 环境原则

城市道路交通布局要满足城市环境要求，通过合理布局道路交通，以降低环境污染，缓解拥挤。

（二）城市道路交通空间布局的主要形式

城市道路交通空间布局是一个定性与定量分析相结合的过程。在社会经济、自然地理等条件制约下，不同城市有着不同形态的道路系统。从现行的城市道路空间布局看，主要有四种典型类型：一是方格网式道路网布局。这种道路网布局中多条道路方向平行，交通分散，灵路活性大，适用于地形平坦的城市。不足之处是处在对角线方向的交通联系不便。二是环形放射状道路布局。这种布局形式有利于城市中心与外围的联系，但干道也容易将外围交通引入中心城区造成中心城区的交通压力，同时交通灵活性较差，容易出现城市的蔓延性向外扩张。三是自由式道路布局。一般是道路结合自然地形，没有一定形态，呈不规则布置，主要出现在地形起伏变化较大的城市。四是混合式道路网布局。是指基于历史原因城市交通存在几种不同的道路网形态。四种城市道路交通布局各有优劣，具体城市道路交通规划建设需要根据已经形成的道路网格局，从改造发展的原则出发，结合城市地理条件、城市形态、客货运输流向及强度等方面确定城市道路交通网布局。

（三）城市道路交通系统性判断的主要特征

城市道路交通的系统性主要表现在城市道路网与城市用地之间的协调、道路网系统内部各组成要素之间的协调配合，以及与对外交通系统的衔接关系。

1. 城市道路交通系统与城市用地布局的配合

主要是指各级各类道路的走向是否适应用地布局带来的交通流，主要道路的功能是否与两侧的用地性质相协调。城市道路系统与城市用地布局的配合一方面是解决城市各相邻区域间和跨区域的交通问题，另一方面各级各类道路的走向对用地发展和建设要起到引导作用。

2. 城市道路系统的功能分工及结构的合理性

系统内部各组成要素之间的协调配合主要是指道路网中不同道路的等级结构、功能分工是否清晰合理，各级各类道路的密度有利于保障交通流有序地由低一级道路向高一级道路汇集，并由高一级道路向低一级道路疏散，避免不同等级道路越级相接。

3. 城市道路网与对外交通系统的配合衔接

城市道路网与对外交通系统的配合衔接关系主要表现在城市快速道路网与高速公路的衔接关系、城市常速交通性道路网与一般公路的衔接关系、城市对外交通枢纽与城市交通干道的衔接关系等方面。

（四）专用道路系统空间布置

1. 自行车道路交通系统

自行车的出行大多在活动半径 3 千米左右，是居民出行最省时、最便捷的方式。因此在城市专用道路系统空间布置中应本着机非分离、方便出行和减轻主、次干道自行车交通压力的指导思想，充分利用与主、次干道平行的街巷，设计城市区域范围内的自行车道路网，包括设计交叉口自行车管理措施。对此，中小城市规模较小、道路条件相对余地较大，容易实现较大范围的自行车道路网。但大城市由于现有道路条件制约，如城市交通拥挤、机非混行严重的情况，可实施区域性的自行车道路系统，以重点缓解机非混行的矛盾。

2. 步行系统

步行系统布局的基本原则是人车分离、便捷和舒适等。步行交通设施主要有步行街（区）、步行广场，以及人行道、人行横道、立体过街设施（天桥、地道）等。人车分离有空间上的分离，也有时间上的分离。其中交通管理是采用分时段步行区，如行人过街通过设置有信号灯的人行横道等；人行道、步行街（区）等主要采取空间分离。

第四节　城市对外交通与公共交通

城市是一个开放的社会经济系统，城市交通广义上讲是由城市外部交通和城市内部交通运输系统构成的一个开放型系统。城市内部交通系统以服务内部交通为主交通方式，包括城市道路系统、公共交通系统，以及轨道交通系统等。城市外部交通系统是以城市为中心扩展的，保持此城市与其他城市以及周围区县相连接的交通，一般包括高速公路、铁路、水运、航空等多种对外运输方式，城市对外交通发展是构成城市区位条件和影响城市在区域中的地位和发展的一个重要因素，因此各城市总体规划均对城市对外交通的发展及规划建设提出明确要求。

一、城市对外交通

（一）城市对外交通发展基本要求

根据城市总体规划，城市对外交通发展基本要求主要包括六个方面。一是对外交通的发展要与城市以及区域的整体综合运输网络相协调，做好城市市内交通、市域交通、省域交通三个不同层次的衔接和转换。二是满足城市总体规划与城市交通发展需求，尽可能减少对外交通设施对城市空间发展的制约，处理好对外交通与城市总体规划的关系。三是处理好交通需求近期和远期关系，满足未来城市对外交通发展需求。四是关于过境交通要与市内交通分离，在保证交通流连贯性和快速性的同时尽量不对市内交通产生干扰。此外为满足过境交通的各种短暂停留，适当保留对外交通与市内交通的交换余地。五是充分估计各种交通运输方式客运、货运枢纽之间的协调、衔接和连续，以方便、快捷、高效的联络线，实现客运枢纽客运换乘和货运枢纽货物集散。六是入境交通要求线路直接、方便，能快速地进入到城市的快速、干道路网；出境交通要求通过城市快速、干道路网，能快速进入城市之间的高速交通系统。

（二）城市对外交通的层次及类型

根据对外交通服务的地区空间，城市对外交通分为市域交通和城际交通。市域交通是城市内中心城区与其所管辖周边区县间，以及区县与区县之间的交通。城际交通是本城市与其他省区城市以及国际城市之间的交通。不同层次对外交通采取的交通方式和强度各不同。市域交通实质是多中心大城市和特大城市的市内交通，该层次对外交通的主要特点是便捷与高速，交通方式主要包括市域高速公路交通、高等级公路交通以及快速轨道交通（城郊铁路）、磁悬浮等交通。城际交通是城市与市域外的全国范围内其他城市以及国际城市间的交通联系，交通方式一般采用的是航空、动车（高铁）、海运、公水联运和海铁联运等。

（三）影响城市对外交通发展的主要因素

1. 外部影响因素

城市交通是一定历史条件下城市发展的产物，是多种因素影响和作用的结果。从对外因素影响看，影响城市对外交通的因素有政策因素、经济环境因素、自然及资源条件因素，以及技术因素等。其中，政策是指导城市交通发展的重要依据，特别是国家政策，对于外部交通发展起到重要影响。如在区域协调发展战略指导下，国家为加强东西部城市之间联系重点加大了对中西部地区城市交通基础设施的投入，促进了该地区城市对外交通的发展。政策因素除直接影响外还可通过生产力发展和布局间接地对城市对外交通产生影响；经济环境因素的影响是指各城市所处区域的经济环境对城市对外交通的影响。区域经济环境活跃度不同，城市与城市之间的经济联系程度也不相同，经济联系越紧密，城市对外交通的要求就越高。此外，经济环境影响因素还包含市域内的产业布局，产业布局形成的物流走向以及各区县产品生产需要的商品流通都直接关系到市域交通建设，通过市域交通完善城市内各产业部门之间联络；自然及资源条件影响因素。自然主要指区位环境，不同地区城市对外交通方式不同。沿海地区城市对外交通运输大部分以海运为主，内陆城市对外交通主要靠公路和铁路。资源条件因素如城市内部拥有大量的优秀旅游资源，为吸引更多其他城市游客进入，城市对对外交通提出了更高的要求。又如拥有矿产资源的城市，需要发展对外交通与其他城市进行物资交换，以实现城市区域协调发展。技术环境因素是指新的交通技术的产生或交通技术的改良会为交通的客货运能力，以及舒适、节能等方面发展带来提升。

2. 内部影响因素

对外交通的内部影响因素主要考虑现有交通基础设施和城市交通管理系统能力。现有交通基础设施网络是城市对外交通建设中首先需要考虑的因素。一方面是节约土地、降低成本，另一方面现有交通设施的形成经过了长时间建设，是城市交通网络的重要基础。从城市交通管理系统讲，随着城市发展，城市对外交通日趋综合化、复杂化，通道化，能否综合各种运输方式的优势，协调运输矛盾，使对外运输效率更加高效，更多是取决于城市交通管理系统能力。对外交通发展是与对外交通管理能力相匹配的，对外交通的发展需要各个运输部门进行协调统一管理，保证运输的一体化发展。因此对外交通发展策略要考虑到交通管理的协调性。

二、城市公共交通

（一）城市公共交通与城市发展的内在关系及其经济特性

1. 城市与城市公交发展的内在联系

17 世纪工业化国家城市产业发展迅速，城市中拥有了相当规模的产业工人，他们需要定点定时上班。这一现象加之城市工业化发展，为城市公共交通的诞生创造了物质基础。1600 年英国伦敦出现第一辆出租马车，拉开了城市公共交通发展的序幕，但实质上促进城市选择发展公共交通的是城市化发展。城市化使城市，尤其大城市人口加快增长，城市用地规模逐渐扩大，城市居民工作节奏加快、生活水平提高，促进着公共交通的发展，然而最初公共交通远远赶不上城市化背景下的私家机动化水平的提高。

城市交通运输效率和保护城市大气环境，城市别无选择地运用了公共交通方式，尽管城市公共交通作为城市客运的交通，在城市化的过程中不断发展并不断接受着新的挑战。事实证明，城市公共交通独有的优势成为世界各地城市交通中倡导的选择。当前城市公共交通作为人们日常生活不可少的部分是各国城市客运交通发展大力倡导的主要方向。

（二）城市公共交通经济特性

城市公共交通的经济特性是指城市公共交通在其规划、建设、运营等过程中表现出的经济属性。城市公共交通系统经济特性可分为系统内部和系统外部两类。内部经济特性体现在发挥城市公共交通的准公共性、社会服务性和市场经营性，有效带动的周边减少经济的发展。它是城市公共交通在提供交通服务满足人们出行需求时自身所具有的经济特性。城市公共交通系统外部经济特性是城市公共交通运营过程中对非参与者（非经营者及非消费者）及周围环境产生的经济影响特性。主要表现为城市公共交通对土地价值、房地产价格、城市 CBD 区以及城乡接合部的经济影响。发挥外部经济特性将优化整个城市的经济结构，有利于保障公共交通基础建设项目投资和提升公共交通客流，改善公交企业运营。

（三）公交发展目标

1. 创造城市交通健康运行环境

城市交通是具有耗能结构的复杂系统，同时受到诸多外界因素干扰。健康的运行环境是指没有交通拥堵，以公平有序，清洁环保，且拥有整体性的协调发展的城市交通发展为前提的，可持续的城市交通发展模式。

2. 出行方便

公共交通规划必须达到一定的覆盖率，保证大多数居民能比较容易到达并乘坐。其主要的一点就是线网优化、站点布局优化，以有效地增加公共交通的可达性，减少乘客车外等候或中转时间。

3. 安全

城市公共交通优先发展充分考虑安全因素，尽量减少城市公共交通系统对出行者的伤害，使乘用公共交通的乘客更安全。

4. 提供人性化空间

加强人文气息已是城市发展的一个必然趋势，城市公共交通系统作为城市的一个子系统，其发展趋势也以提供人性化空间为目标。因此，各种公共交通运输工具的设计以及相应的基础设施，应积极创造情趣空间设计，舒适的座椅，方便的上下车等设计，以便吸引更多的人使用城市公共交通。同时还提供给老弱病残者更舒适的乘坐空间。

（四）促进公交优先的政策与措施

1. 公交优先的内涵

城市公交优先是公共交通系统优先发展的简称，公共交通系统优先发展内容非常广泛。从广义上讲凡是有利于公共交通优先发展的政策和措施均可称之为公交优先。具体而言公共交通系统优先有政策方面的内容，也包含有技术、观念和规划等方面内容。从政策方面看，公共交通系统优先发展，是在财政税收、资金投入以及相关规划上确立对公共交通优先发展的倾斜做法。技术优先则是在交叉口或拥挤路段利用交通管理措施和技术手段给予公共交通优先通行的权利。观念和规划方面的公共交通系统优先发展，是指决策者和乘客加强公共交通意识，在进行城市整体规划时优先考虑公共交通。

2. 公交优先的基本思路

公交优先发展的基本思路，一是通过各种技术优先减少运行时间。公共交通运行时间的减少一方面是有助于个体机动车出行者转换出行方式选择公共交通。另一方面一条公共交通线路上减少的运行时间可以增加至一个发车间隔的话，那么该线路上就可以增加一辆公共汽车，以及缩短候车时间提升公共交通服务。二是提高公共交通的可靠性。路面公共交通和有轨电车在运行中常常受通道设施干扰产生延误，引起公共交通车辆运行时间与预定行车时间的偏差，使公交运行的可靠性降低。公交优先的目标是通过公交专用车道，交叉口公交专用信号灯等优先措施减少干扰，提高公共交通在交通线路上的通行能力，缩短运行时间，提高公交运行的可靠性。可靠性的提高有助于吸引更多的乘客。三是缩短乘客上、下车的时间。主要是针对公共停靠站设施，如降低车底面和站台间的高度差，方便乘客上下车减少其使用时间。四是提高公交车的舒适度。改善和提升车辆技术指标，使车内环境进一步改善，提高公共交通与个体机动车出行方式的竞争力，增加公交的吸引力。五是方便换乘。充分考虑到公交优先政策，合理布设公共交通站点和换乘枢纽，节省乘客的步行时间，促进各种公共交通方式之间的相互协调，也可使乘客的换乘更加方便。城市公交优先目标是以服务乘客为基本出发点，以乘客对公共交通的满意程度来衡量公交优先目标的实现程度。总而言之公交优先就是为使城市公共交通更具魅力，更加快捷、舒适、高效、安全、准时，能够有更大的吸引力，吸引更多人乘公交出行。

3. 公交优先的政策与措施

城市公共交通是解决城市交通问题最理想的客运交通的方式，也是城市交通最为经济的出行方式之一。各城市均力图发展公共交通，其政策措施可概括为外部和内部两部分。

（1）外部政策与措施

外部政策与措施是政府根据城市实际情况制定的有利于公交发展的各项扶持政策和限制措施。扶持就是通过各种手段发展公共交通，提高其运行速度，改善公共交通服务质量；限制就是对公共交通之外的机动车出行给予不便，在购置、使用等方面加以控制。扶持政策主要包括四个方面。一是财政扶持。财政扶持包括政府财政对公共交通经营亏损的适当补贴外，还包括为促进公交企业科技进步和管理手段现代化而给予的财政支持。财政扶持的实施多以立法的形式进行。二是税收扶持。税收扶持一是政府在税费方面对公交企业给予的税收优惠政策，减轻公交企业的税费负担。二是制定的专项税收政策，如法国巴黎支持公共交通事业发展是开征企事业单位公共交通税，同时减免公交车燃油税等。三是投资扶持。投资扶持通过制度设计加大政府投资力度，完善政府投资方式，同时引导银行信贷向城市公共交通倾斜，在银行信贷和配套资产计划中优先安排城市公共交通基础设施建设和车辆购置项目，并确保资金及时到位。在利用外资方面实行优惠。四是票价政策。票价政策是在保证更多吸收市民乘坐前提下，在社会效益、环境效益和经济效益的统一的原则基础上，制定出合理的公共交通票价，并逐步建立促进城市公共交通良性发展的价格与价值补偿机制。

（2）限制措施主要是针对个体机动车实施的交通需求管理

其措施一是对个体机动车的拥有量进行控制。如上海实施的车辆购置实行配额制和加征车辆牌照税等，以及日本执行的停车库许可证制度，即通过对停车库的数量的控制限制机动车数量。二是对个体机动车使用的控制。措施包括运用价格手段进行的控制。如实行停车位控制，特别是城市中心区的停车泊位，增加中心城区停车收费，而在城市边缘地区设立较多的停车位，便于与公交换乘，且低收费或不收费等。此外，对交通紧张地区为限制车流量征收道路及燃油税。运用非价格手段设置禁行区，限制在某些道路上的机动车使用，在高峰期禁止左转或右转等。三是在时间和路段上对个体机动车使用进行限制，如在上、下班时间主干道禁止个体机动车使用，在一些拥挤路段上限制小汽车的使用，实行单双号牌照隔日行驶等。上述限制并不意味着排斥小汽车的适度发展，以及其他交通方式的合理使用。相反只有优先发展公共交通，确立公共交通的主导地位，才能腾出更多的道路时空资源，保障机动车的合理正常使用，保障城市道路交通良好秩序和可持续发展。

（3）内部政策

内部政策是指为促进公共交通事业、发展公交企业和公共交通，管理部门内部进行的改革。这些内部改革：一是转变政府职能，实行政企分离，即政府和企业分别从宏观和微观层面对公交企业进行管理。具体内容包括城建行政管理部门行使社会经济管理职能，由代表国家投资的第三方机构行使国有公交企业的所有者职能，由企业经理人员行使公交企业的经营者职能的“三职能分离”，二是引入竞争机制。主要是指打破公交行业垄断，在国家宏观调控和协调发展基础上，允许其他产权形式的企业进入公交市场参与竞争，包括各种公共交通方式之间的适当竞争、同一种交通方式在同一条线路上运行的不完全性竞争。三是提高企业的自主生存能力。公交企业不能一味地依靠国家各种资金补贴运行，允许通过采取适当的市场手段来维持公交的运行，如经营广告等。四是实行专营权制度。通过资质认证的企业可以参加招投标，获得线路专营权，在专营线路内独家经营公交业务。实行线路专营权后有利于政府根据线路的不同进行管理，区分政策性亏损和经营性损益，增大企业创收的积极性。五是缩小核算单位。明确责任，划清政策性与经营性亏损界限的同时使各企业有动力降低成本提高收入。

第五节 城市道路交通可持续发展政策保障

城市道路交通是一个复杂的系统，其发展水平与一定的社会历史发展阶段相适应，与政府宏观政策、科学技术水平以及城市的社会经济发展水平、自然条件等密切相关。城市道路交通可持续发展的政策法规主要侧重于使城市总体交通结构优化得以实现，以及有助于改善环境、减少资源消耗和提高环境容量。

一、城市土地利用政策

城市土地利用决定了城市交通的空间发展模式，包括交通发生强度及空间距离结构模式。不同城市根据不同的自然地理条件制定城市土地利用政策，确定城市化水平，阻止城市土地利用的无序扩张，同时减少城市交通对机动车的依赖。具体包括确定城市市区的发展范围与密度，适度供应市域各区县之间以及新市镇与中心城市的道路交通设施，通过轨道系统联系外围新市镇和中心市区。中心城区形成多中心混合的土地利用布局。沿公交走廊（轨道系统，公交主干线）及周边站点，布置高强度交通发生率的紧凑型开发，降低就业与居住的空间距离布置，减少不必要的出行和缩短出行距离。

二、城市交通结构优化政策

城市交通结构优化政策可以细分为公交发展政策、个体机动车发展政策、自行车发展政策和步行交通发展政策等。

（一）公交发展政策

公交发展政策主要包括政策优先、投资优先、规划和设施建设优先，技术优先。其中包括设置公交专用道、交叉路口公交优先通行技术应用等给予公交运营车辆的优先通行权。引进先进的通信、信息和决策技术，优先实现对公交车的动态实时管理，优化运营调度，提高服务质量。

（二）个体机动车交通方式发展政策

不同城市的经济发展程度不同，城市个体机动车发展水平也不同。各城市根据各自情况采用不同的政策。如大城市和特大城市严格限摩托车，中小城市适当控制，并限制其使用范围。对小汽车的发展应采取引导、控制加管理的发展政策。

（三）自行车发展政策

自行车发展政策包括明确自行车在当前和未来城市客运交通结构中的地位和作用，明确发挥自行车在中短距离出行中的优势，发挥自行车的换乘功能，逐步建立自行车道路网络，实现自行车与机动车运行系统的空间分离，减少相互之间的干扰。

（四）步行交通发展政策

步行交通占地少、投资小、环境影响小，不仅在短距离出行中扮演着主要的角色，而且在其他出行过程中担任衔接、转换的作用。城市交通结构中步行比例一般较高，解决好步行交通对城市交通发展有重要意义。

三、城市交通工具拥有与使用政策

参照国际城市交通工具拥有与使用政策积极发展公交车辆，配合城市交通结构优化政策，适度发展家用小汽车。具体的措施是通行区域控制措施、收缴车辆拥挤费、征收车辆使用税费，积极建设换乘设施、控制中心城区静态交通容量，鼓励停车换乘。

四、城市交通法规与规范建设

城市交通法规体系包括指导城市交通结构优化、指导城市交通基础设施建设、指导城市交通能源与环境建设，以及指导城市交通安全与管理的法规等组成，如公共交通法、轨道交通法、停车场法、城市交通环境影响分析条例、高污染车辆报废条例等。我国当前城市交通建设的法规有《城市规划法》和《城市道路交通管理条例》。《城市规划法》是从城市发展总体规划的角度，对城市道路交通的建设提出总的规划原则，《城市道路交通管理条例》则侧重了道路交通运行的管理。

五、城市交通法规与安全教育

伴随城市宏观交通结构优化，通过微观安全教育减少出行者在局部可能对道路或整个道路系统的通行能力造成影响。出行者交通行为的随意性和不规范增加了交通事故的隐患、干扰正常的交通秩序。因此，通过制定城市交通法规和交通安全教育计划，提高城市交通参与者的安全交通、文明交通意识，减少交通违章现象，提高道路基础设施的利用效率、降低事故促进城市交通可持续发展。

第十章　城市交通与信息化

第一节　城市交通信息的体系化视角

在城市交通体系中，信息化发挥着重要的基础性作用。首先，它是“感知神经元”，借助各种检测器和使用者在信息系统中留下的电子足迹，信息系统不断感知系统的运行态势；其次，它是“运动神经元”，各种运行管理系统帮助我们更加有效地使用空间和设施资源，提升系统的服务水平、安全保障水平；再次，它是“学习神经元”，面对不断演化的城市交通体系，辨识系统发生的各种“涌现”特征，探索其中的内在规律；最后，它是“中枢神经网络”，发挥着智慧城市中的交通体系大脑作用。

从技术应用角度来看，交通运输体系中的信息技术应用主要体现在三个方面：面向公众的交通信息服务、交通系统自身技术提升，以及管理与规划中的决策分析。近年来信息技术在面向企业、公众和基层管理部门中得到广泛应用，这些基础性的“神经元”为进一步搭建智慧城市的神经中枢创造了条件。但是，到目前为止交通信息化并没有从根本上扭转城市交通拥堵的态势，也没能在转变城市交通模式等战略性问题上发挥关键性作用。为此，需要在认真总结已有经验基础上，思考城市交通信息化顶层结构设计问题，为优化城市交通运行状态、引导城市交通模式向可持续发展方向转变，发挥更大作用。

交通信息化是一个不断反思、不断创新和不断调整运作机制的成长过程，也是一个“社会技术”系统的演化过程，不可能完全遵循初始阶段的构想框架一成不变加以推进，更不能故步自封满足于已经实现的功能。多年来的实践告诉我们，由于城市交通涉及政府众多部门、社会众多企事业机构、城市不同阶层的公众，涉及技术、政治和实际运行等众多“源流”的内在机制，并非一个集中控制系统所能够胜任。需要采用网络思维，将各种交通信息系统和控制系统视为“感知器”“执行器”和“中枢神经元”，通过搭建城市交通的“神经网络平台”，构成分布式的城市交通智慧大脑，以协同和体系化“作战”方式应对面向未来的复杂挑战。

从理论上看，城市交通并非是一个复合系统(complicated system)，而是一个复杂系统(complex system)。在复合系统中，各种要素之间保持着一定程度的独立性，因而既可以从系统中抽取某些部分加以单独研究（抽象方法），也可以通过简单组合方法叠加各个要素的功能。但是复杂系统最主要的特点就在于各要素之间的相互作用,交通信息试图像军事领域那样发挥倍增器的作用，就不能孤立地看待各个信息系统，也不能简单视为技术系统，而需要从系统功能耦合、“社会—技术”系统观点出发，将相对独立的信息系统视为“神经元”。通过连接形成具有更高智慧的“神经网络”，并将其嵌入城市交通的管理体系、运行体系和技术体系之中。

针对这种发展需求，停留在对单个信息系统认识基础上的规划设计方法，很难完成具有复杂性特征的“社会技术”系统的整体设计。需要在认识并评估现有各种系统功能和局限的基础上，重新审视和改进其顶层设计方法，通过基础“神经元”的重新组合和连接调整实现系统重构。

第二节 交通信息化基础性分系统

到目前为止，城市交通信息化的重点是建设它的具体实现平台——道路交通管理系统、公共交通管理与服务系统、智能停车管理与服务系统、交通综合信息平台、交通出行综合信息服务、交通运行状态研判和决策支持系统。

一、道路交通管理系统

道路交通管理是指为实现道路交通安全、畅通、高效、便捷、低公害、低耗能的目标，由国家行政机关根据有关法律、法规、标准规范，采用科学的管理方法，在社会公众的积极参与下，对构成道路交通系统的人、车、路、交通环境等要素进行有效的组织、协调、控制的活动。

二、公共交通管理与服务系统

城市公共交通管理与服务系统主要是整合城市范围内各个路段行车状况、各大运输管理信息系统的信息内容，并通过互联网、呼叫中心、手机、平板等移动设备；交通广播、路侧广播、图文电视等媒体媒介；车载终端、可变情报板、警示标志、车载滚动显示屏、触摸屏等显示设施，给出行者发布全面、准确、及时、便捷的出行信息的系统。

公共交通管理与服务系统是把最新的信息、计算机、传感器、数据通信、电子控制等技术与运筹学、自动控制、人工智能等理论有效地结合，同时让车辆、道路、使用者紧密联系起来，以提高运输系统的综合性及高效性。因此，对于当前交通拥堵、交通事故频发和环境污染等问题，及其矛盾的化解，公众出行交通管理与服务系统是解决问题的关键。

城市的公共交通服务系统由交通数据采集与接入、通信网络、交通数据处理中心、交通信息发布四大部分组成。其中，交通数据采集与接入为整个系统的运行提供基础资源；通信网络为系统数据的传递和信息发布提供方便，主要包括专线、互联网、GPRS 等；数据处理系统作为枢纽，主要是对采集的内容进行简单的处理并存储，随后再对数据进行深层次的分析，包括指挥控制中心和交通事故处理中心、急救中心和公交查询服务中心、气象中心和设备维护中心等，信息发布系统把交通基础设施、客运信息、交通黄页、出行常识等各类信息服务提供给各种类型的交通出行者。

城市公共交通管理与服务系统能够为不同的出行对象提供有差别的交通信息服务，例如：把票务、营运、站务、转乘有关信息提供给乘坐公共交通的出行者；把路况、突发事件、施工、沿途、气象、环境等信息提供给驾驶私人交通工具的出行者。根据以上信息，出行者尽早安排出行计划，也能随时随地变更出行路线，使公众的出行更加安全、便捷、可靠。该系统通过把铁路、民航、旅游、气象等信息整合到一块，并集合广播、电视等媒体公布的相关信息，把全面、多样化的服务提供给出行者，把真正便利交通服务带给公众。因此，城市公共交通管理与服务系统是加速实现城市交通智能化的关键，且能为公众构造一个更加便捷、更加完善的城市出行信息服务氛围。

该系统的服务主要是以信息技术在城市公共交通出行中的应用体现，并以交通服务的信息化带动交通运行的现代化，使城市的交通信息服务从高投入、高消耗，低效益、低质量的粗放型增长朝高速度、高效益、低投入、低消耗的集约型增长转变。同时，该系统通过信息技术的改造来提升传统的城市交通信息服务，并提高城市公共出行交通的管理水平。

三、智能停车管理与服务系统

智能停车管理与服务系统主要包括停车资源信息平台、停车诱导系统、路侧停车管理系统、智能停车场管理系统、违法停车管理系统部分，系统通过前端数据采集装置收集停车场、路侧停车场的车位信息和违法停车信息等，并将数据传回系统后台进行处理，将处理后的数据分别传送给停车诱导系统和停车信息资源管理平台，并能将这些数据与关联数据库、交通指挥中心和其他智能交通系统共享。

智能停车管理与服务系统要满足全面收集城市相关停车动态及静态信息。通过有效整合、综合分析与控制各种交通管理资源和设施，达到先进实用、反应快速、运转协调、安全可靠的现代化停车管理指挥和服务体系的要求，全面提高城区交通管控能力和停车服务水平。

四、交通综合信息平台

智能交通系统的实质是交通信息的共享和综合利用，完善的城市交通系统能够更好地为社会提供更优质的交通信息服务。对于交通出行者来说，可以根据交通综合信息平台发布的实时道路交通信息来确定自己的出行方式，并选择合适的出行路线；对于交通信息中心来讲，可以更有效地为社会提供安全、快捷、舒适、经济的交通服务；对于交通管理者来说，可以尽可能多地减少城市交通拥堵问题，同时还能更快捷地处理道路交通事故。

城市交通综合信息平台作为城市交通信息系统的核心，主要负责采集共用数据信息（如道路交通状况、道路的使用情况、交通管理数据等信息），对采集到的交通数据进行处理、融合，以供其他子系统使用，同时还可以向交通管理部门提供交通信息服务。以城市交通综合信息平台为依托，建立交通信息服务系统，面向人民大众提供实时、快速、高效的交通信息服务，将有效地提高城市交通信息服务水平和交通系统的运行效率，大大改善公众的出行质量。

城市交通综合信息平台综合利用了地理信息技术、数据库技术、网络技术、通信数据处理技术等。对城市的交通信息、空间信息以及其他相关信息进行组织、管理、存储、综合分析和处理，为需要信息服务的用户提供信息服务的计算机软、硬件环境。城市交通综合信息平台在明确各子系统之间相关性的基础上，制定符合各项标准的信息接口和功能衔接的要求，尽可能多地满足多种交通的信息需求。城市交通综合信息平台对交通信息的处理和分析是该平台最核心的功能。通过它可以实现各部门间的信息交流和共享；是各应用系统交通信息交换的平台，通过它可以为各应用系统的有机集成提供保证；是交通信息数据的存储和备份中心，通过对交通信息资源的整合，并按照一定的标准规划，可以实现多源异构数据的采集、传输、处理与融合、存储、发布、查询等功能。

城市交通综合信息平台的构成包括以下三个层次的内容。

数据层：数据层处于交通综合信息平台层次结构的最底层，主要是为各类应用服务提供数据支持。

应用层：应用逻辑层主要是负责处理用户界面层的信息请求，完成业务逻辑计划任务，并把结果返回给用户。

用户层：用户界面层是城市交通综合信息平台应用的用户接口部分，它直接面对各个交通用户，担负着用户与应用服务器之间的对话功能。

交通综合信息平台是在综合交通信息基础上为交通信息应用服务所共享的信息平台的集成。所谓交通信息集成，就是对不同来源、不同类型的交通信息进行处理、融合，并在一定的规范条件和标准下实现交通资源的共享，以适应和满足对道路交通管理的要求，同时向公众提供全方位的交通信息服务；交通信息的智能化就是让静态及动态交通信息在最大范围内、最大限度地被交通出行者、驾驶员及交通管理者共享和使用，从而实现整个交通系统的动态最优化运行。

集成化、智能化的城市交通综合信息平台具有以下特点：

整体性——交通综合信息平台最基本的特征之一就是系统的整体性。交通综合信息平台是一个极其复杂的综合体，它由很多个不同功能的子系统组成，同时这些子系统又相互融合，形成了一个具有强大功能的结构系统，为整个系统的正常运行服务。

可靠性——交通综合信息平台采集或处理后的数据应具有可靠性，为交通者顺利出行提供可靠的信息基础。同时当信息平台由于某些原因发生系统故障或操作不当造成系统输入数据的不合理，在这种情况下，信息平台自身要具有很强的抗干扰和排除故障的能力，以保护系统自身的安全性。

目的性——交通综合信息平台具有明确的目的性。交通综合信息平台的目的性就是在其运行的过程中要达到的预期目标，具体表现为在运行中所要实现的各项功能。交通综合信息平台的结构层次主要是依据交通综合信息平台的目的性建立的，信息平台建设的目的和功能决定着平台内部各要素的组成和结构体系。

层次性——交通综合信息平台因由很多子系统组成，各子系统后有次子系统，并且交通综合信息平台本身也是智能交通的一部分，这从根本上决定了交通综合信息平台的结构层次性。

安全性——交通综合信息平台保证数据的准确性，对信息平台内部的数据绝不允许随意更改，这就决定了信息平台应具有安全性的特征。当系统发生错误或受到病毒感染的时候，系统能采取有效保护措施，防止已有数据遭到破坏而影响系统的正常运行。

相关性——交通综合信息平台是一个有机的整体，各个子系统之间不是孤立存在的，而是相互制约、相互影响的关系。一个子系统功能的完全发挥需要另外一个或多个子系统的共同配合，这就决定了子系统相互依存的关系。

第三节 公众的交通信息需求与服务

所谓的公众出行信息服务就是依托公路和客运站场的信息资源，通过互联网、呼叫中心、手机、PDA 等移动终端、交通广播、路侧广播、图文电视、车载终端、可变情报板、警示标志、车载滚动显示屏、分布在公共场所内的大屏幕、触摸屏等显示装置，为驾车出行者提供路况、突发事件、施工、沿途、气象、环境等信息；为采用公共交通方式的出行者提供票务、营运、站务、转乘、沿途等信息。总而言之，为出行者提供安全、便捷、可靠的公路出行信息服务，让公众切身感受到交通信息服务的便利。

一、交通信息服务对出行行为的影响

随着交通运输的发展，路网的运行效率和交通安全问题是目前中国乃至世界各国所面临的重要问题，先进的交通信息化服务（Advanced Traveler Information System，ATIS）的实施对于提高路网的运行效率和交通安全至关重要。该系统的目标是为出行者提供准确实时的地铁、轻轨和公共汽车等公共交通的服务信息。系统的核心是通过电子出行指南来收集各种公共交通设施的静态和动态服务信息，并向出行者提供当前的公共交通和道路状况等，以帮助出行者选择出行方式、出行时间和出行路线。

（一）ATIS 的发展过程

ATIS 是 ITS 的主要子系统之一。ATIS 的主要功能是通过对出行信息进行采集、传输、处理和发布，让出行者及时掌握交通动态，及时调整、优化出行计划，减少不必要的交通延误和拥堵。同时，由于出行者掌握了出行信息，使得出行行为和驾驶行为更加合理，从而有助于提高整个公路网的运行效率和交通安全。

第一代系统称为出行者信息系统（Traveler Information System，TIS），是在 20 世纪 60 年代末至 70 年代初出现的计算机技术和交通监控系统的基础上发展起来的。最初的用通信技术进行信息发布。用于提高路网局部的通行能力，如严重拥挤的干道与干道的交叉口，或者由特别事件和交通事故引起阻塞的部分路口与路段等。其发布手段为可变信息标志（Variable Message Signage，VMS）、公路顾问广播（Highway Advisory Radio，HAR）等。该系统的特点是通过单

向的通信系统，向车辆传递通用出行信息，由出行者个人对信息进行筛选，选择出对其有用的信息（如果有的话）。目前 VMS 仍是发布交通信息的重要手段。

第二代系统称为先进的出行者信息系统，它采用信息采集、传输、处理和发布方面的最新技术成果，可以为更广泛的出行者提供多种方式的实时交通信息和动态路线诱导功能。其发布手段更加多样化，包括车载终端、蜂窝电话、有线电话、有线电视、大屏幕显示和互联网等。系统充分利用通信电子地图、计算机和多媒体技术的发展成果，为出行者提供个性化的出行帮助。ATIS 着眼于提供出行者想要的信息，因而可以大大减少出行者对信息进行筛选的工作量（如装有车载机的车辆可以进行出行起终点的输入，然后查询和选择路线，其中路线的提供是出行者信息系统根据当前实时的道路信息进行计算的最短路径）。

（二）与公众交通出行相关的信息需求

公众交通出行决策分为出行前、出行中和出行后三个阶段，对应的信息需求也不尽相同。对于一个出行者，在出行前可做的选择有较大的灵活性，交通出行者需要根据实际的交通状况，选择最佳的出行方式和交通路径；出行中决策是在预定方案遇到问题时，根据交通信息和个人经验做出的行为调整；出行后则会将出行体验纳入个人经验，对于今后行为有可能产生一定程度的影响。通过交通信息系统所提供的交通信息服务，能够在一定程度上协调交通供需的矛盾。

交通出行者采取何种交通方式，选择怎样的交通路径，一般取决于交通系统中各种交通方式的方便性和及时性，以及可获得的交通信息的范围和详细程度，如停车及交通换乘点的信息、可选择路径的交通状态信息以及突发事故信息等。因此，向用户提供可利用的交通方式和行驶路线（如地铁、轻轨、公共汽车、高架道路、平面道路）的交通状况（阻塞状况、突发事故发生与否、行程时间等），以及目的地（或交通换乘点）周边的交通设施（停车场）和可利用的公共交通站点（步行距离和发车频率）情况等，对于交通出行者是至关重要的。

（三）公众出行相关的信息分类

总的来说，公众出行相关的信息分可为三类：一类是静态信息，这些信息一般不随时间变化，或变化得比较缓慢；另一类是动态信息，它随着时间的变化而发生较快的变化；第三类是关联信息。

1. 静态交通信息

静态信息在相当长的一段时间内保持相对稳定，主要包括与交通管理相关的城市基础地理信息（城市路网分布、交叉口布局、交通站点分布、换乘点、城市基础交通设施信息等），道路交通网络基础信息（道路技术等级、长度、收费、立交连接方式等），车辆保有量信息（包括分区域、时间、不同车种车辆保有量信息等），交通政策法规信息、交通限制、停车场信息、收费标准、施工与道路养护信息等。

2. 动态交通信息

动态信息是指分布在城市道路网中的实时交通状态信息，根据实际交通状况时刻变化。主要包括网络交通流状态特征信息，交通紧急事故信息（路面检测器信息、人工报告信息等），在途车辆及驾驶员的实时信息（包括各种车辆定位信息等），环境状况信息（大气状况、污染状况信息等），交通动态控制管理信息等。

3. 关联信息

关联信息主要包括一些与公众出行密切相关的信息，主要有旅游、购物、娱乐、体育、火车信息（列车车次信息、票价等）、民航信息（定期出港的航班信息、票价等）、公交信息（定期发出的汽车班车车次信息、票价等）以及物流货运、气象等信息。

二、公众出行信息服务需求分析

（一）公众交通出行服务信息的功能需求

公共交通管理与服务系统提供的功能应以出行者为本，综合考虑整个出行过程中所需的交通信息。主要从以下几个方面来考虑功能需求：

1. 便利性

系统提供的功能是否方便、可靠、有效，对出行者来说是非常重要的。通常来说，出行者不希望花太多时间和费用在交通信息的获取上面，因而功能上应尽量简便，契合绝大部分出行者的实际情况。例如，目前互联网风靡全球，很多家庭都可以上网，那么通过网上查询交通信息也不失为一种方便、有效的方式。

2. 多样性

单一的功能已不能满足出行者对交通信息的需求。在不同的时间、地点，所需的交通信息不同，受到的条件限制也不同。同一种功能在不同的时间和地点下，不一定都能使用。同时，在不同交通状况下，既需要能提供静态交通信息的功能，也需要有提供动态交通信息的功能。例如，除了提供一般交通信息查询功能外，还可以为出行者提供出行路径规划、订票购票服务、电子地图功能等。

3. 个性化

一般来说，系统主要针对普通出行者来设计功能，但对于少数出行者来说，鉴于其经济条件允许，可以为其提供一些个性化的功能，方便其出行，如可以提供出行信息定制、出行信息提示等。

（二）公众交通需求的分类

采用不同方式出行的出行者，对于交通信息的需求各不相同，在设计时需分别对待。总的来说，出行者类型可分为：乘坐公共交通工具出行的出行者；驾车出行的出行者；其他类型出行者。

（三）其他需求对象

（1）旅行社的主要业务是开辟各类旅游线路，并将游客组织为团队，集体出游。为了降低成本，他们需要准确了解各类交通工具的票务信息，并尽可能获得团体票价。

（2）客货运输公司客货运输公司需要对出行车辆加强管理，如对车辆的跟踪等，还需要运输路径规划服务，如提供距离最短路径、资费最少路径、时间最少路径等。路径沿途的安全性、舒适性也应该是它们的考虑因素，因此还需要了解沿途的道路状况、应急设施等信息。

（3）公交调度中心需要了解公交车辆目前的分布情况，以及实际的DO出行情况，进行合理有效地调度。还需要了解是否有公交车发生交通事故，以便提醒随后的公交车驾驶员进行绕道行驶，并且督促下一班车加快行驶，保证公交服务质量。

（4）应急部门如安全、救护、消防、维修部门，需要了解紧急事件发生的地点、性质、严重程度等信息，作为启动应急预案的依据。

第四节 交通系统自身的技术提升

一、车联网技术

车联网是对于未来城市交通产生重大影响的技术进步之一。车联网概念是从物联网中引申而来，传统的车联网定义是指装载在车辆上的电子标签通过无线射频等识别技术，实现在信息网络平台上对所有车辆的属性信息和静、动态信息进行提取和有效利用，并根据不同的功能需求对所有车辆的运行状态进行有效的监管和提供综合服务的系统。人们很快发现这种定义不过是在描述一个更加重要系统的初级阶段，进而提出：车联网是以车内网、车际网和车载移动互联网为基础，按照约定的通信协议和数据交互标准，在车 ~ x（x：车、路、行人及互联网等）之间，进行无线通信和信息交换的大系统网络，是能够实现智能化交通管理、智能动态信息服务和车辆智能化控制的一体化网络。

从大的技术板块来看，车联网可以划分为：

（一）高速通信网络技术

车联网是建立在高速通信网络技术支撑之上。车联通信（IVC）系统有助于增加旅客的安全性，减少燃料消耗和污染，并保持车辆之间以及车辆到基础设施的连接，其中车辆对车辆通信（V2V）的激励来源是安全应用；车辆到基础设施通信（V2I）系统则主要是为了支持方便的应用，包括个人通信、移动办公、远程信息处理、基于位置的信息、与汽车相关的移动服务、视频直播和互联网接入。在高速通信网络技术的支持下，智能车辆通过掌握系统整体状态和周边车辆运行及环境信息，实现自动驾驶和智能导航。

（二）车辆周边状态感知技术

所需要感知的车辆周边状态包括对于道路交通管理条件（车道、各种交通控制等）、周边车辆状态（行驶状态、改变形式状态的征兆信息等）、影响行驶操作的交通环境（行人、自行车等）。

（三）驾驶员状态监测技术

尽管车联网状态下可以实现自动驾驶，但由于交通并非单纯的位置移动需求，包含了许多文化、偏好等方面的影响，因此未来的交通系统不可能完全将人的驾驶排除在外。为了保障驾驶安全性，驾驶员状态监测技术在先进的车联网系统中仍然保有重要地位。该技术主要是通过对驾驶员行为特征、驾驶员生理指标和车辆运行状态的分析，识别是否出现了疲劳驾驶的问题。

（四）车联网环境下的交通控制技术

传统的道路交通信号控制系统属于群体控制模式，即对于某一方向或者某条车道的车流通过信号进行控制。在车联网环境（特别是智能车与普通车共存）下，如何对道路交通系统实现更加精细化的控制，成为一个有待深入研究的领域。

（五）自动驾驶模型

作为智能车的神经中枢，自动驾驶模型已经取得了长足的进步，包括特斯拉、谷歌等自动驾驶车辆的出现，正是技术进步的表现。但是，由于涉及安全驾驶问题，智能驾驶模型还在接受一系列测试和改进，经历着一个从“小学”到“大学”的成长过程。

二、先进信号控制技术

城市道路交通控制系统经历了逐步进步的过程，从控制范围来说，经历单点（各个交叉口）控制、线控（绿波）控制和面控三个发展阶段，而从控制技术来说，则呈现一个简单定时控制、自适应控制、智能控制的技术进步过程。目前，正在逐步与智能交通系统，乃至未来的车联网系统与相互衔接。

从自身功能来说，城市道路交通控制系统是控制交通流的道路网络运行管理系统。在更加广泛的意义上，信号控制系统一方面发挥“感知器”的功能，将所获取的道路交通流数据与其他相关交通信息系统共享；另一方面发挥“执行器”的作用，根据“公交优先”“宏观调控”等控制策略的要求，通过调整道路上信号控制方案，对交通实现强制性管控，以及发布诱导信息实现整体疏导。

在道路交通信号控制系统中，TRANSYT 系统是极具代表性的静态信号系统。它属于脱机操作定时的交通信号控制系统，系统主要由仿真模型及优化两部分组成。系统根据用户交通延误和停车次数的线性组合作为衡量标准，优选控制方案的最佳绿信比和相位差。经过全球 400 多个城市的应用实践，验证了本系统的实用价值。

动态控制系统的代表之一是 ASCOT 系统。该系统的控制策略建立在不断获取的交通数据基础之上。以上一控制时段内的实测数据，以及历史波动特征为基础，预测下一控制时段可能出现的交通状态，据此优化信号控制的绿信比、相位差和信号周期时长。

三、个人城市交通系统

个人城市交通系统（Personal Rapid Transit，PRT）是一种大众化的交通技术，采用 4 ~ 6 人小型车辆，借助可以与群体交通、快速货物运输共用一套轨道系统，根据定制路线行驶的交通系统。PRT 系统具有如下运行特征：①完全机动性的交通工具（可实现无人驾驶）；②车辆采用轨道运行方式；③车辆可供单人至多人乘坐，可以 24 h 运行；④轨道可以假设在空中、地面和地下；⑤能够在闭合的 PRT 轨道网络上，利用轨道和车站自由行驶、停靠；⑥所提供的是中途不停靠、不改变路线的直达式服务；⑦可以实现按照需要而不是按照时刻表提供服务。

第五节 交通规划与管理中的决策支持

一、基于交通模型技术的决策分析

经过发展，交通工程已经形成了一整套建立在数理逻辑基础上的分析模型，在决策分析中发挥着重要的作用。

（一）网络交通流分析模型

在交通规划和交通控制中，网络交通流理论发挥着重要作用。网络交通流模型的任务，是在给定的外部社会经济条件或者城市建成环境基础上，分析预测由此产生的交通流在网络上的分布，并进行相关的服务水平或者交通状态评价。

广为熟知的网络交通流分析模型是所谓的“四阶段”模型，将路网交通状态分析划分为交通产生与吸引、OD 分布、交通方式分担、网络交通流分配四个基本阶段，并在此基础上衍生出多种模型变形。

（二）交通行为分析模型

微观个体层面展开的基于行为的交通模型，被称为离散选择模型。这是一类为了适应交通需求多样化导致的服务响应问题、围绕需求管理的交通政策问题、城市化发展阶段变迁导致的交通需求演化问题等，在行为理论基础上建立的个体行为模型。

早期研究工作采用“效用”概念将影响因素与选择行为联系在一起。即假设个体是基于效用的大小，针对多个备选行为方案确定自己选择。在效用表达中所包含的概率项，并非是反映行动者具有概率性的效用，而是由于分析者无法知道行动者的真正效用而不得不采用概率变量。效用的概率项中包含如下因素的影响：①确定部分中没有包含的因素影响；②将确定部分设定为线性函数所引起的误差；③将属性的权重设定为各个个人完全一样所引起的误差；④说明变量的测定误差等。

（三）交通模型与交通信息的互动

交通模型是建立在相关数据基础之上，数学形式越是精巧，数理逻辑越是严密，模型中就包含了更多的待定参数，对模型标定中的数据基础要求就越高。从这个意义上说，能够通过专项调查和交通信息系统获得的数据基础，制约了交通模型的说明能力和可信度。例如在网络交通流分析模型中，可以引入 OD 交通流的弹性特征，但是作为基础的需求弹性模型的标定却成为实际应用中难以克服的障碍；交通行为模型引入大量关于态度、偏好和习惯的影响参数，但是未来几十年后的态度、偏好和习惯本身的确定（或者说是预测）却成为一个很大的问题。

而从另一个方面来说，模型的价值在于扩展了信息的内涵。在合理假设基础上，对于个体选择行为通过交通网络中的相互作用，所发生的联系与影响这种不能直接观测的问题，模型发挥了重要的解析作用；对于各种因素变化所产生的影响程度，直接数据给出的信息是有限且局部的，只有通过模型才有可能获得更加全面的判断。

因此，交通模型与交通信息处于一种相互紧密依存的关系。即使在大数据时代，交通模型也不会完全被取代，将模型分析结果与大数据一起融入基于证据的决策判断过程之中，模型技术将获得新的活力。

二、基于交通仿真分析技术的决策分析

对于具有“社会—技术”系统特征的城市交通来说，通过交通仿真分析完成特定社会环境和使用者行为模式前提下，技术系统的状态演化分析，并直接支持交通设计、交通控制和交通安全等方面的工程技术对策，是不可替代的技术手段。

各种交通仿真模型可以划分为宏观仿真模型、中观仿真模型和微观仿真模型三大类型。微观交通仿真模型以车辆个体为基本单元，对交通系统的要素及行为的细节描述程度最高。宏观交通仿真模型则将交通流视为流体，针对车流整体的流动规律，描述交通流的时空变化。介于微观和宏观仿真模型之间的中观交通仿真模型，则将车流分解为若干车队单元，并采用宏观流体模型描述车队的时空状态变化。

三、大数据环境下基于“证—析”的决策分析

大数据成为近年来的热门话题，也很自然地吸引了城市交通领域研究者和管理者的目光。由于交通工程和信息工程研究人员的共同努力，城市交通大数据分析已经不再限于学术理念，正逐步形成具有特点的技术方法。在经历了初期阶段以更加丰富的数据支撑传统模型体系的努力之后，研究者和技术人员开始发掘大数据深层次的价值。尽管整个理论体系的成熟尚需时日，但是这宝贵的第一步积累了经验，明确了具有潜力的发展方向。

（一）大数据环境下研究对象的度量方法

城市交通大数据不仅具有连续追踪、持续观测、多观察视角和大样本的优点，也带有非规范化、不符合传统定制标准、具有盖然性等缺陷。将大数据塞进基于小样本调查构建起来的城市交通模型表征的框架中，往往造成用其短处弃其长处的尴尬局面。

尽管数据是客观存在，但是从何种角度、采用何种度量方法以及采用什么样的测度从数据中提取特征，则受到观察者主观认识的影响，从而造成在相同数据基础上获得存在巨大差异的结论。为此，基于大数据的分析对象度量方法，也成为初期研究工作的。

（二）大数据环境下认知方法研究

城市交通大数据不能满足于对研究对象的描绘，新信息资源的价值也并非只是丰富了标定模型的数据，发挥对系统演化和问题结构的认识潜力才是最重要的努力方向。在大量尝试实践过程中，反映出对于城市交通这样的复杂适应系统而言，一般关联分析结论很难直接支持重要的决断。但是当我们将大数据分析融入一个复合方法体系之中，得到一条“柳暗花明”的路径。

宏微观嵌套式研究框架提供了一个可以参照的工作模板。正确地提出问题、把握整体态势并

细分问题类型、案例剖析及分类机理研究，构成了宏微观嵌套框架的基本部分。在这一框架内，聚类和关联分析被赋予新的任务。在对于公交专用道客流规模影响因素的研究中，我们已经看到通过决策树算法，公交专用道客流规模与相关因素之间的关联被概括为很有限的几种类型，从而明确了进一步深入调研的对象目标。同样的方法也被应用于高铁车站周边城市要素集聚等研究之中。

城市交通之所以复杂，就在于其综合性，内在的复杂关联展现在研究者面前的是一幅扑朔迷离的图像。大数据关联分析技术的应用，为简化问题图像提供了一种非常有用的手段。正如我们在许多分析案例中所见到的那样，从关联分析角度归纳的影响因素关系，一方面为深化研究的方向提供了导向信息，另一方面归并了问题类型。尽管城市交通领域中直接根据关联分析结果制定决策有过于草率之嫌，但是将关联分析的任务定位于梳理概括问题结构却是非常合适的。

（三）逐渐成形的基于证据方法论

在城市交通决策中，强调基于事实基础上的概念性思维能力尤为重要。这种战略思维模式并非单纯从理念出发和逻辑推演，而是突出在证—析基础上的判断。即一方面强调判断和决策中的证据，尤其是数字化的具象证据，以求增加判断与决策的权威性和说服力；另一方面强调在正确的认识论基础上通过证据产生洞察，而不是避免让精巧的数学模型剥夺了我们思考的能力。

为了实现上述目标，有效地利用大数据资源始终是研究和技术应用时重点加以关注的任务。依托大数据所提供的间接证据进行重大决策，必须有效地构建证据链，而这不仅需要通过数据挖掘提取信息的能力，更加需要根据具体问题形成专业判断逻辑的能力。就目前研究阶段来说，还需要针对实际问题积累更多的经验，才能够逐步形成稳定的分析逻辑模板。

城市交通规划和管理决策无法回避的另一个问题是如何直面或然性，未来的前景总是很大范围内的一系列可能性，传统的单向的预测似乎总是隐含着一种不现实的精确度。城市交通的复杂性并非全部来自外部，系统内部的各种类型行为主体具有自身目的和主动性，正是这种主动性以及它与环境的反复的、相互作用，才是系统发展和进化的基本动因。也就是说，适应性造就复杂性。另一个方面由于受到资源和环境约束，城市所能够承载的交通（特别是小汽车交通）负荷是有限的，基于可持续发展理念可以确定未来的城市追求目标。而城市交通的或然性主要影响到能否，或者多大程度上能够实现可持续发展的目标，以及实现目标路径的效果。在这一认识基础上，制订资源和环境制约下的愿景方案更多依靠的是一种理性分析，模型、仿真在制定远景目标中发挥着关键性的作用。承载发展路径的中期对策，强调的是“对症下药”、受控需求与理性供给的平衡，以及多方协同促进城市系统健康演化。在中期战略及对策的设计和推进过程中，利用大数据对研究对象大视角、连续性、全局化、精细化的观察，有效地对城市交通进行把脉，及时修正先前的有限预测，是一个重要的技术课题。短期对策更加强调“适时响应”调控模式，基于大数据不断对城市交通进行监测把脉，发现偏离期望轨迹的征兆，适时通过“组合拳”进行调控，以实现战略性的过程管理。

第六节 城市交通信息化的顶层设计

一、“网络化对策”背景下的交通信息化顶层设计

伴随技术进步和社会发展，城市交通融入了复杂的技术要素和多样化的需求，对未来系统状态做出有效预测显得越发困难，各种对策可能引发的系统响应也显得更加扑朔迷离，决策行为成为引导城市交通向可持续发展模式演化的基本制约因素。

生物学家发现，大量不同生命周期的物种是相互协同演化的。这一逻辑同样适用于城市交通，即城市交通的对策概念也是相应于它自身的“生态系统”而协同演化的。对于城市交通来说，一个值得高度关注的问题是其使命空间与对策空间正在发生巨大的变化。

进入 21 世纪以来，城市交通被赋予更多的责任与功能内涵，“就交通论交通”已经无法跟上时代步伐。作为城市骨架与血脉的交通系统，与人居环境问题、社会整合问题、空间发展模式引导问题等的关联引发管理者极大的关注。习近平总书记就对城市交通做出过一系列指示：“如何解决好海量人口的出行问题是个大难题。要把解决交通拥堵问题放在城市发展的重要位置……”“对大气污染、交通拥堵等突出问题，要系统分析、综合施策”“城市规划建设做得好不好，最终要用人民群众满意度来衡量”“以解决人口过多、交通拥堵、房价高涨、大气污染等问题为突破口，要系统分析解决问题的综合方略。要健全制度、完善政策，不断提高民生保障和公共服务供给水平，增强人民群众获得感”。表明城市交通的使命空间已经从工程扩展到“社会 - 环境 - 经济”的多维空间。

城市交通对策空间的变化，一方面表现在对策体系日趋“多维一体”化，即在转变交通模式和构建健康空间关系两大主线基础上，采用工程、技术、规划、管理等多种手段，采用“对策组合”来进行一个演化过程的调控；另一方面表现在对策主体的多元化，多样化的价值观导致不同社会集团诉求差异，促使城市交通从政府管理走向公共治理。通过供给侧改革引入社会力量更加深入的参与。与此同时，对策在时间维度上也悄然变化，按照“中长期规划”“五年规划”以及年度计划的推进方式，正在逐步融入更多的“适时响应”成分。

可以说，城市交通正在加速进入“体系化作战”阶段，在特定的制度框架基础上，目标引导下的“要素杠杆”执行体系，对整体演化过程发挥着控制引导作用。

使命空间和对策空间的多维化和复杂化，造成传统的集中控制式的计划模式产生了极大的不适应，必须重构城市交通对策的指挥和控制过程模型。

如同军事等领域，针对城市交通中的人和组织的行为，采用新思维方式一网络中心思维，关注通过将各管理部门和社会组织有效地联结或网络化成有机的整体，来获得行动能力的提高。

在城市交通公共治理制度框架下，网络化对策体系并非建立在一种绝对“权力中心”控制基

础之上，而是在沟通基础上形成组织的价值观，并通过信息的充分共享和快速传输，使得分散实施的行动获得协同效果，提升从利用信息资源到付诸行动的转化速度。

二、城市交通信息平台的顶层设计

网络化对策体系的“感知器”“执行器”是动态变化的，相互之间的连接关系也是动态变化的，但是支撑它们形成有机整体的城市交通共享信息平台却是具有一个相对稳定的架构，这个共享信息平台自身的顶层设计，强调一种自上而下科学、系统的设计方法，成果体现了围绕“数据采集数据加工数据查询”，延伸至下的业务活动内涵和内在关联的设计和运行机制架构，表现为多维化的信息模型，以及以业务、信息、应用和技术架构这四要素为基本内容的技术文本。

（一）城市交通信息平台所需遵循的基本原则

为了指导城市交通信息平台建设，需要强调如下基本原则：

1. 目标导向、业务驱动

应以提高我国城市交通行业经济调节、市场监管、应急管理、行政管理与公共服务等政府职能能力和水平为导向，以公共服务、行业监管、政务管理三条业务为主线，收集、整理、描述业务需求，梳理共享协同业务，分析业务变革趋势，并按层次呈现，形成业务框架，以此为出发点构建信息化总体框架解决当前信息化建设中存在的“理不清”问题。

2. 总揽全局、统筹协调

应跳出局部环境的束缚和影响，站在我国城市交通全行业互联和全网协同的整体高度和全局视野，坚持统筹集约和互联互通，统筹考虑城市交通全行业业务、应用、数据、技术和实施环境等各要素之间的关系，使信息化建设效益最大化，解决当前信息化建设中存在的“拿不到”“联不通”“统不起”的问题。

3. 强调落地、持续建设

以满足城市交通业务需求为宗旨，分析基础设施资源共建共享的范围、技术框架和服务模式，研究专项信息化工程建设模式和实施指南，规范信息化工程建设、服务和运维流程、体系，确保基础设施资源与专项信息化工程无缝融合接入和统一管理，发挥信息化工程建设整体规模效应，解决当前信息化建设可持续发展问题。

（二）交通信息化发展框架

城市交通共享信息平台的框架，具有如图 10–1 所示的总体架构。在业务模式和高阶流程设计的基础上，通过业务架构、应用架构、数据架构、技术基础架构、安全架构和运维架构描述整体技术结构，所有这些技术内容均建立在 IT 治理和规范标准基础之上。

图 10–1 交通信息化顶层设计总体架构示意

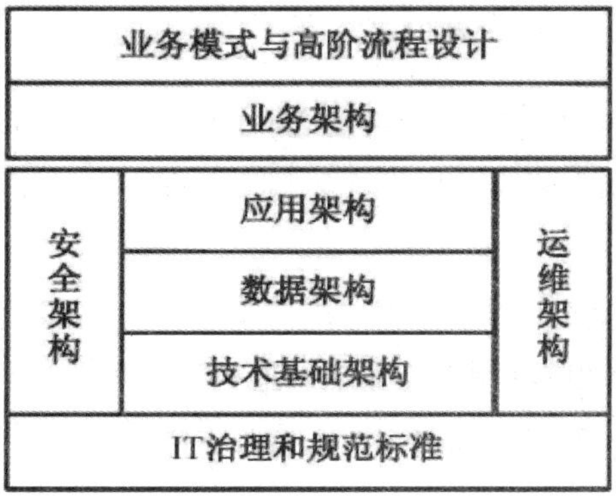

1. 顶层设计业务架构

业务架构是城市交通共享信息平台顶层设计的出发点，建立内容全面、重点突出、合理规范的业务架构是城市交通共享信息平台顶层设计的必要条件。

在对各级城市交通管理机构的职能职责和发展需求进行全面梳理的基础上，通过业务架构研究来理顺各相关职能之间的业务关联关系及协同处理关系，识别核心基本业务并以核心业务职能为主线，分析其特征及关键业务流程，据此建立总体业务框架。业务架构主要包括管理业务域（业务子域）、核心业务线和业务事项三个层次。业务架构业务流程是依据业务职能划分业务域，然后进一步分析各业务域中业务事项，最终围绕城市交通管理的主体各级城市交通管理部门、管理人员和客体城市交通企业、从业人员和社会公众，建立业务间逻辑关系模型。

2. 顶层设计数据架构

数据构架是城市交通共享信息平台顶层设计的关键点。科学的数据架构是城市交通共享信息平台顶层设计的核心内容。通过数据架构研究，从梳理业务过程产生的相关数据入手，建立总体数据框架，明确数据分类、数据分布、数据定义、数据来源，根据业务协同需要，提出数据交换与共享机制，提出构建数据资源共享服务体系的总体要求，以及城市交通信息资源规划与管理总体要求，明确数据分布原则、数据标准及数据质量控制机制。对数据访问和交换的服务模型进行标准化定义与描述，理清标准和数据架构的关系，形成城市交通数据资源目录体系，明确不同层级数据中心间的物理和逻辑关系，明确数据的更新、维护关系，提出数据管理需要的管理组织和岗位建设指导意见。

3. 顶层设计应用架构

应用架构是城市交通共享信息平台顶层设计的落脚点。建立功能齐全、操作简便、使用有效的应用架构是城市交通共享信息平台顶层设计的关键所在。应用架构通过对业务架构模型的理解，采用系统分析方法，对城市交通信息查询过程、信息使用目标进行全面的分析和提炼。将具体的业务实现按照功能模块组织形成相应的功能域。在梳理城市交通信息使用业务架构的基础上，通过分析应用架构的主体结构、内在关系以及与业务框架的衔接关系，构建包括核心基本业务应用、综合监管与综合服务应用和企业应用等业务应用的总体应用架构，明确各类应用的主要功能，对已有信息系统的改造和完善进行分析，对新开发信息系统进行应用分析。

4. 顶层设计技术基础架构

技术架构是城市交通共享信息平台顶层设计的着力点。建立技术先进、标准统一、互联互通的技术架构是城市交通共享信息平台顶层设计的基本要求。通过关键技术研究，为业务与信息技术的融合提供技术实现途径。

技术架构研究在综合比较多种网络组建方式自建网络、租用专网、公专结合、无线网络的基础上，提出部省、省市县、企业的联网架构及组网策略研究和提出不同环境条件下数据中心架构、数据共享与交换平台的模式、数据存储架构、数据备份体系和数据中心管理策略，以数据中心、基础业务平台为核心，对关键性平台和系统建设制定软硬件技术标准与接口协议，对基础技术方案与平台建设提出总体技术要求。

5. 顶层设计安全架构

安全架构是城市交通共享信息平台顶层设计的重要环节，建立防范有力、运行有序、安全有效的安全架构，是城市交通共享信息平台建设的重要工作。安全架构研究依据国家、行业部门或地方政府制定的信息安全法律法规和技术标准，从安全管理制度、安全管理机构、人员安全管理等方面，构建城市交通信息系统的安全管理体系。

通过加强城市交通信息安全认证、信息系统分级保护和等级保护体系建设，从物理安全、网络安全、主机安全、应用安全和数据安全等方面，构建或完善信息安全技术措施，提高城市交通信息系统的综合安全防御能力与水平。

6. 顶层设计运维架构

运维架构是城市交通共享信息平台顶层设计的保障部分。建立机构健全、维护规范的运维架构是城市交通共享信息平台顶层设计的现实要求。要围绕城市交通行业信息系统运行与维护管理实际，提出城市交通共享信息平台运维架构。

三、城市交通信息化建设内容

根据信息化建设城市的交通信息化总体需求和城市交通信息化框架结构，结合城市交通系统特点，可以将城市信息化建设主要内容划分为信息化基础设施和信息化应用系统。

（一）信息化基础设施建设

信息化基础设施建设包括交通指挥中心、交通呼叫服务中心、计算机传输网络、交通信息采集网络、交通信息发布网络，GIS 支持平台和交通信息数据库平台等。

1. 交通指挥中心

交通指挥中心结合车辆 GPS 卫星定位系统、调度系统、交通监控系统，与 GIS 支持平台相结合，支持对车辆进行远程调度和运行状况的监测。不同的指挥中心之间可以进行数据交换，并可以和目标车辆进行信息联系，在紧急事件发生时，指挥中心以交通事件响应系统为基础，可以在电子地图上显示交通事件信息，迅速启动相应的应急预案，指挥不同部门在最短的时间内完成时间处理。

2. 交通呼叫服务中心

交通呼叫服务中心汇集各种公众信息，出行者可以通过电话、电子邮件、互联网等方式发出交通信息请求，然后服务中心会根据出行者的交通需求对出行者的信息请求做出响应，满足各类出行信息需求。

3. 计算机传输网络

计算机传输网络由内网、外网和网络安全信任基础设施构成，例如各级交通管理部门以及交通运营企业内部的局域网络。不同部门之间的专网相互连接，由网络安全信任基础设施负责网络访问和信息传输的权限控制，它为网络提供信息加密和身份认证等网络和信息安全认证服务。

4. 交通信息采集网络

交通信息采集网络是由安装在城市交通环境中各种信息采集设备及数据传输设备组成的信息采集网。它通过各种信息采集手段从交通运输网络中获取交通管理和控制需要的各类静态和动态交通信息，为管理部门提供决策支持，是重要的交通数据来源。

5. 交通信息发布网络

交通信息发布网络是由布设的各类交通信息发布设备组成的信息发布网，包括交通标志、车载通信设备、可变信息板等，是实现交通管理和诱导的基础网络，

（二）交通信息化应用系统建设

交通信息化应用系统一般包括交通行政管理系统、交通行业管理系统和交通运营企业管理系统三大类型。

1. 交通行政管理系统建设

交通行政管理信息化的建设内容包括政务和业务办理系统、公众信息服务系统、交通事件响应系统、决策支持系统。

（1）政务和业务办理系统

交通政务系统主要负责交通管理部门内的组织、人事、事务和财务等行政事务管理。业务办理系统主要负责交通行业管理中的项目建设、科技法规、城市公共交通、资金、道路客运和货运等交通业务办理，系统地建立以具体的部门业务办理程序和流程为基础。

（2）公众信息服务系统

公众信息服务系统依托于其他交通行业管理系统提供的各类交通信息，以多元化的信息发布方式向公众提供道路信息、公共交通信息、交通运行信息、出租车信息等各类交通信息服务。

（3）交通事件响应系统

交通事件是指在交通运输系统内由于各种原因导致的异常事件，交通事件往往会对交通运行产生影响，比如点段或区域性交通拥堵、交通基础设施损坏、车辆及货物损坏、人员伤亡等。交通事件响应系统的主要功能包括应急响应方案的自动生成、应急方案联动下发、方案实施跟踪等，可有效支持交通流疏导、人员救援、车辆调度等事件处理。

（4）决策支持系统

决策支持系统通过对共享数据库的数据信息进行融合和分析，以交通数据为基础评估交通设施服务能力、交通资源效能、交通行业管理水平、路网运行状态等，为交通管理部门制定决策提供数据支持。

2. 交通行业管理系统建设

交通行业管理系统包括道路综合信息管理系统、城市公共交通管理系统、交通远程监控系统、出租车信息管理系统、交通信息统计和分析系统。

（1）道路综合信息管理系统

道路综合信息管理系统主要负责管理城市交通系统中所有的道路信息，包括道路设计参数、道路使用现状、道路损坏及修复信息、道路施工信息等信息，方便城市道路系统化管理和建设。

（2）城市公共交通管理系统

城市公共交通管理系统的主要功能有：公共交通规划管理，依靠 GIS 技术，完成公共交通系统的规划和管理，提高规划水平和管理效率；公共交通基础数据维护，为城市公共交通系统的正常运行维护和管理相关的车辆信息、人员信息、场站信息、线路信息等基础静态交通数据，保证交通行业信息共享；公交数据分析，对公共交通规模及运营特征进行分析，包括公交线网密度、客流量信息、站点密度等，实现智能化公共交通管理。

（3）交通远程监控系统

建立交通远程监控系统，通过在城市各交通枢纽、重要路段和交叉口、运输场站等安装视频监控设备，联网监控城市交通运行情况，并对违法和违规现象实施监控和取证。

（4）出租车信息管理系统

出租车信息管理系统主要通过网络管理城市出租车辆运行状况、出租车企业管理情况，及时准确的信息采集可以保证出租行业管理提供依据，有效提高管理水平。同时建立出租车驾驶员信息管理制度，记录驾驶员身份档案及黑名单，保证驾驶员从业素质。

（5）交通信息统计和分析系统

交通信息统计和分析系统通过整合不同信息管理和应用系统的信息资源，向各交通行业、公众及企业提供信息汇总、处理、分析和统计服务，为各部门科学决策提供依据。

3. 交通运营企业管理系统建设

交通运营企业管理系统是交通运营企业利用信息技术，加速企业生产、改善企业管理、优化营销方式，增强企业的市场竞争力。交通运营企业管理系统包括客运联网售票系统、交通一卡通系统、公共交通调度系统、物流信息管理系统、企业内部管理系统。其中，售票系统、交通一卡通系统、物流信息管理系统由于与公众出行紧密相关，系统涉及面广且社会影响大，单一企业难以完成建设要求，所以这三个系统的建设应由政府部门牵头，联合各相关企业共同建设。企业内部管理系统是交通运营企业制定企业信息化建设目标，根据自身业务内容和范围建立的企业内部信息和业务管理系统，促进企业的现代化转变。

第七节 交通信息化的政府引导和市场机制

一、政府推进交通信息化建设

（一）实施“互联网便捷交通”

深化推进省域客运联网售票系统建设，提高联网售票二级以上客运站覆盖率，推广普及电子客票、实名制购票，引导第三方综合客运联网售票平台发展，鼓励发展联程运输票务一体化服务，建设全国道路客运信息联网服务工程。推进重点区域水路客运电子客票系统建设。在京津冀等重点区域率先启动交通一卡通互联互通，推动交通一卡通在出租汽车、长途客运、停车服务等交通领域的应用。持续推进城市公交智能化建设，支撑公交都市建设示范工程。推进全国地市以上城市整合建设出租汽车监管平台。鼓励企业建设汽车租赁车辆管理服务信息平台。完善全国互联互通的汽车维修救援体系，推动汽车电子健康档案系统和重点汽车维修配件追溯信息系统建设。推进驾驶员培训监管系统建设，实现驾培与考试信息共享。

（二）推进“互联网 +”高效物流

进一步制定完善物流信息化相关标准规范，深化国家交通运输物流公共信息平台建设。加强公路、水路与铁路、民航、邮政、海关、贸易、检验检疫等部门物流相关信息系统对接，推动政府相关公共信息向物流市场的开放和共享。

鼓励各地区因地制宜推进区域物流信息服务平台建设和互联应用，并作为交换节点接入国家物流平台。积极推进与商业化物流信息服务平台广泛合作，融合相关物流信息资源，共建全国物流信息服务网络。引导各地区开展农村物流信息平台建设。

积极推进集装箱等铁水、公铁、公水、江海等多式联运的信息互联互通。推广使用货运“电子运单”，推动“一单制”多式联运试点示范。引导推动智慧港口、智慧物流园区建设，实现货运枢纽内多种运输方式顺畅衔接和协调运行。建设水路便利运输电子口岸信息服务平台。

（三）加强其他高新技术的创新应用

智慧交通行业中的应用将更加普及云计算、大数据、移动互联网等新兴技术。

物联网：激活智能要素。通过各类传感器、移动终端或电子标签，使信息系统对外部环境的感知更加丰富细致，这种感知为人、车、路、货、系统之间的相互识别、互操作或智能控制提供了无限可能。未来，智能公路、智能航道、智能铁路、智能民航、智能车辆、智能货物、智能场站等将快速发展，管理者对交通基础设施、运输装备、场站设备等的技术运行情况和外部环境能够更加全面、及时、准确地掌握。

云计算、大数据：点亮交通管理智慧。据不完全统计，当前交通运输行业每年产生的数据量在百 PB（PB 是较高级别的存储单位，1 PB=1 024 TB）级别，存储量预计可达到数十 PB。以北京市交通运行监测调度中心为例，目前该调度中心共有包括 6 000 多项静动态数据、6 万多路视频，其静动态数据存储达到 20 TB，每天数据增量达 30 G 左右。面对增长迅速的海量数据，在云计算、大数据等技术支撑保障下，未来的交通管理系统将具备强大的存储能力、快速的计算能力以及科学的分析能力，系统模拟现实世界和预测判断的能力更加出色，能够从海量数据中快速、准确提取出高价值信息，为管理决策人员提供应需而变的解决方案，交通管理的预见性、主动性、及时性、协同性、合理性将大幅提升。

移动互联网：提高信息服务水平。服务是交通运输的本质属性，随着移动互联网、智能移动终端大范围应用，信息服务向个性化、定制化发展。信息服务系统与交通要素的信息交互更加频繁，系统对用户的需求跟踪、识别更加及时准确，能够为用户提供交通出行或货物运输的全过程规划、实时导航和票务服务，基于位置的信息服务和主动推送式服务水平大大提升。

二、促进大数据发展和应用

制定交通运输数据资源共享管理办法，明确交通运输数据管理与共享要求。制定完善交通运输数据交换共享标准，强化行业基础性标准执行。完善部省两级数据资源目录体系，加快部省两级统一的数据交换共享平台建设，推动交通运输管理部门数据资源向部省两级汇聚，利用国家数据统一共享交换平台实现跨部门数据交换。在依法加强安全保障和隐私保护前提下，建立交通运输管理部门数据开放清单制度，落实数据开放和维护责任。制定交通运输数据开放政策意见和相关标准，提升数据开放程度。建立部省两级联动的数据统一开放平台，优先推动交通运输基础要素、民生保障服务等数据向社会开放共享。推动跨部门数据融合的综合交通服务大数据平台建设。

鼓励在交通出行信息服务、规划决策、运行管理领域开展交通大数据产业化应用。

三、深化行业信息化应用

（一）提高行业运行监测能力

各级交通运输主管部门统筹推进综合交通运输运行协调和应急指挥平台建设，接入铁路、民航、邮政等行业运行信息，实现与公安、安监、气象、国土资源等相关部门的互联互通、信息共享和协调联动，综合运用各类信息资源，加强综合运输服务能力和运行动态监测分析。推动基础设施数字化和运行智能化，重点推进信息采集和监测设施与交通运输基础设施工程同步规划、同步建设和改造，加快国省干线公路和内河高等级航道运行状态信息监测体系建设，增强网络协同运行能力。

加快构建车联网提升“两客一危”车辆的在线监管能力，重点营运车辆联网联控的入网率和上线率分别达到99%和95%以上，研究推进星基AIS建设，推动行业北斗卫星导航地基增强系统建设和应用。充分利用全国环境监测系统信息资源，完善交通运输环境数据中心。加强对交通运输企业数据的采集，形成政府公共数据与市场数据相融合的交通运输大数据体系，为交通运输运行状态监测、行业监管和科学决策提供数据支持。

（二）增强安全生产监管监察能力

升级改造道路运输重点营运车辆联网联控系统，提升道路运输安全协同防控能力。全面推广道路危险品运输电子运单管理制度，建立部省两级道路危险品运输安全监管平台，实现电子运单交换共享。

（三）提高行业协同执法能力

加快推动行政执法案件电子化改造，实现跨区域、跨部门执法的联防联控以及行政执法案件信息异地交换共享。运用信息化手段稳步推进非现场执法，实现违法行为的综合巡检和自动甄别。积极推进交通执法电子监察，实现执法诚信考核，提高执法公信度。加大交通执法和行政许可管理的信息共享，实现行政执法和行政许可管理的业务协同。

（四）提升交通决策支持能力

开展综合交通统计信息决策支持系统建设，稳步推进统计信息管理系统与业务管理系统的互联互通。强化互联网数据资源利用和信息服务，加强与政务数据资源的关联分析和融合利用。加强跨部门数据关联对比分析，充分挖掘政府公共数据价值。运用大数据分析技术，开展交通运输经济运行分析、政策实施效果评价、交通发展趋势研判等分析工作，提高交通运输宏观掌控能力。充分利用交通运输运行状态数据，开展交通运输运行状态预测预警、趋势分析，并及时向社会发布，增强交通运输运行管理的预见性、主动性和协同性。

四、完善信息化发展环境

（一）强化网络通信保障能力

充分利用国家电子政务网、公用网络或行业专网等资源，构建各省统一的交通运输通信信息骨干网，并对接全国高速公路信息通信干线传输网络；进一步提升全国高速公路信息通信干线传输系统的网络稳定性和可靠度，研究建立健全市场化运维保障机制。落实国家，“宽带中国”战略，支持电信企业充分利用高速公路通信管道资源建设宽带网络，推动汽车客运站等交通场站实现多家宽带运营商网络覆盖，保障用户公平选择权。

（二）健全网络与信息安全保障体系

全面评估数据开放、系统互联带来的安全风险，落实信息安全等级保护制度，完善网络数据共享、利用等安全管理措施，推进部省市三级网络和信息安全通报体系建设。深化网络安全防护、态势感知、信息通报、预警预防及应急处置能力建设，建立完善交通运输行业网络与信息安全监测管理平台、网络与信息安全认证系统。采用安全可信产品和服务，提升基础设施关键设备安全可靠水平。加强国产密码在已建、新建网络和信息系统的应用，组织开展高速公路联网电子不停车收费等重要信息系统的国产密码算法迁移和应用工作。

（三）健全交通电子政务管理体制机制

完善交通运输信息化管理体制，建立职责清晰、分工明确推进组织体系，业务部门负责明确需求、指导实施和应用，信息化主管部门负责技术管控，并不断提升统筹推进信息化工作的能力。落实国家电子政务工程建设管理、项目绩效评价的相关要求，规范交通运输信息化建设项目管理，提高项目应用效能，提升政府投资决策水平和投资效益。

第十一章 城市安全

第一节 概念和内涵

一、城市公共安全的概念

城市公共安全是指城市民众的生命、健康和公私财产的安全。城市公共安全一般包括城市防灾减灾、城市社会治安综合治理、城市交通安全、城市消防安全、城市生产安全、城市食品安全、城市公共卫生等方面，是保障城市安全运行的基本条件。城市公共安全问题是城市系统中最为突出的问题之一，也是城市管理中难度最高的问题之一。

城市公共安全体系主要有两个方面，一是常态化的日常安全系统，包括维持日常社会各项活动的公共安全秩序系统。二是城市突发公共事件，就是突然发生，造成或者可能造成重大人员伤亡、财产损失、生态环境破坏和严重社会危害，危及公共安全的紧急事件。

二、城市突发公共事件及其类别

城市突发公共事件是城市中突然发生，造成或者可能造成严重社会危害，对城市和国家安全运行影响巨大，需要采取应急处置措施予以应对的事件。

各国对城市突发公共事件的分类是不同的，主要考虑以下几方面因素：按照成因，根据突发事件的源头划分，一般有自然性或社会性事件；按照危害程度，一般有轻度、中度、重度事件；按照放大程度，一般分为原发和次生事件；按照影响范围，一般分为地方性、区域性、国家性、国际性事件。

根据突发公共事件的发生过程、性质和机理，突发公共事件主要分为四类：一是自然灾害，主要包括水旱灾害，气象灾害，地震灾害，地质灾害，海洋灾害，生物灾害和森林草原火灾等自然灾害；二是事故灾难，主要包括工矿商贸等企业的各类安全事故，交通运输事故，公共设施和设备事故，环境污染和生态破坏事件等；三是公共卫生事件，主要包括传染病疫情，群体性不明原因疾病，食品安全和职业危害，动物疫情，以及其他严重影响公众健康和生命安全的事件；四是社会安全事件，主要包括恐怖袭击事件，经济安全事件和涉外突发事件等。根据社会危害程度、影响范围等因素，可分为：特别重大、重大、较大和一般四级。

三、城市公共安全的防控体系

城市公共安全的防控体系是一种反馈系统，具有反馈控制的原理，控制系统都是通过各种反馈来达到控制的目的。从防控方式来划分，主要有三种：集中防控方式、分散防控方式、多级递阶防控方式。

（一）集中防控体系

集中防控的特点是由一个集中控制器（一般是城市政府）对整个系统进行控制，在这种防控方式中，各子系统的信息、系统的各种外部影响，都集中传送到集中控制器，由集中控制器进行统一加工处理。在此基础上，集中控制器根据整个系统的状态和控制目标，直接发出控制指令，控制和操纵所有子系统的活动。

（二）分散防控体系

分散防控方式的特点是由若干分散的控制器（一般是区、街镇等政府）来共同完成系统的总目标，在这种防控方式中，各种决策及控制指令通常由各局部控制器分散发出，各局部控制器主要是根据自己的实际情况，按照局部最优的原则对子系统进行防控。

（三）多级递阶防控体系

多级递阶防控方式的特点是在集中防控方式和分散防控方式的基础上，取长补短发展起来的。多级递阶防控系统主要是由子系统和决策单元（市、区县、街镇等）构成的。决策单元由两个以上的级配列起来。第一级决策单元直接作用于各子系统，它们进行下一级的决策，完成对子系统的控制任务。第二级决策单元进行上一级的决策，它们是对第一级中各决策单元进行协调的协调器，执行着系统的局部控制功能，同时又受控于再上一级的决策单元，也就是说对于上一级而言它们是局部控制机构，对下一级而言则是协调器。类似地可以递阶至三级、四级……从而形成多级递阶防控系统。

每种控制的方式都各有优劣势。在安全防控中，防控主体组织的设计首先应在遵循客观规律的情况下，根据自身的情况选择不同的控制系统。同时在控制过程中灵活运用各种机制，克服系统本身的缺陷，同样可以达到良好的效果。

城市公共安全防控方式可以从以下几个不同的方向展开：

1. 从时间维度上

可以分为长期、中期和短期控制。减灾的中长期规划和短期规划就可以体现这一点。

2. 从层次维度上

可以分为宏观、中观和微观控制。一般是从市—区县—街镇—社区—楼宇的防控模式，一种“块”状控制。

3. 从领域维度上

可以分为交通、气象、建筑、航空、化工等多个领域，一般是“条”状控制。

4. 从过程维度上

可以分为事前、事中、事后以及三者集成的全过程控制。

第二节 城市防灾减灾

一、城市防灾减灾的概念

城市防灾减灾就是城市应对自然灾害所采取的一系列预警预报、应急处置、灾后救援的活动，以及为了推进防灾减灾而实施的风险评估、预案、规划、教育培训、演练等过程。

城市防灾减灾要坚持以人为本，常态与非常态防控相结合，分级与分类相结合，防范与处置并重的理念，形成重点突出，快速反应，社会参与，联动防控的全面防控格局。

二、城市灾害种类

不同城市面临不同的区位，也面临不同自然灾害的威胁。总体上看，城市面临的灾害种类既有共性的，也有特性的。

（一）一般城市灾害种类

1. 地震

地震是城市面临的第一大地质灾害，地震活动是地质应力作用中对自然地貌形态和城市地貌改造与破坏最强烈的一种作用。大的地震常常会造成严重人员伤亡，能引起火灾、水灾、有毒气体泄漏、细菌及放射性物质扩散，还可能造成海啸、滑坡、崩塌、地裂缝等次生灾害。

2. 地面变形

地面变形灾害包括地面沉降、地面塌陷和地面裂缝，广泛分布于城镇、矿区、铁路沿线。随着现代服务业的发展，楼宇经济将是未来上海经济发展的重要增长点。高楼的不断增加，特别是城市中心城区高楼密度仍然在不断提高，将对地面沉降带来更大的影响。地面沉降除对基础设施造成损害外，还会对水、电、煤燃气、石油以及通信等“生命线工程”造成危害，极易造成重大事故。

3. 生命线工程

包括城市生产生活所需要的供水、供气、供电、通信等基础民生的项目。“生命线工程”往往面临产品老化、规划不合理、电线裸露、乱搭乱接等现象，一旦发生事故，影响较大。

4. 气温

城市气温过高或过低都容易引起灾害。当前在全球温室效应的影响下，城市“热岛效应”逐步成为城市中的重要灾害之一。一旦形成持续高温的情况，对人民群众的生命安全将造成危害，对供水供电系统将形成巨大压力。同时，高温会加剧光化学烟雾的产生，加剧城市空气污染。低温容易对城市基础设施产生破坏作用，影响市民外出活动。

5. 环境污染

城市“三废”处理不当，对城市环境的影响非常大。例如，由建筑施工和工业生产及生活的建筑碎料、旧建筑物拆毁残渣、工业灰渣、矿渣废石、生活垃圾等废弃物，人为堆积引起危害。人类生活垃圾堆积土中含有许多有机物质，分解后产生甲烷气体，可能构成易爆炸的危险环境。另外，未经处理倾倒或填埋的废物极易被雨水淋滤下渗污染地下水，或经地表径流排入地表水体造成新的污染。

6. 洪水

按照洪灾成因，洪灾可以分为暴雨洪灾、冰凌融雪洪灾、风暴潮灾害、海啸灾害、溃坝洪灾、泥石流灾害等 6 类。洪水对城市的影响是长期的，每个国家都会按照自身的情况制定防洪标准。

（二）特大型城市灾害种类

除面临一般城市的灾害以外，特大型城市还面临以下几种灾害。

1. 雷击

世界雷击造成的人员伤亡每年都有发生，特别对高楼诸多的区域。由于特大型城市高楼林立，更容易造成雷击事件，造成人民生命财产损失的严重性呈上升趋势。雷击对高楼的危害是世界性的普遍问题，不论世界第一高楼迪拜哈利法塔，还是纽约世贸中心都多次遭受雷击，上海东方明珠塔也未能幸免。

2. 霾污染

近年来，霾污染对人们的影响越来越大。霾污染很大程度是由于汽车尾气排放造成的。特大城市交通拥挤，汽车较多，霾污染的影响更加严重。我国多数特大型城市每年出现雾霾污染的天数都达到 100 天以上，霾对人体健康，以及城市水上、道路和航空交通影响日益增大。

（三）沿海城市灾害种类

1. 海平面上升

近年来，人类经济社会活动带来全球气候变化，导致地球温度上升，将导致冰川消融，海平面上升。海平面上升对沿海城市的影响逐步加大。

2. 台风

沿海城市遭受太平洋热带气旋袭击的概率较大，并带来大风、暴雨、风暴潮等灾害，对城市航运系统的影响巨大。

3. 水患

沿海城市普遍面临流域沿岸工业发展排污造成的水体污染、上游改变地形导致的水文和地质条件的变化、拦江大坝阻断了某些水生动物的洄游繁殖等对城市的生态环境带来较大影响。

4. 咸潮

咸潮一般发生于冬季或干旱的季节，即每年 10 月至翌年 3 月之间出现在河海交汇处。沿江沿海城市遇到干旱天气后，由于干支流水位降低，往往使得海水水位高于淡水水位，形成海水倒灌现象，导致原水受到咸水威胁，也直接威胁到全市人民群众的生活水。近年来，由于河流中上游的水电站过多过密，对上游水位控制等人为因素的影响，往往使得海水水位高于淡水水位，形成海水倒灌的情况不断加剧。

5. 赤潮

又称红潮，是在特定的环境条件下，海水中某些浮游植物、原生动物或细菌爆发性增殖或高度聚集而引起水体变色的一种有害生态现象。赤潮是在特定环境条件下产生的，相关因素很多，但其中一个极其重要的因素是海洋污染。大量含有各种含氮有机物的废污水排入海水中，促使海水富营养化，这是赤潮藻类能够大量繁殖的重要物质基础。赤潮分泌的毒素有些可直接导致海洋生物大量死亡，有些甚至可以通过食物链传递，造成人类食物中毒。我国沿海附近海域，每年都要发生多起大规模的赤潮灾害，对海洋生物资源造成严重破坏，赤潮生物毒性对人类的身体健康和生命安全带来威胁。

三、城市防灾减灾体系

（一）灾害预警预报体系

城市灾害预警预报体系是一种立体的监测体系，主要包括地面监测、海洋海底观测和天－空－地观测在内的自然灾害立体监测体系。该预报体系具体还包括：灾害遥感监测业务体系，为灾害遥感监测、评估和决策提供先进技术支持；气象预警预报体系，包括大气成分、酸雨、沙尘暴、雷电、农业气象、交通气象等专业气象观测网，广播、电视、报纸、手机、网络等覆盖城乡社区的气象预警信息发布平台；水文和洪水监测预警预报体系，包括洪水预警预报系统、地下水监测系统、水资源管理系统和水文水资源数据系统；地震监测预报体系，包括国家和省级地震预测预报分析会商平台，建成了由多个信息节点构成的高速地震数据信息网，开通了地震速报信息手机短信服务平台；地质灾害监测系统，包括地质灾害隐患点地面沉降专业监测网络；环境监测预警体系，包括环境质量监测、污染物监测、环境预警监测、突发环境事件应急监测等，客观反映地表水、地下水、海洋、空气、噪声、固体废物、辐射等环境质量状况；海洋灾害预报系统，包括对海平面上升、海岸侵蚀、海水入侵、咸潮等与气候变化密切相关的海洋灾害的业务化监测。

（二）灾害紧急处置体系

城市根据国家相关的应急管理和综合减灾规划，以及各种预案，依据相关法律规定，根据灾害事故紧急管理的需求，结合城市人口、经济要素，以及特定的地理位置等特征，对城市的有关组织、资源和信息进行优化配置。建立综合减灾指挥和组织网络，建立统一、规范、科学、高效的灾害事故紧急处置指挥体系，建立分工明确、责任到人、优势互补、常备不懈的灾害事故紧急处置保障体系，建立信息共享、机制优化、防患于未然、科学减灾的灾害事故紧急处置防范体系，形成灾害事故紧急处置领导一元化、指挥智能化、决策科学化、保障统筹化、防范系统化的灾害紧急处置体系，提高减灾综合管理能力和抗风险能力。

灾害紧急处置体系最关键的环节就是组织指挥，特别对于紧急情况以及特大、特殊灾害事故，尤其是出现跨区域、大面积和可能发展为严重危害的态势，要有城市最高管理机构直接决定启动灾害事故紧急处置指挥部，统一组织指挥全市灾害事故紧急处置工作。灾种管理单位等部门领导协助指挥，并负责具体实施组织。

（三）灾害救援体系

灾害救援体系主要由政府力量、军队力量、民间力量组成，不同国家和城市的体制机制不同，三者之间的力量对比也不同。我国中国共产党的地位和性质决定了其在“中国式灾害救援”体系中的领导核心作用。在灾害面前，基层党组织和广大党员干部发挥了战斗堡垒和先锋模范作用。在灾情最严重的地方，在群众最需要的地方，党员干部挺身而出冲锋在前，增强了灾区群众战胜困难的信心和力量。在灾害发生后，中国式行政管理体制有利于财政、民政、交通运输、通信、电力、卫生防疫等政府相关部门在各司其职的基础上相互配合，确保短时间内动员各方面力量投入灾害救援工作。

灾害救援体系的关键环节是建立紧急救援现场指挥部。根据现场紧急救援工作需要，由基层政府就地负责开设现场指挥部，提供现场指挥部运作的相关保障（信息、通信、治安等），包括根据灾情、相关预案和领导指示，组织指挥参与现场救援的各单位的救援行动，迅速控制或切断灾害链，把损失降到最低限度；实施属地管理，组织治安、交通保障，做好人员疏散和安置工作，安抚民心、稳定市民群众；协调各相关职能部门和单位，做好调查、善后工作，防止出现灾害“放大效应”和次生、衍生灾害，尽快恢复社区正常秩序；及时掌握和报告重要情况，拟写紧急处置书面情况报上级灾害事故紧急处置指挥部，并通报上级减灾办公室、市应急联动中心等。

第三节 城市社会治安综合治理

一、社会治安综合治理的概念

社会治安综合治理是指为了有效地建设和维护城市治安秩序，城市政府及其公安机关依法进行的对城市社会公共秩序的维护，以及对各种违法犯罪活动的打击和处理。社会治安综合治理是维护城市社会治安秩序，预防和打击各类违法犯罪活动，保护社会主义公有财产和其他合法财产，保护公民的合法权益不受侵犯，保卫人民民主专政的国家政权和公有制为基础的社会主义制度，确保社会主义现代化建设事业在安全、稳定的社会环境中顺利地发展。

二、城市社会治安综合治理的框架体系

一是城市社会治安的管理机构。城市社会治安管理机构是指国家政权体系中依法行使城市社会治安管理职权的专门机关。这些机构包括城市区划内的各级各类公安机关、审判机关、检察机关、国家安全机关和司法行政机关。除此之外，城市党组织、政权组织的领导机关负有领导和指导城市社会治安管理的责任，其他社会组织也负有一定的责任。二是城市社会治安管理机构的职责。根据国家的有关政策和法律，维护城市社会治安秩序，预防和打击各类违法犯罪活动，保护

社会主义公有财产和其他合法财产，保护公民的合法权益不受侵犯，保卫人民民主专政的国家政权和以公有制为基础的社会主义制度，确保社会主义现代化建设事业在安全、稳定的社会环境中顺利地发展。

第四节 城市交通与消防安全

一、城市交通安全

城市交通就是在城市道路（包括地面、地下、高架、水道、索道等）系统间的市民出行和货物输送。交通运输方式包括公路、铁路、轨道交通、水路、航空、管道、骑车、步行等方式。

（一）城市交通的主要种类

1. 公路

公路，民间也称作马路，是连接城市之间、城乡之间、乡村与乡村之间、和工矿基地之间按照国家技术标准修建的，是可以行驶汽车的公用之路，汽车、单车、人力车、马等众多交通工具及行人都可以走。按行政等级划分，公路分为国家公路、省公路、县公路、乡公路、村公路（简称为国道、省道、县道、乡道、村道）以及专用公路六个等级。

2. 轨道

城市轨道交通系统是指在城市中使用车辆在固定导轨上运行并主要用于城市客运的交通系统。城市轨道交通定义为“通常以电能为动力，采取轮轨运输方式的快速大运量公共交通的总称”。一般包括地铁和轻轨，以及现代有轨电车。城市轨道交通是城市公共交通的主干线，客流运送的大动脉，是城市的生命线工程。城市轨道交通是世界公认的低能耗、少污染的“绿色交通气”。城市轨道交通的建设有利于提高市民出行的效率，节省时间，改善生活质量。但同时，轨道交通事故和人为破坏因素将并存，加上超长的线路和大密度人口集聚，对轨道交通的管理提出了更高的要求。

3. 水路

水路运输是以船舶为主要运输工具，以港口或港站为运输基地，以水域包括海洋、河流和湖泊为运输活动范围的一种运输方式。根据航行水运性质，水运分海运和河运两种。它们是以海洋和河流做交通线的，水路运输运载能力大、成本低、能耗少、投资省，是一些国家国内和国际运输的重要方式之一，但运输速度慢，且受自然条件影响。

4. 航空

航空运输又称飞机运输，是在具有航空线路和飞机场的条件下，利用飞机作为运输工具进行货物运输的一种运输方式。航空运输在我国运输业中，其货运量占全国运输量比重还比较小，主要是承担长途客运任务。航空运输的主要优点是速度非常快，缺点是运输费用相当高。投资额度和运输成本都比较高，固定成本方面包括开拓航线、修建机场和机场维护需要大量资金；可变成本也比较高，主要是由于燃料、飞行员薪水、飞机的维护保养等方面的支出很大。

5. 管道

管道运输是用管道作为运输工具的一种长距离输送液体和气体物资的方式，是一种专门由生产地向市场输送石油、煤和化学产品的运输方式，是统一运输网中干线运输的特殊组成部分。管道运输不仅运输量大、连续、迅速、经济、安全、可靠、平稳以及投资少、占地少、费用低，并可实现自动控制。

（二）城市交通安全的防范

1. 城市交通安全规划

交通安全规划是为了保障交通参与者的安全，制定相应的安全法规，并通过协调相关部门的工作，采取相应的事故预防和事故处置措施，使交通管理更为科学、高效，保证出行者人身安全、减少财产损失，促进社会稳定。随着城市对道路安全管理重视程度的提高，交管部门在事故预防、事故监测、事故处理等方面取得了一定的进步。但是，每年事故发生的数量仍居高不下，重大事故尤其如此，因此，针对城市机动车保有量的不断增加而导致交通需求的增长，交通事故的发生有进一步恶化的趋势，城市需出台近、中、远期规划，以全面降低各类事故发生率为主要目标。

2. 城市交通体系安全运作

城市交通体系安全运作一般包括城市交通运营安全管理、城市交通危险源识别与控制、城市交通运营安全控制体系、城市交通应急设备及常见事故处理、城市交通事故案例分析、城市交通安全评估与保险等。城市交通体系安全运作是一项系统工程，不仅包括交通的使用主体，还包括管理主体和运营主体。在保障城市交通体系安全运作的过程中，政府与企业，管理部门与市民，社会团体与市民之间只有相互协调，才能保证城市交通体系的安全运作。

3. 城市交通安全管理

广义上，城市交通安全管理是城市治理的一部分，是政府、市场和社会共同治理的过程。狭义上，是政府相关部门实施交通管理的过程。不论狭义和广义，城市交通安全管理是以政府相关部门的管理为核心的。一般城市交通安全管理的范围包括地下管线等城市基础设施施工或者其他原因影响运营安全及畅通的线路调整；从事城市公共交通经营的企业应当取得经营资格证；对运营车辆的检查、保养和维修，保证运营车辆技术性能良好；交通事故紧急处置等方面。

二、城市消防安全

城市消防指建立和完善城市消防安全体系，指导城市消防安全布局和公共消防设施的建设发展，增强城市抗御火灾和处置各种灾害事故的综合能力，保障城市消防安全，为城市消防规划编制和实施管理而开展的消防安全规划、建设、管理、应急处置、救援等一系列安全措施。城市消防安全的重点环节如下：

（一）基础设施规划

包括城市消防安全布局、城市消防站及消防装备、消防通信、消防供水、消防车通道等。城市消防规划的编制应在全面搜集研究城市相关基础资料，进行城市火灾风险评估的基础上完成。

（二）基础设施建设

基础设施建设包括对城市防火隔离带、防灾避难疏散场地、公共消防设施、消防站、消防供水、城市消防水池、消防通信、消防车通道等基础设施和配套设施的建设。

（三）消防网点布局

消防网点根据城市重点消防地区进行布局，根据城市特点和消防安全的不同要求分为以下三类，分别采取相应的消防和规划措施。A 类重点消防地区：以工业用地、仓储用地为主的重点消防地区；B 类重点消防地区：以公共设施用地、居住用地为主的重点消防地区；C 类重点消防地区：以地下空间和对外交通用地、市政公用设施用地为主的重点消防地区。

（四）消防人员的培养

消防员不仅具有强健身体，适应各种复杂、多变和危险的环境，而且要求消防员具有过硬的业务本领，精通消防业务理论和灭火技术、战术，同时具备良好的心理素质，遇到危险时情绪稳定，不慌、不惧，保持良好的观察、记忆、判断和思维能力。

（五）消防宣传和演练

消防宣传可以通过电视、报纸、广播、网络等传统媒体，以及新媒体上进行宣传。同时，在特定时间以发放消防宣传手册、宣传挂图、横幅等进行。消防演练要以社区和企事业单位为基础进行组织，逐步加大人员参与的数量。

第五节 城市生产与食品安全

一、城市生产安全

安全生产是指在生产经营活动中，为了避免造成人员伤害和财产损失的事故而采取相应的事故预防和控制措施，使生产过程在符合规定的条件下进行，以保证从业人员的人身安全与健康，设备和设施免受损坏，环境免遭破坏，保证生产经营活动得以顺利进行的相关活动。安全生产管理基本方针为“安全第一、预防为主、综合治理”。

二、城市食品安全

食品安全是指食品无毒、无害，符合应当有的营养要求，对人体健康不造成任何急性、亚急性或者慢性危害。食品安全也是一门专门探讨在食品加工、存储、销售等过程中确保食品卫生及食用安全，降低疾病隐患，防范食物中毒的一个跨学科领域。食品（食物）的种植、养殖、加工、包装、储藏、运输、销售、消费等活动符合国家强制标准和要求，不存在可能损害或威胁人体健康的有毒有害物质以导致消费者病亡或者危及消费者及其后代的隐患。该概念表明，食品安全既包括生产安全，也包括经营安全；既包括结果安全，也包括过程安全；既包括现实安全，也包括未来安全。

参考文献

[1] 丁树奎 . 城市轨道交通建设工程绿色文明施工标准化管理图册 [M]. 北京：中国铁道出版社，2019.

[2] 张存 . 城市交通规划与道路建设浅析 [M]. 吉林：延边大学出版社，2019.

[3] 郭文章 . 城市轨道交通建设系列指南 城市轨道交通工程监测技术与管理指南 [M]. 北京：中国建筑工业出版社，2019.

[4] 徐明发 . 城市轨道交通建设系列指南 城市轨道交通轨道工程施工指南 [M]. 北京：中国建筑工业出版社，2019.

[5] 丁树奎，王刚，孙长军 . 北京城市轨道交通工程建设安全风险管理总论 [M]. 北京：中国铁道出版社，2019.

[6] 昆山市轨道交通投资发展有限公司 . 跨区域城市轨道交通建设与运营实践 [M]. 人民交通出版社股份有限公司，2019.

[7] 陈发达 . 贵阳城市轨道交通 1 号线建设总结 [M]. 人民交通出版社股份有限公司，2019.

[8] 赵一新 .2018–2019 中国城市轨道交通工程建设发展报告 [M]. 北京：中国建筑工业出版社，2019.

[9] 贵阳市城市轨道交通集团有限公司，中国中铁二院工程集团有限责任公司主编 . 贵阳城市轨道交通 1 号线建设总结 上 [M]. 人民交通出版社股份有限公司，2019.

[10] 丁树奎 ．“BIM 技术与应用”系列 基于 BIM 的数字城市轨道交通建设与总体管理 [M]. 北京：清华大学出版社，2019.

[11] 金淮 . 城市轨道交通工程建设监理指南 [M]. 北京：中国建筑工业出版社，2020.

[12] 王武斌 . 城市轨道交通建设项目管理指南 [M]. 北京：中国建筑工业出版社，2020.

[13] 林晓言 . 中国城市交通绿色发展报告 2020 交通强国建设 [M]. 北京：社会科学文献出版社，2020.

[14] 王松 . 城市轨道交通投资建设造价管理 [M]. 成都：西南交通大学出版社，2020.

[15] 段军朝，贾锐奇 . 城市轨道交通工程建设技术丛书 城市轨道交通工程 BIM 技术应用 [M]. 成都：西南交通大学出版社，2020.